AF409499

Le Parchemin Magnifique

Volume 1

Pieds, chevilles, tibia, genoux, cuisses et hanches

Couverture © Adeline Ménétrier

Symboles et langage
Petit dictionnaire en langue des Oiseaux, éditions de Janus.

Symboles et corps (en cours de parution)
Le Parchemin Magnifique, Volume 1 : *Pieds, chevilles, tibia, genoux, cuisses et hanches,* éditions Réenchanter le Monde.
Le Parchemin Magnifique, Volume 2 : *L'abdomen : bassin, système génital, système excrétoire, viscères*, éditions Réenchanter le monde.
Le Parchemin Magnifique, Volume 3 : *Diaphragme, thorax, côtes, poumons, cœur,* éditions Réenchanter le Monde.
Le Parchemin Magnifique, Volume 4 : *Épaules, bras, mains, cou, cervicales*, éditions Réenchanter le Monde.
Le Parchemin Magnifique, Volume 5 : *les cinq sens*, éditions Réenchanter le Monde.
Le Parchemin Magnifique, Volume 6 : *la boîte crânienne, le cerveau,* éditions Réenchanter le Monde.

Pour lire un résumé de ces ouvrages, le blog de l'auteur :
https://reenchanterlemonde.com

Le Parchemin Magnifique

Symbolisme du corps humain

Volume 1

Pieds, chevilles, tibia, genoux, cuisses et hanches

Luc Bigé

Chapitre 1

Vers une connaissance poétique du corps humain

Le corps humain ! Voilà quelque chose qui nous est à la fois proche, commun à tous et si mal connu ! Même le nommer reste délicat : faut-il l'appeler « objet », « sujet » ou « temple » ? Comme objet, il est aujourd'hui disséqué et analysé sous toutes ses coutures avec une précision encore jamais atteinte dans l'histoire humaine, comme sujet il participe à l'identité psychosomatique de l'être humain et comme temple il révèle, par ce qu'il est, la nature du sacré en l'homme.

Ces trois approches sont interdépendantes, seul notre esprit les sépare parfois. Il est remarquable que le terme « corps », en français, s'écrive toujours au pluriel avec un « s » final. Tout se passe comme si ses dimensions objectives, identitaires et spirituelles s'entremêlaient ou, plus exactement, s'interfécondaient à chaque instant pour produire l'étrange « nature humaine ».

Les traditions ésotériques, orientales et occidentales, évoquent trois « corps » pour décrire la nature de l'homme : l'éthérique, l'astral et le mental. Le premier transmet l'énergie vitale reçue de la terre et de la position des étoiles, du tellurisme et du cosmos ; le second inclut les émotions, les désirs et les pensées ordinaires ; le troisième représente notre capacité de réflexion et d'intuition. Ils sont appelés « corps » car il semble qu'ils soient détachables les uns des autres et puissent avoir une existence autonome[1]. Le corps humain ressemblerait alors à un ensemble de poupées russes : le physique tout en extériorité baigné dans l'énergie éthérique, puis, invisible et intérieur, le corps astral qui contient lui-même le corps mental. Ces conceptions sont proches de la philosophie platonicienne qui distinguait trois sortes d'âme humaine : vitale, sensible et intellectuelle.

La médecine occidentale préfère parler de relation psychosomatique et somatopsychique pour désigner les conséquences des interactions entre ces trois corps. L'action du psychisme sur le physique est remarquablement illustrée par l'effet placebo, si important dans les processus de guérison et si peu étudié en médecine, ou encore par les techniques d'anesthésie faisant appel à l'hypnose. Quant à l'inverse, l'action du physique sur le psychisme, tout fumeur sait par expérience que la nicotine favorise sa concentration. Plus généralement certaines substances chimiques ouvrent la conscience vers des états dits « non-ordinaires ». Naturellement

---

[1] Robert A. Monroe, *Le voyage hors du corps*, éditions Âge du Verseau, Jérôme Bourgine, *Le voyage astral, enquête sur les voyages hors du corps,* éditions du Rocher.

la croyance dominante d'un corps mécanique, héritée de l'idéal du corps-machine de Descartes, oriente la recherche vers une voie strictement physique et biochimique où un gène produit une protéine qui génère elle-même une fonction. Cette vision est extraordinairement limitante pour comprendre la nature de l'homme qui est alors réifiée, réduite à un automate, certes complexe et sophistiqué, mais sans « âme ». La nature de la conscience et *a fortiori* les phénomènes de conservation du corps après la mort, comme le soulignent pourtant de nombreux exemples de saints dans divers systèmes de croyances, restent totalement hors de portée de toute explication scientifique actuelle[2].

Qu'en est-il alors du corps-temple et comment le questionner ? Longtemps il fut « créé à l'image et à la ressemblance de Dieu » et par conséquent inconnaissable, puisque l'humble créature ne pouvait pas prétendre comprendre son Créateur sans pécher par orgueil. Néanmoins les premières autopsies ne révélèrent que de la chair, des os et des liquides. Le temple était vide. Le temple était une remarquable mécanique. L'insuffisance de ce regard objectivant ne tarda pas à apparaître lorsqu'il fallut expliquer l'identité humaine avec ses joies, ses peines, ses espoirs et ses souffrances. Mais toujours pas de divin, pas de Grand Sens là-dedans.

Nous savons par expérience que la santé du corps dépend de son état physiologique, de l'équilibre psychologique de la personne et de son sentiment d'être utile en vivant une existence significative. Bien manger, aimer et être aimé, se relier à des valeurs : voilà trois fondamentaux pour une existence humaine épanouie. La nutrition explore ce que veut dire « bien manger » pour le corps, la psychologie décrit les attitudes et les symptômes corporels qui signent nos besoins

---

[2] Xavier Yvanoff, *La chair des anges, les phénomènes corporels du mysticisme*, éditions du Seuil.

d'amour. Existe-t-il une discipline qui interroge le corps sur nos besoins de sens ?

À vrai dire, oui. Le décodage biologique [3] interroge les symptômes du corps malade en appliquant, dans les situations de la vie ordinaire, les principes de ce que les psychiatres ont appelé l'hystérie de conversion. La pensée n'est pas seulement dans la tête. Elle est également capable de se transporter ailleurs : les bras, les jambes, les yeux, la peau… Les pensées se promènent, vont et viennent, jusqu'à produire parfois des symptômes physiques énigmatiques. Elles se manifestent sous la forme de pathologies car le corps ne sait s'exprimer que d'une manière non-verbale, dans la langue des symboles. La personne qui souffre d'hystérie de conversion ignore que son mal est d'origine psychique car, pendant que ses pensées se promènent dans son corps, elle est miraculeusement épargnée par l'angoisse et la souffrance. Ses idées noires se sont converties en malaises purement physiques. Un matin, voulant écrire à sa mère, la personne se rend compte que son bras droit est paralysé…. Il arrive que la pathologie disparaisse d'elle-même, rapidement, sans qu'aucune raison objective n'explique cette évaporation. Lacan était allé jusqu'à dire que la personne souffrant d'hystérie de conversion "pense" avec ses muscles, ses tendons ou encore ses yeux aveugles pour la circonstance. Le lieu du symptôme devient le siège de la pensée. S'il savait parler, c'est lui qui dirait "je pense". C'est pourquoi décoder le sens du symptôme en le considérant comme un symbole revient à lui donner la parole et à refaire le chemin inverse : la pensée qui a construit la maladie, une fois totalement formulée dans la relation patient-thérapeute, quitte le corps et le libère de sa souffrance.

---

[3] Mambretti et Séraphin, *La médecine sens dessus dessous : Et si Hamer avait raison ?* Éditions Amrita.

Nous écrivions ailleurs, dans un ouvrage plus général sur la fonction du symbolisme dans la vie ordinaire, qu'une pathologie devrait être analysé selon quatre approches complémentaires *qui sont toute des scandales les unes pour les autres* car elle ne fonctionnent pas avec les même logiques[4] :

« Plus généralement, cet exemple conduit à une réflexion sur le rôle de la médecine analysé selon cette quadripartion de la connaissance :

Dans le premier quadrant, la maladie est un problème objectif qui se réduit au symptôme.

Dans le second quadrant, la maladie est une solution à un problème. Le véritable problème est le contexte : la nourriture, l'ambiance familiale, l'absence d'un projet de vie, la pollution, etc.

Dans le troisième quadrant, la maladie est un signe, le « mal à dit », que veut donc dire le mal ?

Dans le quatrième quadrant la maladie est le processus de guérison, un processus qui vise à transformer le malade en réajustant ce qu'il croit être à ce qu'il est.

Ces quatre présupposés philosophiques supposent naturellement une réponse différente de la part du soignant. En cas de fatigue, par exemple, chacune des quatre formes de pensée voudra imposer sa vérité, c'est-à-dire sa technique thérapeutique :

Q1 : absorber des vitamines et des oligo-éléments. Le médecin va soigner un symptôme,

Q2 : aller à la montagne, changer d'air, se détacher du milieu familial. Le médecin va guérir un citoyen,

Q3 : voir ce qui ne va pas dans sa vie et, ce faisant, se changer soi-même. Le médecin va aider la personne à devenir elle-même,

Q4 : poser un acte symbolique, c'est-à-dire réaliser un rituel qui favorise l'expulsion de la maladie. Le médecin va aider la personne à se métamorphoser.

Celui qui guérit devrait, idéalement, être à la fois Médecin (Q1), Thérapeute (Q2), Sage (Q3) et Sorcier (Q4). Comme quoi il reste encore du travail… et bien des chemins à explorer pour les générations futures. »

---

[4] Luc Bigé, *La force du symbolique,* éditions Dervy.

Ces « quatre quadrants » appliqués au corps humain parlent du corps-machine (premier quadrant, Q1) tant exploré par la médecine actuelle, du corps psychique traité de mille manières par les tenants du développement personnel (second quadrant, Q2), du corps-symbole qui fait sens, également exploré par le développement personnel (troisième quadrant, Q3) et enfin du corps-temple où celui-ci est compris comme une involution du Soi dans une forme spécifique (quatrième quadrant, Q4).

Chacune de ces approches a sa légitimité, ses spécialistes et ses guérisons. Les ennuis commencent lorsque les tenants de l'un ou de l'autre de ces « quadrants » cessent de dialoguer pour tenter d'imposer à tous la vérité de leur modèle. Cela est du reste fort compréhensible car ces quatre logiques et leurs lois de décryptage sont aux antipodes les unes des autres. J'ai pu observer par exemple à quel point des chercheurs de l'Institut Pasteur étaient totalement imperméables à la pensée symbolique appliquée aux pathologies. Celle-ci passait sur eux comme une ondée passagère vite effacée par le brillant soleil de l'objectivité rationnelle. Inversement, j'ai vu un chaman de la tribu des *Huna Quin*, au Brésil, totalement incapable de comprendre sur quels boutons il fallait appuyer pour faire fonctionner les différentes fonctions d'une lampe de poche. Réalisons-nous à quel point le conditionnement de notre pensée est à la fois un avantage et un obstacle à la connaissance et à la liberté d'être ?

Nous avons donc l'approche scientifique du corps décrite dans de nombreux ouvrages et apprise dans la plupart des universités. C'est la plus ancienne de notre culture moderne. Elle remonte aux travaux de Santorio (1561-1636) qui mesura pour la première fois la température du corps, puis de Harvey (1578-1657) qui « réduisit » le cœur, auparavant le siège de l'intelligence, à une simple pompe, et enfin au développement de la dissection qui acheva de réifier le corps humain. Au début du XXe siècle Freud explora le second quadrant en accentuant le rôle de la libido dans l'équilibre psychosomatique. Le désir n'est pas une « chose », il n'a ni poids ni masse, pourtant son action est chaque jour essentielle. Cette approche ouvrit la porte à une multitude de techniques de développement personnel allant des différentes écoles de psychanalyse à la transe. Mais il s'avéra que retrouver l'harmonie intérieure et extérieure avec son environnement était insuffisant. Victor Frankl a montré que l'adhésion à un sens était essentielle à la survie de l'être humain [5]. Le sens ! voici quelque chose d'encore plus impalpable que le désir ! En affirmant cela, il entrait de plain-pied dans le troisième quadrant et le monde symbolique. Un nouveau langage, en plus de la description scientifique et des modèles psychanalytiques était donc devenu nécessaire. Il est vrai que ces derniers empiétaient déjà sur le monde des symboles. Nous y faisions allusion, le décodage biologique traite le symptôme comme un symbole et aide au dégagement du sens qu'il contient.

Une autre approche fut proposée il y a quelques années par Annick de Souzenelle à partir de la kabbale et de l'interprétation des textes bibliques [6]. À présent, la lecture symbolique ne regarde plus la maladie mais elle interroge le corps sain. Chaque partie corporelle prend un sens en fonction de sa forme, de son nom en hébreu et des histoires bibliques qui lui sont rattachées. C'est cette voie que nous allons suivre dans cette série d'ouvrages, mais en nous référant à la langue française plutôt qu'à l'hébreux et aux mythes grecs plutôt qu'à la tradition biblique. Interroger le corps sain revient à entrer dans le quatrième quadrant. De ce point de vue les formes biologiques reflètent partiellement la nature du Soi de l'être humain. L'essence produit l'existence. Cette thèse s'oppose bien sûr à l'approche cartésienne qui affirme que l'existence de

---

[5] Victor Frankl, *Le Dieu inconscient,* Inter-Éditions.

[6] Annick de Souzenelle, *Le symbolisme du corps humain, de l'arbre de vie au schéma corporel,* éditions Dangles.

l'homme est dénuée d'essence. On comprend dès lors pourquoi ces quatre approches sont des scandales intellectuels les unes pour les autres car elles dépendent profondément des présupposés anthropologiques des auteurs, rarement exposés et encore moins questionnés. Certains pensent que le corps humain est le fruit mûr de ses gènes ; d'autres qu'il est façonné par son environnement et que les premiers mois après la naissance y jouent un rôle essentiel ; d'autres encore diront volontiers « je suis ce que je pense », alors le sens dirige et conditionne l'identité humaine. Et puis il y a enfin ceux qui plongent directement à la Source de leur être pour réaliser la pure conscience dénuée de toute identification. Alors le corps est perçu comme une manifestation objective du Soi dans le monde extérieur.

C'est ce quatrième point de vue que nous adoptons dans cette série d'ouvrages. Il n'infirme pas les autres regards mais il utilise leurs acquis, notamment en biologie, pour préciser le processus du retour vers la Source.

Une machine rêve-t-elle ? A-t-elle des projets d'avenir ? S'assied t'elle sur un zafou pour méditer ? Est-elle capable d'aimer ? sait-elle seulement ce que signifie « génuflexion » ? Ce sont ces catégories qu'explore l'anatomie de l'homme-zodiaque qui reconnaît sa participation au monde du mystère.

Mythes et symboles furent les moyens d'expression des premiers hommes de connaissance. Les visions chamaniques, les écrits allégoriques des philosophes présocratiques et, plus près de nous, l'extraordinaire écriture inspirée du *Zarathoustra* de Nietzsche évoquent la possibilité *d'une connaissance poétique de la nature*. « Connaissance » se décompose en « *con-naître* », « naître avec ». La connaissance nous propose de « naître avec » ce qui est lu ou entendu, elle a le devoir de métamorphoser celui qui la comprend. Quant au terme « poésie », il vient d'une racine grecque qui signifie

« création », « fabrication ». Lorsque la conscience poétique *s'ouvre sans restriction à tous les possibles elle se laisse féconder par l'Immense* et enfante des œuvres originales. La « connaissance poétique du corps humain » métamorphose celui qui la perçoit dans la mesure où l'observateur et ce qui est observé ne sont plus séparés par les barrières du raisonnement et de l'objectivité. Le savoir intellectuel quitte le domaine de la représentation pour devenir une expérience. C'est dans cet état d'esprit que le corps-symbole se dévoile et laisse percer, autant que faire se peut, la présence du Soi.

Mais précisons auparavant la « *Mythode* » utilisée ici pour explorer le symbolisme du corps humain afin que chacun puisse interroger son corps-temple.

La Mythode, entre Méthode et imaginaire poétique

Il ne s'agit pas, bien sûr, de donner du sens mais simplement de lire ce qui est écrit. Les approximations seront dues aux imperfections de l'auteur de ces lignes bien plus qu'à la négligence du texte. Et toute lecture a besoin d'une méthode pour être pratiqué. C'est à celle-ci que nous allons consacrer quelques lignes.

Comment comprendre le corps-temple ? Par quels indices soulever le voile de son message ? Trois types d'indications apparaissent d'emblé. Les formes du corps et des organes, puis les mythes et les contes qui les mettent en scène et finalement la manière de les nommer dans une langue particulière. Les formes sont communes à l'ensemble des humains, les mythes appartiennent à une culture donnée et à une aire géographique particulière, enfin les noms du corps caractérisent une époque et un groupe ethnique. Ces trois sources de la lecture symbolique s'enracinent dans des terreaux différents. Le plus universel, le plus archétypal, est donné par les formes. Les mythes et les légendes font appel au savoir contenu dans l'inconscient collectif magnifié d'une manière particulière par chaque culture. Les noms du corps actualisent ce savoir en fonction des besoins d'une époque.

Les formes

La question du sens étant insoluble dans l'analyse cartésienne, l'approche symbolique est nécessaire pour comprendre le corps humain avec ses « pourquoi ». La médecine moderne explique à merveille tous ses « comment » en décrivant des mécanismes et des interactions subtiles incroyablement complexes. Cet édifice biologique d'harmonies dynamiques si extraordinaire n'est pas seulement façonné par le « hasard et la nécessité » chers à Darwin, il répond aussi à la pression d'un Grand Sens qui le sculpte depuis des millénaires. C'est pourquoi le corps est un symbole, jusque dans ses moindres détails. Le symbole étant la trace visible laissée par le passage d'un archétype dans les mondes biologiques et physiques. Prenons une image pour illustrer ce point. Le ballon gonflé par le souffle de l'enfant acquiert sa forme arrondie *à la fois* grâce à la pression de l'air et aux propriétés mécaniques du plastique. La science étudie les caractéristiques du plastique, le symbolisme interroge la nature du souffle. Celui-ci est invisible. C'est pourquoi disséquer puis analyser la fine couche d'enrobage qui maintient l'air en boule conduirait à cette conclusion : le ballon est vide, seule sa matière existe. Néanmoins le souffle trahit sa présence par *la forme* qu'il confère au plastique dans les limites de ses propriétés mécaniques. Les facteurs invisibles comme les archétypes, l'âme et le sens jouent le rôle de la pression de l'air. Ils « gonflent » notre matière corporelle et lui octroient des contours qui trahissent sa nature. Bien sûr, si le plastique est trop rigide, insuffisamment souple ou encore poreux, le souffle, l'« âme », ne pourra pas se manifester. Alors les efforts de l'enfant se heurteraient à une fin de non-recevoir. De ce point de vue, la sélection naturelle est indispensable pour façonner un matériau flexible qui puisse recevoir et manifester la présence des archétypes. Lorsque l'opération est réussie, la forme prise par la matière devient un symbole car « quelque chose » transparaît derrière ce qui paraît : l'idée de rondeur. Les formes du corps nous renseignent sur la présence et la nature des forces signifiantes qui peuplent les mondes invisibles. Ainsi le terme général de « nature humaine » gagne en définition : il est constitué par l'ensemble des formes corporelles.

Cette lecture est platonicienne. Elle présuppose que l'Idée existe en soi et qu'elle se manifeste dans le monde en façonnant les événements historiques, la psychologie des individus, l'organisation sociale et les formes du corps humain. Apprendre, disait Platon, c'est se ressouvenir. C'est laisser le monde des Idées revenir vers notre conscience. Mais il n'est pas nécessaire d'accepter la posture philosophique platonicienne d'une séparation entre l'essence et l'existence pour fonder la lecture symbolique. Aristote, son élève qui devint bientôt son contradicteur, envisageait les choses autrement :

> « C'est l'âme qui tient, qui fait l'unité du corps, qui en assure la consistance. Lorsqu'elle s'en va, il se dissipe et se putréfie[7] ».

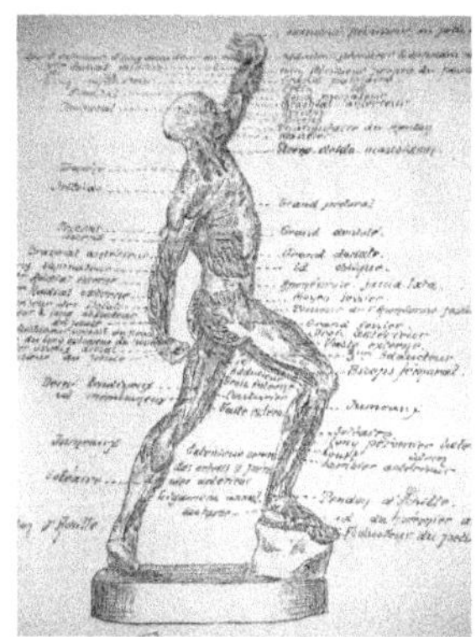

Pour Aristote, l'âme est la forme du corps,
jusque dans ses moindres details.

---

[7] Aristote, *De anima , I, 5, 411 b.*

Pour Aristote, l'âme ne s'ajoute pas de l'extérieur au corps, elle ne lui est pas indépendante mais consubstantielle. C'est un principe, une "entéléchie" (du grec *entelekheia* "énergie agissante et efficace"), qui assure son unité[8] :

> « D'autre part, l'âme est, au sens primordial, ce par quoi nous vivons, percevons et pensons : il en résulte qu'elle sera notion et forme, et non pas matière et substrat. En effet, la substance se prend, comme nous l'avons dit en trois sens, dont l'un désigne la forme, un autre la matière, un autre enfin le composé des deux, la matière étant puissance et la forme, entéléchie ; d'autre part, puisque c'est l'être animé qui est ici le composé de la matière et de la forme, le corps ne peut pas être l'entéléchie de l'âme; c'est l'âme qui est l'entéléchie d'un corps d'une certaine nature. Par conséquent, c'est à bon droit que des penseurs ont estimé que l'âme ne peut être ni sans un corps, ni un corps : car elle n'est pas un corps, mais quelque chose du corps. Et c'est pourquoi elle est dans un corps, et dans un corps d'une nature déterminée et nullement à la façon dont nos prédécesseurs l'adaptaient au corps, sans ajouter aucune détermination sur la nature et la qualité de ce corps, bien qu'il soit manifeste que n'importe quoi ne soit pas susceptible de recevoir n'importe quoi. C'est à un même résultat qu'aboutit d'ailleurs le raisonnement : l'entéléchie de chaque chose survient naturellement dans ce qui est en puissance cette chose, autrement dit ; dans la matière appropriée. Que l'âme soit donc une certaine entéléchie et la forme de ce qui possède la puissance d'avoir une nature déterminée, cela est évident d'après ce que nous venons de voir. »

Pour Aristote, l'âme n'est pas séparable du corps : elle *est* la forme du corps. Cette forme est un principe actif qui donne à la matière corporelle sa signification et actualise ses potentialités. Les organes des sens comme l'œil et l'oreille fonctionnent grâce à leur forme biologique.

Dans son enquête sur l'origine des formes Alain Boutot reprend les thèses du philosophe en se fondant sur les théories scientifiques les plus modernes[9] :

---

[8] Aristote, *Le traité de l'âme*, en téléchargement libre.

[9] Alain Boutot, *L'invention des formes*, éditions Odile Jacob.

« Les morphologistes reprendraient certainement à leur compte le vieil adage : *forma dat esse rei*, la forme donne l'être à la chose. Pour eux, comme pour Aristote, la forme n'est pas un épiphénomène inconsistent, mais constitue l'essence même du réel. " D'un être – ou objet –, dit Thom, on distingue classiquement son existence, son *Dassein*, le fait que l'être occupe une certaine portion d'espace-temps, et son essence, c'est-à-dire la totalité de ses aspects, de ses qualités. L'étude matérialiste, traditionnelle en Sciences, consiste à dire que l'existence précède l'essence (en fait, l'existence implique l'essence) ; le modèle de la théorie des catastrophes en Morphogénèse va à l'encontre de cet axiome, car il présuppose que, dans une certaine mesure, l'existence est déterminée par l'essence, l'ensemble des qualités de l'être. On peut y voir une résurgence du scheme aristotélicien de l'*hylémorphisme* : la matière aspirant à la forme [10] ." L'essence détermine l'existence, la forme mathématique determine la matière sensible, mais ni l'essence ni la forme ne sont des réalités transcendantes, comme chez Platon. La forme n'est pas séparée de la matière et ne s'impose pas du dehors, mais la matière s'informe d'elle-même et par elle-même. »

Il existe donc au moins trois postures philosophiques pour analyser la nature des formes corporelles. Celle du corps-machine de Descartes, adoptée par la grande majorité des médecins contemporains. Elle affirme que le corps est une existence dépourvue d'essence. Alors l'homme ne s'épanouit pas en fonction de l'être mais du bien-être. La santé n'est pas une question de sens mais d'harmonie entre les différents composants du corps-machine. Platon, de son côté, envisageait le corps comme le réceptacle de l'âme. Ici l'essence précède et fonde l'existence. La vie humaine consisterait alors à se libérer d'un corps-prison pour revenir vers l'être essentiel. Quant à Aristote, il s'émancipa de cette lecture dualiste corps/esprit en développant une pensée aujourd'hui réactualisée par les biologistes qui s'interrogent sur les facultés d'auto-organisation du vivant : l'essence et l'existence, la forme et la substance, sont distinctes mais jamais séparées.

---

[10] René Thom, *Modèles mathématiques de la morphogénèse*, éditions Christian Bourgois.

Pour Platon comme pour Aristote la forme est porteuse de sens, *elle exprime les qualités de la chose.* La différence qui sépare les deux philosophies porte sur le degré d'autonomie de ces qualités : sont-elles inhérentes à la matière corporelle ou indépendantes d'elle ? Seul le présupposé cartésien de l'homme-machine, aujourd'hui scientifiquement obsolète, néglige d'interroger la nature des formes car elles ne seraient *rien d'autre* que les conséquences des lois de la mécanique.

Interroger les formes du corps revient à questionner l'essence de l'être humain, ses « qualités », ses parties immatérielles. De ce point de vue, les différents éléments de la physiologie comme les organes, les os, les systèmes sanguins, nerveux, immunitaires et hormonaux sont les expressions visibles d'espaces psychiques et spirituels qui appartiennent à l'être total. *C'est pourquoi la lecture symbolique du corps humain est une ontologie,* une « science de l'être ». La forme de la chose dit son essence, elle révèle sa nature profonde et ses qualités.

Le corps-symbole ne se résume pas à son apparence physique extérieure. Chaque organe interne affiche des caractéristiques géométriques spécifiques : l'arbre pulmonaire ne ressemble pas au cône cardiaque ou à la fève rénale. Les cellules se différencient à leur tour : les hépatiques adoptent une forme qui rappelle celle de la figue ; dans les os, les ostéocytes dessinent de remarquables étoiles à sept branches ; quant aux longs filaments d'actine et de myosine des muscles, ils jouent leur propre partition en adoptant la forme de longs tubes creux. La couleur, la texture, la mobilité des organes et des cellules sont également à prendre en compte, mais pas d'un point de vue biochimique bien sûr. Ce qui va, par exemple, retenir l'attention n'est pas le noyau ferrique de l'hémoglobine qui lui confère sa couleur rouge, mais le champ sémantique auquel le « rouge » se réfère. A-t-on remarqué que les trois couleurs associées aux trois fonctions qui organisent l'ensemble de la pensée indo-européenne[11] sont aussi celles du sang ? Le blanc de la lymphe affiche la couleur de la première fonction, celle de la royauté. Le rouge du sang neuf est la couleur de la fonction guerrière ; quant au bleu des veines, il représente la troisième fonction associée à la production.

Le service rendu par un organe est intimement lié à sa forme, c'est pourquoi il pourra être utile de lire symboliquement la nature de ce service. L'œil capte la lumière : il parle du rapport à la connaissance, à la vérité et au mensonge ; les articulations sont des lieux de passage : elles disent des questions de communication et d'échanges, de choix et d'engagements ; le foie est l'organe biologique qui se régénère le plus rapidement : il est le siège du feu psychique, de la joie de vivre et, lorsque celle-ci est contrariée, de la colère.

L'exploration symbolique de la géométrie du corps humain pourra être amplifié par les mythes qui s'y rapportent. En effet, ceux-ci complètent et développent les informations issues de l'observation en racontant des histoires. Faut-il s'étonner, par exemple, que Prométhée ait le foie dévoré par l'aigle de Zeus lorsque l'on sait que Prométhée se traduit par « celui qui prévoit » et que le foie était précisément l'organe de la divination dans l'ancienne science des haruspices ? La blessure corporelle du Titan signe *exactement* la nature de son nom et le sens des pathologies du foie : le sentiment d'être enchaîné là où on est, la douleur insupportable de ne plus voir l'avenir, de ne plus avoir d'avenir.

Les images

Il y a plus de trois siècles Descartes publia le *Traité de la Méthode*, un ouvrage fondateur qui fit fructifier la connaissance

---

[11] Georges Dumézil, *Esquisses de mythologie*, au chapitre intitulé *La courtisane et les seigneurs colorés*, éditions Gallimard.

du monde-objet et du corps-machine. Il faudrait aujourd'hui écrire un *Traité de la Mythode*[12] qui redonnerait ses lettres de noblesse au langage symbolique, un mode de communication utilisé à la fois par la nature et par l'inconscient[13] :

> « Au contraire de la poésie, la valeur du mythe comme mythe persiste, en dépit de la pire traduction. Quelle que soit notre ignorance de la langue et de la culture de la population où on l'a recueilli, un mythe est perçu comme mythe par tout lecteur, dans le monde entier. La substance du mythe ne se trouve ni dans le style, ni dans le mode de narration, ni dans la syntaxe, mais dans l'histoire qui y est racontée. Le mythe est un langage; mais un langage qui travaille à un niveau très élevé, et où le sens parvient, si l'on peut dire, à décoller du fondement linguistique sur lequel il a commencé par rouler. »

Ce sens, si on admet ici une approche platonicienne, est représenté par une grande Idée. Celle-ci est composée d'un ensemble de forces signifiantes qui agissent sur les différents niveaux d'organisation, depuis l'atome jusqu'à la biosphère. Alors que la science décrit les mécanismes mis en jeu au sein de chacun de ces niveaux pris séparément, le mythe par son pouvoir de rassemblement, donne du sens à chacune de ces strates. Du plan physique jusqu'au monde métaphysique en passant par les univers biologiques et psychiques un mythe va progressivement imprimer son sens et sa force. D'abord sous une forme très matérielle et événementielle dans le domaine physique. Puis sous la forme de processus psychologiques, d'images, d'émotions et de désirs qui expriment l'Idée *via* un mode de vie et une culture spécifiques. Enfin, sur le plan métaphysique, les grandes images du mythe seront comme un discours à livre ouvert. Mais le mythe nous met aussi en garde contre ses pièges, c'est-à-dire contre ses excès. Décoder ces pièges revient à comprendre la meilleure manière de vivre le mythe, accomplir les défis et l'aventure qu'il propose, sans se

---

[12] Nous devons ce néologisme à Gilbert Durand dans son *Introduction à la mythodologie*, éditions le Livre de poche.

[13] Claude Levi-Strauss, *Anthropologie structurale*, éditions Pocket.

laisser broyer par lui. Il a la même vertu qu'une carte de géographie qui décrit la position des fondrières et des monts escarpés. Une carte géographique n'est ni "bonne" ni "mauvaise" : elle se contente de donner à voir. Mais cette géographie-là n'est pas faite de matière, c'est une géographie du sens.

Les mythes sont formés par un ensemble de symboles qui ont décidé de vivre leur vie ensemble. Ils racontent une histoire. Or les principaux dieux portent les noms des planètes du système solaire – Mercure/Hermès, Vénus/Aphrodite, Mars/Arès – si bien que la parenté entre la mythologie et l'astrologie coule de source. De plus, lorsque le corps humain est projeté sur le ciel, il s'enroule autour du zodiaque.

L'Homme-Zodiaque, The British Library.
Catalogue des manuscrits enluminés.

Chaque signe est associé à une partie du corps humain. Sans entrer dans les détails, disons simplement que le zodiaque représente douze cases-mémoire où sont stockées quelques significations fondamentales et universelles. Celles-ci se déploient en images vivantes dans les mythes. Nous avons montré ailleurs que certains mythes, comme Prométhée et Icare, pouvaient être lu sur le thème astrologique[14]. En mettant en scène les dieux-planètes au sein de chroniques ancestrales, les mythes révèlent la nature des grandes forces signifiantes qui habitent le monde invisible. Décoder la portée symbolique d'un schéma mythologique revient à comprendre comment une constellation de sens rebondit de plans en plans, du monde métaphysique jusqu'à la réalité corporelle objective. Cette lecture simplifie considérablement la vision du monde dans la mesure où celui-ci n'apparaît plus morcelé, mais uni par seulement quelques fils signifiants. L'astrologie, telle qu'elle est habituellement pratiquée en consultation, décrit comment le mythe astral organise la vie psychologique et spirituelle de la personne. L'« astrologie mondiale » décode le mouvement et la nature des grandes forces signifiantes qui organisent et désorganisent périodiquement la vie des civilisations[15]. Plutôt que de nous intéresser aux niveaux « sociétés » et « individus » nous allons interroger, dans ce livre, le monde des cellules et des organes sous l'angle de leurs affinités avec les mythes et le zodiaque. C'est-à-dire les fondements de l'astrologie médicale longtemps pratiquée en Grèce antique puis au Moyen Age.

Certaines correspondances entre mythes et parties du corps sont directement données par la tradition grecque. Ainsi l'histoire d'Œdipe (« *pieds enflés* ») se réfère, par son nom, au symbolisme des pieds. D'un autre côté nous avons déjà signalé que le foie de Prométhée dévoré par l'aigle de Zeus signe l'identité du Titan. Interroger le mythe de Prométhée revient à comprendre le sens symbolique du foie et de ses fonctions. D'une manière plus générale, découvrir le *mythos* qui anime chaque partie du corps revient à comprendre sa raison d'être en se reportant à l'histoire qui s'y rattache. L'essence d'un organe *n'est pas cachée* dans son code génétique ni dans sa genèse

---

[14] Dans nos ouvrages sur *Prométhée, Narcisse, Icare* et *le mythe du Héros*, suivant en cela un développement astrologique proposé pour la première fois par Jacques Berthon.

[15] Luc bigé, *Vers un modèle astrologique de l'Histoire*, éditions de Janus.

embryologique, elle *est donnée* par sa forme, ses liens avec les mythologies et, nous allons le voir, par son nom.

Parfois, une pathologie pourra être lue comme une *mythopathologie*. Il s'agira alors d'une manifestation du Soi qui rappelle ainsi l'inaccomplissement d'une partie du potentiel spirituel de la personne. Lorsque l'essence de l'être ne trouve plus le chemin de son rayonnement dans le monde, elle « dit » sa situation disharmonieuse par la voie du symptôme qui fait symbole. Une mythopathologie rappelle à quel point le patient s'est éloigné de sa raison d'être, elle l'invite à questionner sa relation à son destin. Précisons que toutes les maladies ne sont pas mythologiques. Une même pathologie peut avoir une cause mécanique, une origine relationnelle, une raison psychologique ou être un processus initiatique. C'est pourquoi une médecine holistique devrait développer des compétences en chimie pour soigner les mécanismes perturbés, en homéopathie, ou tout autre système qui privilégie le patient, afin de rééquilibrer ses relations à son environnement, en symbolisme pour réveiller les sens endormis (en quelque sorte !) et en chamanisme afin d'accompagner le processus de transformation intérieure qu'exprime parfois la maladie.

Soulignons que la rationalité du mythe n'est pas celle de l'objet. Si Hermès est figuré avec des ailes aux pieds et au casque, ce n'est pas pour des raisons d'ordre aérodynamique ! Les Grecs n'ignoraient pas que des ailes situées au centre de gravité du corps sont infiniment plus efficaces pour l'envol. Mais un dieu n'a pas besoin d'ailes pour voler ! La logique symbolique décrit du sens sans se soucier des lois de la mécanique. Les ailes suggèrent un désir d'élévation, de mise en chemin vers un au-delà de soi-même. Les ailes d'Hermès rappellent qu'il existe deux lieux corporels qui portent l'envol : les pieds pour l'émancipation des racines ancestrales et la tête pour la libération de la condition humaine.

L'hypothèse de travail est la suivante : la morphologie du corps humain est l'expression visible de plusieurs Idées platoniciennes mises en scène par les mythes. Mais que penser des sonorités ?

Les sonorités

Plus étrangement, il semble que la manière de nommer les parties du corps ne soit ni neutre, ni uniquement conventionnelle. Lus dans la « langue des oiseaux », leurs noms produisent du sens. C'est ainsi que les quatre « voûtes » corporelles, les voûtes plantaires, cœliaques, du palais et crâniennes renvoient à la notion de voûte céleste et au franchissement d'un voile. Il s'agit d'un appel préparatoire à un changement de niveau de conscience. Chaque « voûte » prépare et cache la prochaine étape qui conduira vers la réalisation de l'essence de l'être. Quant à l'intestin, il sera décrypté comme un « cerveau viscéral » conformément à l'origine latine du mot *in-testus*, qui signifie « dans la tête ». Lorsque la « pense » du haut est fatiguée, la « panse » du bas prend le relais. Les enfants le savent bien. Lorsqu'ils n'ont pas envie d'aller à l'école en raison d'un trop plein d'informations inassimilables, ils ont mal au ventre et, parfois, vont jusqu'à la « diarrhée ». L'élève qui ne peut plus digérer toutes les informations qu'il reçoit en classe « dit arrêt » dans son langage corporel.

Le nom est aussi un produit de l'inconscient et, en tant que tel, il possède une composante symbolique. La forme des lettres et les sonorités des mots désignant les parties du corps décrivent, plus que nous ne l'imaginons habituellement, leurs fonctions symboliques. Nous avons détaillé ailleurs cette méthode à l'aide de nombreux exemples[16] et y reviendrons au fur et à mesure de notre voyage dans la géographie symbolique du corps humain.

---

[16] Luc Bigé, *Petit dictionnaire en langue des oiseaux*, éditions de Janus.

La manière de nommer les parties du corps varie en fonction des époques et des aires géographiques. Le nom n'a donc pas une valeur aussi intemporelle que la forme du corps et les mythes qui s'y rattachent. La morphologie est universelle puisque tous les humains sont bâtis sur le même modèle ; le mythe décrit les présupposés d'un espace culturel, par exemple la culture indo-européenne lorsque l'on s'intéresse à la tradition grecque ; le mot restreint encore les possibilités puisqu'il est spécifique à un ensemble linguistique, ici les pays francophones. Cela *ne signifie pas* que la lecture en langue française du symbolisme du corps humain ne soit pas valable pour l'ensemble de l'humanité. Chaque langue et chaque culture ont leur génie propre, c'est la somme de ces talents qui participe au dévoilement de l'ensemble des signifiants portés par la condition humaine.

Formes, images et sonorités sont les trois voies d'expression du sens. Elles correspondent analogiquement aux trois corps dont il fut question. La forme, qui inclut la géométrie sacrée et les nombres, représente l'organisation « physique » du monde invisible ; les images, qui incluent les mythes et les contes, portent des valeurs affectives et stimulent l'élan d'amour ; et les sonorités, avec les différentes manières de nommer les parties du corps, sont en rapport avec le souffle, avec l'élan dynamique qui anime le monde du sens, avec sa puissance créatrice. Les formes nous parlent de l'identité, les images du désir et les sons des processus de transformation.

Involution, évolution, transvolution

Malgré la richesse sémantique des formes, des mythes et des sonorités, il manque encore un concept important pour comprendre le fonctionnement du « Parchemin Magnifique ». Le lecteur du corps devra se rappeler à chaque instant que le symbole est polysémique. Contrairement à la logique cartésienne où une molécule produit un effet, contrairement à la pensée systémique où un faisceau de micro-événements conduit à des résultats imprévisibles en soi, le symbole désigne toujours plusieurs sens stratifiés les uns dans les autres, entremêlés en quelque sorte. Si le symboliste n'y prend pas garde, il risque vite de produire de la confusion par excès de sens.

Comment ordonner tout cela ?

Trois niveaux de lecture fonctionnent *simultanément* pour un même organe. Ils se mettent en place lors de l'involution, de l'évolution et de la transvolution.

Prenons une image pour illustrer la polysémie du symbole. Au moment du lever du soleil, l'observateur voit sa lumière passer du rouge pâle au rouge incandescent puis virer au jaune, léger d'abord puis vif, avant de tourner au blanc insoutenable. Il s'agit toujours de la même lumière, mais filtrée par les différentes épaisseurs de l'atmosphère. De manière analogue, un même symbole, un même organe, sera « rouge », « jaune » ou « blanc » et prendra donc une signification différente selon la densité de « l'atmosphère » qui sépare la personne de sa nature essentielle. Cette « atmosphère » est composée des mémoires affectives, intellectuelles et culturelles qui la colorent et modifient sa perception des forces signifiantes qui animent le monde du sens. Au sein du corps-symbole « le mouvement de la lumière » suit d'abord un chemin descendant qui va de la tête vers les pieds. Puis il remonte des pieds vers la tête pour redescendre une fois encore afin de construire le corps-de-lumière qu'évoquent de nombreuses traditions spirituelles. Un même organe, une même partie du corps et un même symptôme n'auront donc pas le même sens dans la descente de l'énergie-conscience et dans sa remontée. Dans la descente, le pied et ses pathologies représentent la souffrance née de l'abandon et de la perte de ses racines joint à un sentiment de rejet ; dans la remontée il annonce un effort d'individuation pour se mettre debout et commencer à assumer sa propre royauté. Il s'agit du premier appel vers la découverte de son mythe fondateur et la réalisation de sa destinée individuelle. De plus, en raison de sa position géométrique, le pied est précisément le lieu du retournement entre la descente et la remontée : ne s'agit-il pas d'assumer pleinement son sentiment d'isolement en le transformant en une solitude féconde pour aller vers l'expression de ce qu'il y a d'unique dans son cœur ?

Le mouvement d'involution part de la tête et se dirige vers les pieds. Il illustre le processus de descente des archétypes depuis le ciel jusque dans la substance pour produire une forme comme, par exemple, dans les phénomènes de croissance biologique et, sur un autre plan, le développement psychologique de l'enfant. Lors de l'évolution, l'énergie-conscience remonte des pieds vers la tête. C'est une phase de maturation progressive où « l'âme » du système se révèle, manifeste de plus en plus son charisme et partage sa fragrance. La transvolution décrit le processus initiatique qui résulte d'*un contact direct* entre une personne mature, vivant de manière significative, et le monde spirituel. Alors se répand sur et en elle une douche de lumière qui réorganise sa vie biologique et son organisation psychique. La personnalité mûre et *sensée* élaborée lors du processus d'évolution s'efface progressivement. Elle se laisse féconder puis réorienter par le Grand Inconnu, par l'Esprit du temps. Ces trois mouvements correspondent à ce que Rudhyar a appelé, en astrologie, les niveaux socioculturels (involution), individuels (évolution) et transpersonnels (transvolution)[17].

Le corps est naturellement une involution du Soi dans la matière. Lorsque commence intentionnellement le processus d'évolution, la conscience enfouie dans les différents lieux corporels se retire progressivement de toutes ces identifications pour devenir semblable à un pur espace, là où s'écoulent

---

[17] Dane Rudhyar, *L'astrologie de la transformation, une approche multidimensionnelle*, éditions du Rocher.

librement les sensations, les émotions, les désirs et les pensées. Elle ne retient rien ni ne préfère rien. Elle ressemble à une porte à deux battants : d'un côté la conscience se penche sur le monde et ses affaires, de l'autre elle s'ouvre à l'immense et reçoit l'expérience de l'infini[18]. Alors elle s'apprête au grand et ultime processus de la transvolution en canalisant les influx du monde des archétypes pour les distiller à nouveau dans les cellules biologiques et procéder à la transformation de la nature humaine, achevant ainsi la promesse entrevue par des penseurs aussi différents que Nietzsche et Sri Aurobindo : créer un homme nouveau. Pas par la guerre, ni même par l'art comme l'imagina Wagner, mais par la voie intérieure du contact avec l'Infini.

« La descente puis la remontée de l'énergie-conscience » est un concept pratique qui permet de différencier et analyser les nombreuses significations portées par une même partie du corps. Il ne faudrait cependant pas imaginer que l'ascension suit sagement la chute dans une sorte de progression logique qui permettrait de statuer du « degré d'évolution » d'une personne ! Dans la vie réelle, ces deux mouvements se superposent en permanence. Ainsi, dans les genoux, l'amour-passion *suscite et entretient* le sentiment d'ivresse lié à un premier contact conscient avec les archétypes[19] :

> « Chaque fois qu'un homme et une femme vivent une expérience amoureuse profonde, nous savons tous qu'une autre dimension de la réalité s'ouvre pour eux ; une dimension divine fait irruption dans la psyché humaine, balayant sa mesquinerie égocentrique. Un élément d'enthousiasme et d'irréalisme romantique fait normalement partie de toute expérience d'amour passionné, du moins à ses débuts ; c'est une sorte d'épanouissement du printemps olympien dans lequel tout est divin et pourtant ressenti comme étrangement réel. C'est la raison pour laquelle les gens de leur entourage rient des amoureux. Il est alors indiqué pour

---

[18] Ce processus est remarquablement décrit dans les *satsang* de Mooji et de Gangagi.

[19] Marie-Louise von Franz, L'Âne d'Or. Interprétation du Conte d'Apulée, éditions La fontaine de pierre.

eux de disparaître loin de la compagnie des hommes, et de se mettre pour ainsi dire en dehors d'elle, car ils évoluent pour le moment dans le monde des dieux ! »

C'est donc avec ces concepts de formes, d'images, de sonorités, d'involution, d'évolution et de transvolution que nous allons explorer la nature du corps humain. Nous interrogerons ses formes avec l'arrière-pensée que celles-ci nous parlent de l'essence de l'être ; nous nous laisserons bercer par les histoires mythologiques qui s'y rapportent, par ces richesses imaginales qui stimulent notre désir de métamorphose ; et nous écouterons les sonorités des noms que la langue française attribue aux diverses parties du corps pour comprendre ses trois étapes : dans l'involution, l'évolution et la transvolution. Alors se dessineront des faisceaux d'informations pointant dans des directions parentes jusqu'à ce que l'essence de l'être humain se révèle hors de sa gangue de matière et laisse percer la poésie véridique de ses profondeurs.

Quand le corps se met en quatre

La tradition présocratique organisait la nature et le cosmos autour de quatre Éléments : le Feu, l'Air, l'Eau et la Terre. Le terme « Élément » désignait alors un « principe actif » et non un composé chimique au sens moderne[20]. Si le feu physique possède le même nom que l'Élément Feu, c'est simplement parce qu'il exprime symboliquement la nature du principe « Feu ». Les quatre Éléments sont des principes de description de la nature et, à ce titre, ils sont applicables à une grande variété d'objets : le corps humain, l'histoire, la psychologie, la chimie, la cosmologie ou encore la biologie. Juste un exemple pour préciser la différence entre « Élément » et « élément » : L'eau chimique est considérée comme une « Terre » lorsqu'elle se présente sous forme de glace, comme une « Eau » dans sa

---

[20] Ce sens se retrouve par exemple dans le titre de l'ouvrage d'Euclide. Les « Éléments de géométrie » pourraient se traduire par « Principes de géométrie ».

version liquide, comme de l' « Air » lorsqu'elle adopte la forme d'une brume et comme un « Feu » lorsqu'elle passe d'un état vers un autre. La Terre se contracte et absorbe de l'énergie ; le Feu se contracte également, comme le ferait une colle, mais il diffuse de l'énergie ; l'Eau représente un principe d'agitation froide ; l'Air une agitation chaude.

L'Eau s'oppose à l'Air, le Feu à la Terre. À chaque signe du zodiaque est associé l'un de ces quatre Éléments.

Cette organisation de la nature autour d'un système composé de quatre Éléments est en effet beaucoup utilisée en astrologie. Cette discipline divise le zodiaque en trois signes de Feu (Bélier, Lion et Sagittaire), trois signes d'Air (Gémeaux, Balance, Verseau), trois signes d'Eau (Cancer, Scorpion, Poissons) et trois signes de Terre (Taureau, Vierge, Capricorne). Le « Feu » étant un symbole, il dira du sens sur les plans physiques (la chaleur), biologiques (la vitalité), psychologiques (l'enthousiasme) et spirituels (la foi). Toutes ces manifestations indépendantes sont reliées de manière a-causale par un même principe spécifique au Feu : la diffusion de l'énergie et sa concentration pour une métamorphose. La bûche qui se consume dans l'âtre diffuse son énergie pour réchauffer la pièce, en même temps son volume diminue et elle est finalement transformée en cendres. Ce processus de chaleur-contraction-métamorphose se reproduit analogiquement sur les autres niveaux de la réalité. La douleur physique est une contraction organique qui libère de la chaleur et appelle à un questionnement sur son sens pour changer quelque chose dans sa vie ; l'enthousiasme provient d'une personne certes partageuse, mais tellement collée à son idéal qu'elle pourra devenir parfaitement intolérante pour ses compagnons. C'est pourtant la condition de la réussite de ses projets. Quant à la foi, elle colle littéralement le croyant à sa perception de la Présence divine pour son Eveil à la vie spirituelle. Mais ici aussi l'être pourra devenir extrêmement intolérant et « contracter » ses intérêts et ses relations au sein du cercle étroit de ceux qui partagent les mêmes croyances.

Traditionnellement les correspondances entre parties du corps et signes du zodiaque sont les suivantes, nous verrons par la suite que celles-ci sont à nuancer :

Le Bélier : la tête - Feu

Le Taureau : le cou et les épaules - Terre

Les Gémeaux : le système respiratoire, les bras et les mains - Air

Le Cancer : l'estomac - Eau

Le Lion : le cœur - Feu

La Vierge : les intestins - Terre

La Balance : les reins - Air

Le Scorpion : les organes génitaux - Eau

Le Sagittaire : les cuisses - Feu

Le Capricorne : les genoux - Terre

Le Verseau : les chevilles - Air

Les Poissons : les pieds - Eau

Indépendamment de leur association aux signes du zodiaque, ces quatre Éléments décrivent également l'ensemble du corps :

Des pieds aux hanches : les valeurs de la Terre

Les membres inférieurs invitent à un contact direct avec le sol. Les pieds nus palpent la terre, les genoux ont pour fonction symbolique de s'agenouiller et les cuisses se posent sur le sol dans la posture assise. L'élément Terre qui leur est associé n'est pas matérialiste, affirmer cela serait céder à un biais culturel. Les pieds sur la terre évoquent bien sûr le « sens des réalités » joint à des valeurs de solidité et de pragmatisme. Mais ils désignent surtout la seule partie du corps qui conserve en permanence un lien direct entre le sujet et ce qui lui est extérieur. La communication avec le monde s'effectue sans intermédiaires, par une caresse de corps à corps. L'abolition de toute distance est parfaitement réalisée par les pieds, traditionnellement associés au signe des Poissons. Le monde extérieur et l'univers intérieur ne font plus qu'un, « sujet » et « objet » annulent leurs différences, parfois au risque de la confusion. Les genoux, déjà, prennent de la distance. Ils ne touchent terre que sous l'effet de la loi religieuse ou de l'ascèse intérieure car la génuflexion demande un mélange paradoxal d'effort et d'abandon. Le Capricorne associé à la rotule expérimente un rude combat entre orgueil et renoncement. Puis viennent le Sagittaire et les cuisses, plus éloignés encore d'un contact direct avec le monde des archétypes. Ce n'est pourtant pas faute d'y tendre avec une foi ardente et un sincère désir de découverte. Sa pensée l'entraîne à philosopher la réalité pendant que son cœur l'appelle à réaliser sa philosophie. Mais il a déjà oublié la simplicité de la marche. Les membres inférieurs consacrés au déplacement rappellent à l'homme qu'à chaque instant il peut établir *un contact direct* avec la Terre spirituelle, avec le monde des archétypes. *En se laissant toucher* par lui il accomplit le sens secret de toutes les démarches de son existence. Les pieds (Poissons) par la conscience de la non-séparation entre le soi et le non-soi, l'articulation des chevilles (Verseau) en préférant le choix de son destin plutôt que de s'éparpiller dans les farandoles du monde, les genoux (Capricorne) par le lâcher-prise et la confiance en la bonté de l'univers, et les cuisses (Sagittaire) en vivant sa philosophie ou sa foi.

Cette première zone corporelle est analogue à l'âge d'or lorsque, nous précise Ovide, les hommes banquetaient encore à la table des dieux[21]. Il existait en cette période mythique un

---

[21] Ovide, *Les métamorphoses*. Cette relation analogique entre les quatre âges mythologiques et les quatre grandes étapes de la civilisation humaine - chasse-cueillette, agriculture-élevage, industrie-commerce et création-information – est développée dans un autre ouvrage : *Prométhée, le mythe de l'homme*, éditions de Janus.

contact direct entre les habitants de la terre et les archétypes. Pieds, chevilles, genoux et hanches représentent à la fois le début et la fin de l'aventure humaine, le rêve matriciel du paradis et l'expérience mystique de l'unité avec l'univers tout entier. Les pieds par un contact direct et sans intermédiaires, les chevilles par la reconnaissance de son destin, les genoux par l'abandon du moi et le rituel, et les cuisses par la jouissance du Grand Sens.

La topologie des membres inférieurs pourra elle-même être subdivisée en trois parties correspondant analogiquement aux plans physique, émotionnel et mental. Les pieds s'arrogent le domaine physique avec un contact direct avec le sol *et* le monde des dieux, les genoux s'accommodent d'un émotionnel concret, ils tentent de matérialiser les désirs, occasionnellement avec une grande ambition ; les cuisses et les hanches seront associées au plan mental : elles invitent à réfléchir sur la nature du divin ou, si l'on préfère, du sens. À vrai dire cette répartition ternaire est omniprésente dans la géométrie du corps. Ainsi, par exemple, il existe trois types de cellules sanguines associées à trois fonctions : les globules blancs responsables de l'immunité, les globules rouges liées au transport de l'oxygène et les plaquettes chargées de la coagulation du sang. La peau est à son tour formée par trois types de tissus : l'épiderme, le derme et l'hypoderme. Le cerveau humain est tripartite avec le cervelet, le système limbique et le néocortex. Cette organisation ternaire apparaît encore dans la géométrie générale du corps humain avec les membres qui s'apparentent à la ligne, le tronc au rectangle et la tête au cercle. Ces trois figures sont lourdes de symbolisme, elles évoquent la structure ternaire de l'homme « en-tiers » avec sa capacité à passer à l'action (la ligne), le contenu de son psychisme (le rectangle) et sa conscience de l'infini (la sphère). L'homme d'action, le constructeur, sera en relation avec le symbolisme des jambes et des bras ; l'univers des forces psychiques avec le « moi » et le Soi est codé dans l'organisation du tronc et les promesses de la vie métaphysique affleurent dans la tête.

Le nomade de l'âge d'or avait ce privilège : il vivait dans la nature. Il se mouvait dans le « monde des dieux » puisque la Nature était alors considérée comme l'épiphanie des dieux, comme une manifestation visible des instances du monde invisible[22].

L'entrée dans le bassin du corps va tout changer.

Du bassin au diaphragme : les valeurs de l'Eau

Le type de sensibilité qui caractérise cette zone corporelle est le pressentiment. Un pressentiment viscéral qui envahit le ventre, prévient des dangers ou annonce une jouissance. Cette zone corporelle conserve les racines des désirs et des émotions. Après le contact direct avec la Terre, voici l'Eau des humeurs. Le ventre symbolise cet Élément à sa manière en traitant les urées et le chyme, cette substance semi-liquide née de la dégradation des aliments dans l'intestin. Il contient également le liquide amniotique, une sorte d'intériorisation biologique des eaux salées de l'Océan. Le langage de l'Eau est celui des émotions, de la sensibilité, de l'élaboration du moi narcissique, du besoin de reconnaissance, de l'épanouissement de la partie féminine de l'être humain, de la protection et de l'instinct maternel. C'est aussi l'univers de la magie, avec ses attributs : l'image, les rêves, l'imaginaire, la fantaisie et la peur.

Cette deuxième zone est analogue à l'époque où l'humanité tirait sa subsistance de l'agriculture et de l'élevage puisque, dans cet espace intime, l'activité principale du corps consiste à stocker (estomac, foie), à éliminer (colon, reins), à organiser

---

[22] « Épiphanie » est un mot d'origine grecque qui signifie « manifestation » ou « apparition ». L'utilisation de ce terme est antérieure au christianisme. Les « Épiphanes » désignaient les moments où les divinités apparaissaient aux hommes.

des réserves pour éviter les famines et à se protéger contre les « autres » qui pourraient détruire les récoltes. L'accumulation des richesses sous la forme de têtes de bétail et de silos à blé nécessita une autre invention pour pourvoir échanger la production : l'argent. À partir de cet instant, le monde extérieur devint un ennemi car toute possession était susceptible d'être volé. L'univers était un don pour le chasseur-cueilleur. Il devint un danger pour l'agriculteur replié sur son champ et ses bêtes. Le corps manifeste cette transformation à sa manière : la liberté du mouvoir permise par les pieds et les jambes s'efface au profit des besoins de sécurité et de protection symbolisées par le ventre. Les lieux biologiques de la reproduction et de la consommation sont traditionnellement associés aux signes du Scorpion (les organes sexuels), de la Balance (les reins), de la Vierge (les intestins) et du Cancer (l'estomac). La question essentielle du ventre ne porte plus sur la direction à prendre, comme avec le Sagittaire (quel est le sens de ma vie ?), le Capricorne (quelle est ma trajectoire sociale et/ou ma destinée spirituelle ?) et les Poissons, ces amoureux des nuages pour qui toutes les voies semblent égales. Elle pose une autre interrogation, tout aussi fondamentale : « Où est ma place ? ». La première maison du fœtus est le ventre maternel. Plus tard l'individu créera un lieu à sa mesure où il pourra grandir, s'épanouir et trouver le bonheur. Les organes génitaux et le Scorpion tentent l'aventure par la fusion avec un idéal, ou avec Dieu. Ils cherchent profondément à réintégrer « la Maison du Père ». Les reins et la Balance aspirent sans cesse à un équilibre entre « moi et l'autre », entre le masculin et le féminin, la personne et son âme, l'individu et le groupe. Pour le Scorpion trouver sa place c'est se fondre dans le plus grand tout, pour la Balance c'est établir un dialogue permanent entre l'intérieur et l'extérieur. Ces attitudes psychologiques de fusion et de recherche d'équilibre sont symbolisées par les fonctions de ces deux organes biologiques : la sexualité est une pénétration fusionnelle de deux corps ; les reins équilibrent sans cesse les composants chimiques de l'organisme. La Vierge a également besoin de sécurité pour connaître sa place. Nous verrons que les intestins jouent le rôle du cerveau dans le champ de cohérence des viscères. Pour elle, trouver sa place passe par l'analyse de son environnement et le sentiment d'être utile en séparant le pur de l'impur. Quant au Cancer et à l'estomac, sa place est toute trouvée : celle de l'alcôve au cœur du cœur de la maison-ventre. Là, il digère les « aliments » qu'il reçoit du monde extérieur, les fait siens et se construit une identité narcissique. Pour tous ces organes et pour tous ces signes, la sécurité matérielle contribue à la confiance en soi et à leur bien être physiologique.

La mise à distance de la peur et l'acquisition d'un sentiment de sécurité au sein d'une maison-ventre représente la grande victoire du ventre symbolique. Un autre terme pour cela : la confiance en soi. Mais c'est à la fois un avantage et un inconvénient. Ressentiments et sens des valeurs dessinent ses faces ombre et lumière. Le nomade de l'époque précédente se sentait partout chez lui. À présent le sédentaire sépare le monde en deux catégories : « chez moi » et « ailleurs ». Il ne fallut que quelques millénaires pour que cette attitude soit élevée au rang d'une métaphysique et produise les idées de Bien et de Mal. Le « Bien » étant évidemment « chez moi », et le « Mal » chez « les autres » ». L'empire Perse puis le premier monothéisme prirent au mot cette distinction en fondant leur culture sur le pur et l'impur, le sacré et le profane, le bien et le mal :

« Guerre éternelle que l'on retrouve partout. C'est elle qui fit le divorce de l'Hindou védique et du Perse, de l'Aryâ pasteur, de l'Aryâ cultivateur. Le pasteur trouve odieuse, injuste, l'appropriation. Il rit des bornes, des fossés. Ses bêtes, malicieusement, se font un jeu de les franchir. La chèvre blesse la haie. La vache y passe à l'étourdie. La douce brebis, en cherchant sa petite vie innocemment, rase le blé qui pointait, ce blé sacré, cette chère espérance où l'agriculteur a son âme. Il faut qu'il le garde, son blé. De plus en plus rêveur et sombre, dans ces bêtes malfaisantes qui mangent moins qu'elles ne détruisent, il croit voir, il maudit les agents des mauvais esprits, l'armée de la méchanceté, « du caprice hors de sens », les jeux pervers de la magie[23]. »

L'argent – ingénument encore appelé « blé » – apparut avec les premiers agriculteurs en remplacement du troc de l'ère précédente. Alors le commerce prit son essor. De l'accumulation des richesses naquit la grande ville avec une administration pour la gérer et une armée pour la défendre. Pendant ce temps, certains hommes se consacraient à des activités parfaitement inutiles comme l'art, la philosophie ou l'observation de la nature. L'expérience chamanique du contact direct avec les plantes et les animaux, spécifique aux chasseurs-cueilleurs, disparut au profit du monothéisme qui distingua précisément la « Maison du Père » d'avec la « demeure des hommes ». Et puis la parole comme moyen de communication dominant céda progressivement sa place à une nouvelle venue : l'écriture. Elle se conserve sur des parchemins et s'accorde avec les préoccupations des paysans soucieux d'établir des documents administratifs qui certifient la légalité des limites de leurs champs. Surtout, elle consacre la mémoire.

Chacune des quatre zones corporelles écrit à grands traits l'histoire d'une époque de l'humanité. Et chaque époque représente un profond bouleversement par rapport à celle qui l'a précédée. Les membres inférieurs évoquaient le nomadisme avec le troc comme moyen d'échange, un contact direct avec les forces de la nature et la liberté de parcourir de grands espaces dénués de frontières. L'agriculteur privilégia instinctivement les valeurs symboliques du ventre, une maison pour l'embryon et une réserve de nourriture pour le corps (social). Propriété privée, reproduction et accumulation des biens sont spécifiques des civilisations sédentaires et des premiers Empires que l'histoire a connus. La femme enceinte et le mur dit justement « d'enceinte » qui protège le territoire

---

[23] Jules Michelet, *La Bible de l'Humanité* p.76, éditions Complexe.

parlent le même langage et expriment les mêmes valeurs : protection de la pâture contre toute forme d'agression venue du monde extérieur, aspiration à la sécurité, peur de perdre ses biens et importance de la sensibilité aux besoins du ventre : nourriture, stabilité, intimité, famille, sens de la tribu, reproduction, multiplication des grains et des enfants, richesse, accumulation, bonheur tranquille…

Les aspirations des membres inférieurs et ceux du ventre sont donc aux antipodes les uns des autres. Le nomade qui « vivait en dieu » est maintenant contraint, par le processus d'évolution de la conscience, de rompre avec l'âge d'or de l'insouciance pour devenir un sujet au sein d'une matrice familiale et tribale. En se créant pour la première fois un espace intérieur, un mur d'enceinte, il deviendra progressivement capable de métaboliser le monde extérieur pour le symboliser. En renonçant à la grande liberté vagabonde du nomade, le sédentaire découvre une liberté plus profonde : celle d'un sujet sensible capable de se représenter le monde par la pensée et par l'imagination.

Mais le voyage n'est pas fini ! Une nouvelle rupture ontologique l'attend derrière la barrière du diaphragme.

Du diaphragme au cou : les valeurs de l'Air

Dans la conception antique, le cœur était le siège des fonctions vitales, des passions, des pensées, de l'intelligence, de la mémoire et de la volonté[24]. Ses valeurs symboliques sont d'une immense richesse, nous y reviendrons longuement lorsque nous aborderons le sens de cet organe. Pour l'heure, il suffit de remarquer que l'espace thoracique reçoit l'élément Air. Le corps le manifeste à sa manière en absorbant l'air atmosphérique au moyen des poumons et en transmettant sa

---

[24] Centre National des Ressources Textuelles et Lexicales :
http://www.cnrtl.fr/etymologie/cœur

partie « Feu » (l'oxygène) au cœur. L'Air, qui ignore les frontières, est associé à la pensée, à la communication et aux échanges. Cette troisième zone corporelle s'occupe en priorité du monde des Idées, des utopies et des combats pour les accomplir, de la vision du futur, de l'ouverture de la conscience à l'infini, des relations aux autres et de l'écoute. A-t-on, par exemple, suffisamment remarqué que le souffle de la parole naît dans l'espace qui entoure le cœur ? lorsque la conscience-énergie de l'homme franchit la barrière du diaphragme cela devient d'une telle évidence ! La parole n'est plus produite par le mental avec son organe dédié, le cerveau, ni même par la conscience : elle s'élève à partir du cœur avec une infinie douceur. Avec et dans le cœur se décachette la porte de l'Immense. Il suffit qu'elle soit seulement entrebâillée pour que l'Infini s'y précipite avec ferveur, abolissant à jamais les murs dressés par tous les sédentaires de la Terre. La géographie corporelle offre une magnifique image de ce nouveau retournement puisque l'arbre pulmonaire s'épanouit *au-dessus* du cœur, lequel tient lieu de soleil. À présent l'« arbre » plonge ses racines dans le ciel. Ce n'est plus la vie de la terre qui alimente la vie de l'homme, comme naguère dans le monde du ventre, mais l'essence du ciel. L'étage thoracique, plus conscient du fait de la respiration et du ressenti de la pulsation cardiaque, s'occupe de la conscience de la conscience. Sa question essentielle est la suivante : « Qui suis-je… vraiment ? ». Deux signes astrologiques s'occupent de cette zone corporelle : les Gémeaux associés au système respiratoire et le Lion au cœur palpitant. Entre les deux se situe le Cancer qui élabore les germes du moi comme un Narcisse en travail. Les Gémeaux questionnent leur identité par le biais de la gémellité, grâce à un dialogue incessant avec une âme sœur pressentie et sans cesse recherchée. L'autre, le compagnon, l'ami, en est souvent un substitut. Il suit mille chemins pour contacter le ciel de son essence, presque autant qu'il y a de branches et de rameaux sur l'arbre pulmonaire. Quant au Lion, la question de l'identité est pour lui centrale. Un jour, sa vie lui demande de ne plus tricher, de se regarder en face dans le miroir de sa nature profonde afin de contempler sans peur qui il est vraiment[25]. La conscience de soi et de sa valeur réside dans l'espace thoracique. Lorsqu'il se gonfle et se pousse en avant au point de sembler donner une direction à la totalité du corps, il signe un excès de « moi » : un péché d'orgueil.

Pour explorer l'organisation du corps-symbole dans son schéma directeur, nous avons appelé à la rescousse le mythe indo-européen des quatre Âges. L'âge d'or des chasseurs-cueilleurs qui n'avaient que leurs jambes pour se déplacer et leurs mains pour ramasser les dons de la nature précédait l'âge d'argent des agriculteurs et des éleveurs soucieux de satisfaire les besoins du ventre. Une période dite « de bronze » suivit. Elle procéda à la naissance de la race des héros, mais aussi au déchaînement de la violence et à la disparition de l'amour filial. La libération du ventre maternel et maternant pour l'accomplissement des combats héroïques promis par le Thorax n'est pas aisée ! Tout se passe comme si le mythe mettait en scène la face sombre d'un cœur angoissé et arrogant. Ce cœur ombrageux est, dans un premier temps, la source d'émotions violentes, de colères et de révoltes contre la tutelle des dieux. Le monde industriel exprime cette difficulté. Les héros modernes qui récusent toute forme d'assistanat, en science comme dans l'entreprise, servent encore les viscères au point d'élaborer un modèle de civilisation dit « de consommation ». Ils utilisent la force combattante du thorax pour servir les besoins du ventre au lieu d'accomplir les élans du cœur. La prochaine étape de notre civilisation sera sans doute de substituer la société de compétitivité fondée sur la peur de l'échec à une société de compassion. Alors le travail se métamorphosera en une œuvre. Quelle est la différence ? le travail est une idéologie du ventre, il dénoue la peur de manquer financièrement et affectivement, il éloigne la crainte

---

[25] Ce thème est développé par l'histoire d'Hercule chargé de capturer le Lion de Némée. Ce fut son premier grand Travail. (*La voie du Héros*, aux éditions de Janus).

d'être exclu du groupe social. L'œuvre est l'amour rendu visible.

Les gravures anciennes qui associent signes du zodiaque et parties du corps sont en accord avec les descriptions contenues dans les livres astrologiques modernes, excepté sur un point : le Cancer désignait auparavant le cœur, la poitrine, les côtes et les poumons ; le Lion, situé juste en dessous, siégeait dans le plexus solaire. Il reliait la poitrine, l'estomac, le cœur et le dos de manière à ce que l'ordre des signes suive exactement celui des organes :

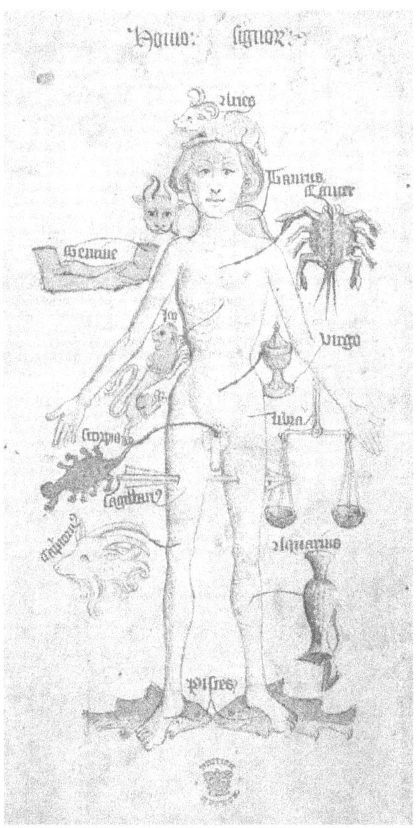

Anatomie humaine, *the British Library*.
Collection des manuscrits enluminés.

Les Gémeaux se contentent des épaules, des bras et des mains. Pour revenir vers une conception de l'homme plus conforme à la voie des étoiles il faudrait peut-être inverser l'expression « avoir du cœur au ventre » par « avoir du ventre au cœur » : avoir faim d'amour et d'infini afin que l'homme s'élève jusqu'à la dignité humaine. Tel est précisément l'objet de la dernière étape symbolisée par la tête, toute ronde comme un ciel.

Du cou au sommet du crâne : les valeurs du Feu

La tête accueille l'Élément Feu puisque seuls les yeux captent la lumière du soleil. Bien sûr, l'eau y est présente par la salive et l'air par la respiration. Car la tête synthétise l'ensemble du corps humain. Le Feu est le seul Élément qui s'élève droit vers le ciel. Le plus léger de tous, il relie en une vie fragile ou ardente les nécessités de la terre et les profondeurs insondables de l'azur. Sa verticalité signe son affinité avec l'homme, cette créature qui eut l'audace de se tenir debout et s'imagine parfois être un Créateur. Le Feu est l'accomplissement de l'homme, la dernière étape de son évolution. Il s'appuie sur la Terre des réalités physiques, sur la prescience du monde magique où règnent les images d'Eau et sur l'intelligence du cœur, où souffle un vent déjà ardent, pour s'immoler dans la transcendance. Le bûcher des Cathares et le sacrifice des bonzes rappellent que l'amour de la vérité, chez certains hommes, est plus forte que celle de leur vie. Les procès en sorcellerie et les grandes flambées qui s'ensuivirent disent encore à quel point d'autres hommes sont effrayés par la « vérité » et font tout pour la diaboliser. Car par la mort symbolique il faut passer. C'est là le rôle du cou, qui porte dans son nom tant de vocables en relation avec la coupure et les coups. Après la désidentification de la conscience à ses attachements comme à ses représentations, même les plus sacrés, surgit l'explosion d'étoiles sous la voûte crânienne que le corps symbolise par la forme des neurones. La conscience-énergie retourne à sa source, la rotondité de la tête étant l'image microcosmique de l'univers entier. Alors l'homme comprend autrement le mot « tête ». Plutôt que productrice de pensées, comme cela est le cas aujourd'hui, elle prend le sens de « tétée », d'absorption de la divine ambroisie présente partout dans l'espace. Alors l'homme aura parcouru une fois encore le chemin héroïque emprunté par Héraclès, le héros des héros grecs, et accompli son immense espoir : l'immortalité.

La question que nous pose cette partie du corps sera : « d'où est-ce que je viens ? ». Et la réponse surgira un jour dans sa fulgurante évidence : « du monde des étoiles ! ».
L'Âge de Fer, analogue à notre époque post-industrielle, correspond au symbolisme de la tête. D'une certaine manière les hommes tentent déjà de retourner vers les étoiles en explorant le ciel et en envoyant des engins vers les autres planètes. Mais c'est là une manière bien objective de réaliser le symbole ! Ils se comportent comme naguère les nomades : ils espèrent trouver de nouvelles ressources sur des territoires éloignés. Tout se passe comme si la civilisation commençait à peine à intégrer les valeurs du ventre, à métaboliser l'expérience du monde extérieur pour en extraire son essence, afin de produire un surcroît de sens qui conforte la nature du sujet. L'espace du cœur est encore moins investi en conscience, à l'exception de quelques saints et mystiques qui maintiennent pour nous le souvenir de cette possibilité. Quant à la fonction symbolique de la tête qui, avec le Feu, offre la possibilité d'une métamorphose de la nature humaine, elle reste encore une simple promesse d'immortalité.

Pour un être humain, ses pieds sont aussi essentiels que sa tête, son ventre aussi précieux que ses prunelles, sa nourriture spirituelle aussi indispensable que ses aliments protéiques, affectifs et intellectuels. Aucune étape, aucune zone corporelle, ne devrait prédominer sur les autres ni imposer ses valeurs et ses lois. À ce jour, il n'existe pas de société qui ait réussi ce miracle d'harmonisation entre la totalité de la nature humaine et un mode de fonctionnement collectif. Les Brahmanes de l'Inde ancienne ne virent qu'à travers les yeux de l'Esprit et considérèrent comme quantité négligeable les autres castes, instaurant des séparations idéologiques qui firent de la société un corps coupé. Le Premier Empereur de Chine crût harmoniser son Empire en établissant des systèmes de correspondance très élaborés entre le corps du souverain et l'organisation sociale[26]. Mais cette opération qui consiste à objectiver le symbole est la plus dangereuse de toutes : elle conduit à un totalitarisme métaphysique qui nie la liberté humaine. Notre monde occidental moderne a abandonné les prétentions des Brahmanes et des Lettrés pour réaliser les valeurs de la conscience du ventre. Il s'agit, pour l'essentiel, de la consommation, de la réussite professionnelle, de l'unité familiale et tribale, de la sécurité, de la richesse et de la glorification narcissique du moi. Ses craintes sont à l'avenant : peur de la famine, de la dépossession, de l'humiliation, de la violence et de la mort. Les autres zones du corps biologique sont laissées en friches par l'organisation sociale contemporaine : le respect de la Grande Déesse Terre qui caractérisait les peuples nomades est refoulé dans la poubelle des superstitions ; l'économie du don et du partage née de l'ouverture du cœur représente un danger mortel pour le grand marché mondial, et enfin l'Eveil spirituel n'a pas sa place dans nos institutions.

Cette amputation de la nature humaine génère parfois beaucoup de souffrances car seuls les hommes dont la conscience est focalisée dans le ventre trouvent des joies et des plaisirs à vivre dans ce mode d'organisation.

Ceci nous conduit à remarquer, *a contrario,* que chaque espace corporel possède une conscience particulière. Poser son attention sur la région du cœur n'entraîne pas les mêmes actions ni les mêmes pensées que lorsque celle-ci est focalisée sur le

---

[26] Jean Levi, *La chine est un cheval et l'Univers est une idée*, éditions Maurice Nadeau.

cerveau. Chaque partie du corps à sa conscience autonome et son rapport subjectif au monde. Celle des pieds n'est pas celle du cœur ni celle de la tête. La conscience humaine peut explorer et s'identifier à chacune de ces consciences corporelles pour les sentir, pour aider à leur mouvement puis à la libération de leur sagesse sans âge. Simplement en étant là. La lecture symbolique et mythologique du corps humain proposée ici n'est pas philosophique ou médicale : elle devrait contribuer à libérer la sagesse du corps.

Et, pour rester dans la lecture symbolique, nous devrions interroger *le corps coupé* mis en scène par l'usage du vêtement occidental. Il bloque précisément les lieux de passage entre les quatre zones corporelles : le bassin (ceinture, pantalon), le cœur (soutien-gorge) et le cou (collier, cravate) sont soulignés par des liens qui les obstruent. D'autres cultures vestimentaires laissent à ces lieux biologiques la possibilité de se relier de manière ample et souple. Djellabas, robes monastiques et saris respectent la fluidité du corps. Dans la pensée indienne, si l'on excepte l'organisation des castes, la séparation entre le sacré et le profane est inexistante. Les saints vivent dans la société, une société où se mélangent la mystique, le travail, les fêtes et la vie ordinaire. Il est tentant de poser l'hypothèse que l'habitude vestimentaire moderne ne soit pas due au hasard : le développement de la pensée rationnelle, qui découpe puis analyse pour mieux comprendre le monde, se répercute sur un vêtement qui divise l'être humain en morceaux privés. Aujourd'hui l'homme d'action fier de ses réussites (membres inférieurs) est séparé de ses sentiments concentrés dans la sphère de l'intimité (ventre), la conscience du cœur lui paraît être une pure utopie réservée à quelques doux rêveurs (thorax), quant à la possibilité de « transformation ontologique de la nature humaine », spécifique au crâne, ces mots n'atteignent que faiblement son cerveau !

Le chemin qui va des pieds vers la tête dessine l'aventure inachevée de l'homme. En son langage muet, le corps humain la donne à voir tout en en conservant son mystère. Nous ne pouvons ici que reprendre ces mots de Gœthe en leur immense profondeur :

> « Le but suprême serait de comprendre que tout fait réel est déjà théorie. Le bleu du ciel nous révèle le principe fondamental de la loi des couleurs. Que l'on ne cherche surtout rien derrière les phénomènes, ils sont eux-mêmes la théorie ».

Le corps humain serait-il la silencieuse théorie de l'homme ?

Quatre naissances

Membres inférieurs, ventre, thorax et tête entrent en résonance avec, respectivement, la Terre, l'Eau, l'Air et le Feu. Ces Éléments maintiennent la possibilité des quatre naissances de l'homme accompli. Ceci est remarquablement illustré par l'histoire d'Héraclès, dont le parcours se scinde précisément en quatre étapes. Sa naissance biologique, son éducation et son travail à la ferme correspondent à la première zone du corps dont la maîtrise est indispensable pour réussir les processus initiatiques suivants. Bon sens terrien, vigoureuses racines et stabilité intérieure protègent la personne des puissances et des pièges du narcissisme qui se déploient symboliquement dans le ventre et ses Eaux. Ces qualités l'aidèrent encore à ne point se perdre dans l'infini lorsque s'ouvrirent les portes du cœur, et enfin elles lui évitèrent l'apocalypse par le Feu de la déraison lorsque sa conscience tutoya le monde des étoiles. C'est seulement après avoir porté des seaux de purin, nettoyé les étables, cuisiné et taquiné le pis des vaches qu'Hercule reçut l'autorisation paternelle de quitter la ferme. Plein de vigueur et de foi en ses capacités il conquit rapidement le pouvoir, fonda une famille et devint un prince dans son pays : il s'agit de l'exploration de l'espace du ventre qui marque sa réussite familiale, professionnelle et sociale. Puis, soudain agité d'un coup de folie fomenté par la jalousie Héra, l'homme héroïque brûla tout ces acquis dans un immense brasier. Il renonça à son prestige et à sa vie bourgeoise. Il franchit la porte symbolique du diaphragme. Bénie soit cette folie ! Grâce à elle, il commença ses *douze* Travaux. Il pénétra alors dans la sphère cardiaque entourée des *douze* vertèbres *dorsales*, un terme extraordinairement bien choisi puisqu'une « dorsale » désigne aussi une voie étroite, une crête entre deux ravins. À chaque instant ses Travaux menacent l'équilibre du guerrier, ceux-ci sont pourtant nécessaires pour passer le col (le cou) qui va le conduire vers sa quatrième et dernière naissance : l'immortalité suivie de son intégration finale dans la communauté des dieux.

Hercule est l'homme qui travaille dans ses racines, trouve sa place dans la société puis ouvre son cœur à l'immensité du Mystère pour devenir finalement semblable aux êtres surnaturels : une pure existence. Dans la géographie symbolique du corps humain les membres inférieurs questionnent ces racines et la stabilité intérieure ; le ventre et les viscères interrogent l'accomplissement des désirs sexuels, psychiques et sociaux ; la zone cardiaque demande « repousses-tu sans cesse tes limites d'homme « normal » pour accomplir le grand Travail qui échoit à ton âme ? »… et dont la communauté humaine a besoin en ce moment précis de son histoire. Quant au cou et à la tête, ils représentent l'ascension vers l'Olympe et, dans la terminologie chrétienne, le retour vers Dieu.

L'homme n'est pas fini !

Habituellement, la théorie de l'évolution place l'être humain, avec son gros cerveau, au sommet de la hiérarchie des vivants. De son côté le discours théologique le considère comme un être-à-part dont le destin est de « soumettre la terre », de « dominer sur les poissons de la mer, les oiseaux du ciel et tous les animaux qui rampent sur la terre[27] ». La lecture symbolique du corps humain est infiniment plus modeste, elle suggère l'inaccomplissement de l'homme, rejoignant ainsi l'intuition du philosophe[28] :

> « Ce qui est grand dans l'homme c'est qu'il est un pont et non une fin : ce qui peut être aimé en l'homme c'est qu'il est un passage et un déclin (…).
>
> Voyez, j'annonce l'éclair et je suis une grosse goutte qui tombe du nuage : mais cet éclair s'appelle surhomme. – »

Et la vision du mystique[29] :

> « L'Homme est un être de transition, il n'est pas le stade ultime, ni le couronnement de l'existence sur la terre, disait Sri Aurobindo. Cette transition de l'espèce à un autre état est la question de notre temps, de notre moment présent. C'est cette question même qui est en train d'être de plus en plus martelée à nos oreilles et dans notre coeur de femmes et d'hommes civilisés. Car nous ne sommes pas à la fin d'une civilisation, mais à la fin d'un cycle évolutif. »

Or, si l'homme n'est pas fini, notre premier devoir n'est-il pas de poursuivre en conscience ce que l'évolution a commencé en « aveugle » ?

Depuis la fin de la seconde guerre mondiale cette question est restée en jachère en raison des tentatives violentes et inefficaces qui allèrent en ce sens. Ni le Surhomme Aryen, ni l'Homme Nouveau soviétique n'apportèrent de réponses satisfaisantes à la question de l'homme après l'homme. Seuls les travaux de Sri Aurobindo et la philosophie de la non-violence de Gandhi en Inde constituent des pistes sérieuses pour entrevoir la nature de

---

[27] Gen. 1- 28.

[28] F. Nietzsche, *Ainsi parla Zarathoustra*, éditions Payot.

[29] Satprem, présentation de *l'Agenda de Mère*, éditions Institut de Recherche Evolutive.

cette mutation devenue si nécessaire aujourd'hui, en raison des conditions dramatiques du monde dans lequel nous vivons.

Cette question, il n'est plus possible de la cacher sous le tapis du bonheur consumériste, sous prétexte de ne pas réveiller les souvenirs douloureux qui ont émaillé le XXe siècle. Si la manière de « changer d'espèce » n'est pas pensée en conscience, elle reviendra en force sous une forme archaïque et primitive car il s'agit d'un archétype puissant qui, coûte que coûte, fait son chemin depuis que la vie est apparue sur la Terre. Elle revient, par exemple, aujourd'hui dans la nouvelle aventure faustienne du transhumanisme qui cherche à produire un « homme augmenté » en implantant des modules technologiques dans les tissus humains. Comme toujours, c'est notre vision du monde, formulée consciemment ou non, qui conditionne nos actions. Le transhumanisme pousse jusqu'au bout la logique cartésienne du corps-machine. Pourtant changer l'homme n'est pas modifier sa peau ni ses tissus ni ses gènes. Cela ne peut conduire qu'à des conséquences contraires aux buts poursuivis puisque la totalité de la nature humaine n'est pas prise en compte. Quel serait alors le prochain pas évolutif dans le cadre de référence du corps-temple ?

L'évolutionniste darwinien comme le théologien placent, pour des raisons différentes il est vrai, l'homme au sommet de la pyramide de l'évolution. Cette position privilégiée légitime bizarrement un pouvoir de vie et de mort sur les autres espèces vivantes. Nous sommes les seuls en effet, aujourd'hui, à décider quelle espèce animale et végétale vivra, en la « protégeant », et quelles sont celles qui peuvent disparaître, en général celles qui ne crient ni n'émeuvent par leur beauté ou n'intéressent pour un usage économique.

Pyramide
(source : wikipedia)

L'interprétation pyramidale infeste toutes nos représentations du monde[30]. Elle existe dans l'entreprise, les grandes écoles, le marché du travail, les relations internationales, notre rapport à la Nature, etc. En général les intellectuels qui la promeuvent sont obsédés par la question du « gros cerveau » et justifient ainsi les relations hiérarchiques à leur avantage. Imaginons un instant qu'un félin soit dans la même position, mais obsédé par la question de la douceur du pelage. L'homme, nu et sans fourrure, se retrouverait alors au même rang évolutif que la chenille, le serpent et le lézard, tout en bas de la pyramide de l'évolution ! Ce n'est pas parce que nous savons compter que nous sommes plus évolués que les bactéries. Savons-nous, par exemple, comme les Foraminifères, une espèce de Protozoaires *composée d'une seule cellule*, fabriquer à partir de notre corps une chausse-trappe pour piéger la nourriture ? Respect !

La lecture symbolique suggère que cette posture d'un homme debout « au sommet de la pyramide » de l'évolution est une erreur de perspective.

Peut-être faut-il lui substituer une autre image : celle de la sphère.

Pyramide "en boule" (Wikipedia)

---

[30] Pour être juste, il faudrait ajouter la représentation en réseau qui s'est largement développé depuis une trentaine d'années. Mais cela nous conduirait hors du cadre de cet ouvrage.

Cette fontaine sphérique illustre assez bien le point de vue que nous développons ici. Un grand nombre de tiges métalliques partent du centre et se dirigent vers l'extérieur pour dessiner une sphère mouvante matérialisée par l'eau qui s'écoule en continu. Chaque espèce est analogue à une tige qui part d'un centre immatériel « vide » et se manifeste dans la périphérie visible tout en participant à la vie de tous les autres points d'eau. Chaque tige *suit sa propre ligne d'évolution* et porte haut, en le rendant visible, le Principe de sa Source. Ce « Principe » est codé dans la forme du corps de l'organisme. Celui qui anime la nature humaine est inscrit dans le symbolisme de son corps, ceux qui caractérisent le Foraminifère, la panthère ou le sapin sont à l'avenant. De ce point de vue l'évolution ne consiste pas à dominer la Nature *mais à accomplir sa nature.* Voire, en ce qui concerne l'être humain, à aider à l'accomplissement des autres règnes vivants puisque son « Principe » consiste à porter haut la Représentation du réel et l'Idée de Liberté.

Alors, un jour, cette dernière image prendra peut-être tout son sens. Lorsque chaque être vivant aura rendu visible l'archétype qui le fonde notre planète produira de la beauté, du changement et de la joie féconde. Il ne nous reste plus qu'à prendre notre besace pour ce grand voyage au cœur du corps, sur la voie ascendante qui part de la voûte plantaire pour s'épanouir en une gerbe d'étoiles sous la voûte crânienne.

La Mythode

L'exploration des significations n'entre pas dans le cadre des compétences de la Méthode scientifique. Parce que celle-ci se veut objective, répétable et quantitative elle s'interdit la représentation des valeurs, des qualités et des situations uniques. Faut-il pour autant renoncer à explorer ce vaste continent des représentations et le laisser aux mains des opinions personnelles et des idéologies, ces croyances partagées mais souvent infondées ?

Cela implique de poser un cadre théorique pour ne pas se perdre dans l'interprétation et l'imaginaire :

- Le sens n'est pas un épiphénomène produit par le cerveau, mais préexiste à toutes les formes. En d'autres termes il existe un champ d'information indépendant de tout substrat matériel, celui-ci imprègne l'ensemble des règnes de la nature[31].

- La forme n'est pas uniquement la conséquence de contingences. Les contraintes de l'environnement, le code génétique, les lois physiques et la causalité sont secondaires dans la création des formes. Les structures biologiques, stellaires, atomiques ou même les événements[32], si elles suivent la causalité, c'est « faute

---

[31] Erwin Laszlo, *Science et champ Akashique,* tome 1 et 2, éditions Ariane.

[32] Les « événements » peuvent être considéré comme des formes qui se déroulent dans le temps.

de mieux », par une sorte de pis-aller. La causalité physique n'est pas constructrice mais, au contraire, limitante. De ce point de vue, le cerveau ne produit ni la conscience ni la pensée mais *en limite* l'expression. La conscience appartient au champ délocalisé de l'information, le cerveau en réduit considérablement l'ampleur et n'en choisit que certains traits spécifiques en fonction des besoins de l'organisme. Le « monde du sens » utilise les matériaux physiques, biologiques et psychiques à sa disposition, souvent très imparfaits, pour produire des formes et des événements. Ceux-ci sont bien sûr élaborés en accord avec les lois correspondant à leurs niveaux d'organisation : la physique quantique pour l'atome, la chimie pour les molécules, la biologie pour les êtres vivants, la psychologie pour les hommes et la sociologie pour les sociétés.

- La forme d'un organe ou d'une société est l'expression très imparfaite et limitée d'un champ d'information délocalisé. Du fait de sa nature matérielle, elle subit des contingences qui l'empêchent d'exprimer la totalité de l'archétype, ce schème de sens qui l'habite.

- La lecture symbolique est un outil pour décoder la géographie de ce monde « imaginal ». Le terme fut forgé par Henri Corbin, spécialiste de la philosophie islamiste. Pour lui « l'imagination possède sa fonction noétique et cognitive propre, c'est-à-dire qu'elle nous donne accès à une région et réalité de l'être qui sans elle nous reste fermée et interdite[33] ». Cette réalité est le « monde imaginal », composé des images métaphysiques (dieux, héros, anges, muses, fées) qui

---

[33] Henri Corbin, *Corps spirituels et Terres célestes* ( ).

donnent accès aux archétypes, ces briques constitutives du monde du sens.

- Le processus de connaissance lui-même ne se fonde pas sur le raisonnement, comme en science, mais sur la résonance. « Accéder à cet intermonde exige de l'être humain une « attitude réceptive spirituelle ». Le recueillement et l'écoute de l'âme montrent que la réception imaginale *est un acte*. Cet organe spirituel nécessite en effet une discipline pour s'éveiller. Il ouvre l'âme à un nouveau monde de formes. Cette ouverture est à la fois bouleversement de l'ordre antérieur qui composait le connaissable et conversion à un monde de « vision imaginale » : « le premier et suprême miracle est l'irruption d'un autre monde dans notre connaissance, irruption qui déchire le réseau de nos catégories et de leurs nécessités, de nos évidences et de leurs normes[34] ». On ne saurait mieux dire ! Le sujet est intimement touché par ce qu'il perçoit de sorte que toute connaissance devient une « co-naissance ». Contrairement à la démarche scientifique qui tente de minimiser la subjectivité du chercheur, celui qui explore l'univers imaginal devient son propre laboratoire et accepte de se laisser transformer au fur et à mesure du développement de sa recherche.

- Le monde imaginal, dont les formes physiques et biologiques sont des reflets souvent très imparfaits, possède sa propre géographie. Ce n'est pas un océan homogène mais une sorte de mosaïque fluide qui dessine des motifs. C'est pourquoi les traditions de diverses origines ont utilisé le symbole du tapis et du tissage pour illustrer la structure de ce champ d'informations.

---

[34] *Encyclopædia universalis*, au mot « imaginal ».

- Non seulement il a une géographie, mais il évolue aussi dans le temps. Les valeurs d'hier ne sont pas celles d'aujourd'hui qui s'écartent elles-mêmes radicalement de celles de demain. De ce point de vue l'évolution biologique s'explique *à la fois* par le darwinisme qui théorise les contingences et par l'évolution du monde imaginal qui perfectionne en permanence ses relations avec la matière de manière à créer des formes toujours plus fidèles au contenu du monde du sens.

- En plus de son histoire et de sa géographie, sa trame est formée de deux grands « courants » : un courant de conscience et un courant d'énergie. Ni l'un ni l'autre n'ont reçu à ce jour de définition satisfaisante. Qu'est-ce que la conscience ? Qu'est-ce que l'« énergie » ? Nous avons utilisé ailleurs le néologisme « inergie » pour rappeler que celle-ci ne pouvait en aucun cas être assimilé à l'une des quatre forces fondamentales connues pas la science[35]. Les yogis en Inde travaillent surtout sur l'aspect « énergie » et contactent le tapis cosmique à travers leur corps de vitalité. C'est probablement la raison pour laquelle ils développent des pouvoirs (siddha) qui défient la raison scientifique. Le Moyen Age occidental et le monde islamique ont développé une approche plus « mystique » fondée sur la perception directe des images du monde imaginal.

- La connaissance du monde du sens pourra donc être exprimé de deux manières très différentes et évidemment complémentaires : comme une « science des inergies » qui explore les grands courants de force du monde invisible, leurs interactions et la manière

---

[35] Luc Bigé, L'homme Réunifié, éditions de Janus.

dont ils « produisent » les formes physiques, biologiques, psychologiques et événementielles[36]. La seconde façon consiste à mettre l'accent sur l'aspect conscience. Alors l'expression du monde imaginal passe par une « angéologie » ou toute autre représentation qui met en scène des « personnages » comme dans les mythes, les légendes et les contes de fée.

- L'ouverture de la conscience développée par le chercheur du monde imaginal affecte à la fois son énergie psycho-physique et sa conscience. Elle le replace également dans un champ collectif si bien que la notion d'« individualité » perd sa séparativité. De plus en plus le chercheur réalise que l'espace psychique qu'il nomme son « moi » n'est qu'une singularisation d'une trame beaucoup plus vaste qui englobe la Terre, le système solaire et *in fine* l'ensemble de l'univers. Cette conscience-là devient vivante dans l'expérience des valeurs symboliques portées par la cage thoracique, et l'ultime évidence lorsque l'étape « tête » est accomplie.

- C'est pourquoi il devrait prévoir quelques « garde-fous » pour ne pas se laisser déborder par les forces signifiantes qu'il reçoit. Par exemple un retour périodique à la terre, des techniques de nettoyage « énergétique », l'usage intensif de l'eau afin d'absorber le trop plein des forces signifiantes qu'il contacte. Ces précisions pourront paraître triviales pour celui ou celle qui *ne touche* pas encore ce monde imaginal avec sa conscience, elles sont pourtant si importantes !

---

[36] Les premiers ouvrages d'Alice Bailey, notamment le traité sur *La guérison ésotérique* qui explore cette piste, éditions Lucis.

- Enfin – faut-il le préciser ? – la géographie symbolique du corps humain marque des étapes d'évolution de l'homme et de l'humanité. Chacune d'elle pourrait remplir une bibliothèque et représenter l'accomplissement d'une civilisation. Chacune d'elle est le centre d'un monde. Si Ulysse met en scène le sens symbolique de la cuisse, c'est sa vie entière qu'il voua à l'accomplissement de ces valeurs. Et si chaque partie du corps est un monde, notre propos n'est pas de le décrire en ses infinis détails, mais de montrer sa relation nécessaire avec les autres univers de manière à ce que le souffle de vie circule en permanence dans les organismes biologiques, psychiques, sociaux et planétaires. C'est ce mouvement qui affine progressivement notre manière d'être au monde. Le sujet devient alors de plus en plus sensible et subtil, il se dégage des encombrements et des lourdeurs de la masse karmique produite par l'histoire et trop souvent nourrie par les attitudes du présent, pour laisser transparaître à travers sa forme biologique la pure lumière de la révélation.

Le corps

L'exploration symbolique du corps humain est développée ici à titre d'exemple. L'hypothèse de départ pose que la forme biologique n'a pas besoin d'être disséqué pour être comprise, du moins en termes de sens. *Elle dit ce qu'elle est.* Chaque partie du corps *est alors lue symboliquement* en interrogeant la manière dont elle est nommée, les expressions qui s'y rapportent, sa localisation corporelle, la forme de ses tissus, la fonction biologique et les légendes qui s'y rapportent.

Enfin, chose importante, cette lecture symbolique du corps humain est de l'ordre du récit, et ne prétend nullement à la « vérité », mais un récit dont la fonction est d'établir des résonances entre ce qui est et ce qui paraît, entre le Soi et sa forme corporelle.

Le corps humain n'est pas seulement une admirable machine sophistiquée par quatre milliards et demi d'années d'évolution, c'est aussi une extraordinaire lentille où miroitent des myriades d'étincelles d'étoiles.

Zone corporelle	Éléments	Valeurs	Signes du zodiaque	Question fondamentale	Étape du mythe et de l'histoire
Membres inférieurs	Terre	Stabilité, racines, contact direct avec les archétypes, indépendance	Poissons, Verseau, Capricorne, Sagittaire	Où vais-je ?	Age d'or, chasse-cueillette, nomadisme
Ventre	Eau	Protection, sécurité, peurs, élaboration du moi narcissique, réussite personnelle, image de soi	Scorpion, Balance, Vierge, Cancer	Où est ma place ?	Age d'argent, agriculture-élevage
Thorax	Air	Communication, combats héroïques, simplicité, douceur, compassion, ouverture vers l'Infini	Lion, Gémeaux, Taureau	Qui suis-je ?	Age de bronze, industrie-commerce
Tête	Feu	Métamorphose	Bélier	D'où est-ce que je viens ?	Age de fer, création-communication

Chapitre 2

Les organes de la marche : pieds et chevilles

Les pieds et l'acceptation de nos élans de découverte

Chaque pied comprend 26 os, 16 articulations, 107 ligaments et 20 muscles qui tiennent l'ensemble et commandent la marche. Le bout des orteils, avec ceux des doigts de la main, est la région du corps la plus riche en terminaisons nerveuses et en glandes sudoripares. Les pieds supportent le poids du corps sur sept points d'appui : le talon qui porte deux tiers du poids total lors de la marche, le métatarse et la pulpe des cinq orteils. Au cours de la marche, le pied s'allonge en moyenne de 6,6 mm.

La racine indo-européenne *ped* est à l'origine du mot « pied »
en français. Elle a contribué à former les termes « antipode »,
« piédestal », « podium », « fantassin », « bagage »,
« équipement »… et des expressions comme « se dégager des
entraves » et « expédier une affaire ». L'« antipode » est une
invitation à aller à l'opposé de là où l'on se trouve.
« Piédestal » et « podium » invitent à s'élever jusqu'à la
première marche, la plus enviée. Et enfin « expédier » et « se
dégager » supposent de reconnaître puis de délier les entraves
qui enferment l'impulsion à l'élévation. Ainsi le sens
symbolique du pied est presque entièrement contenu dans les
trois lettres de sa racine linguistique : c'est le lieu corporel de
l'entrave et de la libération. Chaque pas est un mouvement
supplémentaire vers la liberté de l'homme qui affirme son désir
de retrouver le podium du ciel en se dégageant de ses chaînes
terrestres. Un pèlerinage ne se conçoit pas autrement qu'en
marchant. Se mettre en chemin vers le lieu saint ne peut se faire
qu'à pied puisque tel est précisément le sens symbolique des
organes de la marche.

Dans le langage euphonique de la langue des oiseaux nous
entendons « P-i-ed », « pays » et « *ed* », une autre racine indo-
européenne qui désigne la « richesse ». Ce riche territoire de
nos pieds nous allons devoir l'ensemencer, le « planter »
puisque la plante du pied nous y invite. Attention cependant aux
faux chemins, à ne pas se « planter » de direction. Pire encore
serait de refuser la marche en avant, immobilisé sur place, car
« se planter » est certainement plus enrichissant que de « rester
planté là », comme un légume. Seules les voies qui conduisent
aux antipodes de soi-même sont dignes du pied. Pourquoi ?
Parce que *la plante est aussi la voûte comme le souligne la
« voûte plantaire »*. Ce symbole extraordinaire associe, en une
même surface, la voûte céleste avec la terre féconde. Il résume
à lui seul l'essence du parcours évolutif et l'ensemble du
chemin qui conduit des pieds vers la tête. *La fin est déjà dans le
commencement*. Il n'y a en vérité aucune distance entre ce que

je suis (l'étoile métaphysique de la voûte crânienne) et ce que je crois être (mes racines, mon histoire) : simplement, je ne le sais pas encore. Les pieds sont une invitation à parcourir un chemin qui conduit aux antipodes, qui mène vers le sommet de soi-même matérialisé dans le corps par la voûte crânienne. Ils chuchotent en même temps cet immense secret : ce chemin n'existe pas, il n'est qu'une pure illusion nécessaire afin de réaliser consciemment ce qui a toujours été là : l'unité du ciel avec la terre, de la voûte avec la plante. Cette unité commence à s'accomplir lorsque la personne prend conscience de la richesse de son territoire ontologique. Alors elle se libère des entraves de ses racines et ensemence son existence avec quelques graines significatives. Elle accepte totalement, dans une pratique réitérée et progressive comme l'est la marche, les élans de son âme vers l'inaccessible étoile. Pendant ce temps ses pieds lui disent en leur langage imagé cette vérité paradoxale : « tu es déjà celui que tu cherches ».

La bipédie ! A-t-on réfléchi à cette position unique dans l'histoire des espèces vivantes ? Chaque pas est une chute arrêtée, chaque pas est un effort d'élévation vers un ciel suivi d'un retour vers la stabilité du sol. Marcher revient à stimuler sans cesse son désir de hauteur. Est-ce un hasard si Nietzsche et Kant philosophaient en marchant ? En « mâchant » leur pensée. Marcher est une méditation[37]. Les sannyasins, ces moines errants de l'Inde, le savent bien. Et le grand marcheur que fut le Pèlerin Russe dans la tradition Orthodoxe le rappelle par l'exemple de sa vie[38]. La succession des élévations et des chutes invite le pèlerin à reconsidérer ses rapports à l'avoir et à l'être. Doit-il rester attaché à ses acquis ou écouter l'appel des grands espaces et oser un ailleurs incertain ? Doit-il garder les pieds sur terre ou, au contraire, renoncer à toute forme d'attachement ? Telles sont les questions, à chaque instant, que

---

[37] Michel Jourdan et Jacques Vigne, *Marcher, méditer*, éditions Albin Michel.

[38] Anonyme, *Récits d'un pèlerin Russe*, éditions du Seuil.

posent les pieds en mouvement puisqu'ils oscillent entre les caresses du sol et l'élévation libre sans attaches. La « marche », dit la langue des oiseaux, est « l'amour du prodige » par aime (M) Arché (ARCHE) : l'« amour des archétypes ».

S'élever vers « ce que l'on est déjà » nécessite de l'énergie car il s'agit de vaincre les pesanteurs et de délier les entraves. Celle-ci porte un nom : l'Éros. Il semble que l'expression « prendre son pied » provienne d'une coutume de la Grèce antique. Les femmes avaient alors l'habitude de saisir leur pied à la main pendant l'acte sexuel afin d'augmenter leur plaisir. Par ailleurs de nombreuses cultures associent au pied une valeur érotique. Mais la sexualité n'est qu'une mince partie de ce dieu originel qui féconda l'œuf du monde puis donna naissance aux autres divinités et aux hommes. Son pouvoir s'étend aux minéraux, aux végétaux, aux fleuves et, finalement, à tout ce qui existe. Il représente le principe de vie. Il est l'intensité du désir qui engendre les mondes puis les rapproche les uns des autres. C'est ce désir de vie qui libère le pied de ses chaînes, le soulage de ses pesanteurs et l'émancipe de son passé. Grâce à l'intensité vivifiante de l'éros *la gravité* n'a plus de prise sur la psyché de l'individu en marche… et la Terre-Mère le soutient sans le retenir.

Naguère l'esclave marchait pieds nus[39]. De tous temps et en tous lieux le croyant se déchausse avant de pénétrer dans l'enceinte du temple. Ces deux images illustrent à elles seules les valeurs contraires de cette partie du corps. L'esclave est l'homme qui a perdu ses liens familiaux (il appartient au maître de maison) et sociaux (il n'a pas droit à la parole dans sa communauté). Mais la nudité des pieds est aussi la condition

---

[39] Aujourd'hui les « clodos » jouent ce même rôle. Désocialisés, ils « claudiquent ». Mais, peut-être, est-ce parce que, un jour de leur vie, ils ont entendu l'« appel de la cloche » dans toute son ambivalence sémantique. Le « clochard » à profondément « l'art de la cloche ». Son *destin* le conduit à affronter avec force et parfois désespoir les signifiants du pied : rejet, abandon, besoin intense de liberté, aspiration à arpenter un autre monde, marche solitaire et, souvent par nécessité, la primauté de l'être sur l'avoir.

première pour entrer dans la conscience du sacré, pour entrer de plain-pied dans le grand processus qui conduit de l'ordinaire vers l'extraordinaire, du profane vers la conscience du mystère. La blessure au pied, lorsqu'elle est un appel du destin, affirme que ce sacré moment est arrivé. La conscience de la nudité sociale et familiale en est la première formalité.

Alors l'homme entr'aperçoit l'étoile et dirige ses premiers pas vers elle car les valeurs d'être le fascinent plus encore que les habituelles satisfactions de l'avoir. Sa verticalisation commence ! Sur quoi se fonde-t-elle, cette élévation ? Sur sa capacité à accueillir *avec sincérité* son sentiment d'abandon, de rejet, de solitude et surtout de laideur… comme une grâce. Car qu'est-ce que la conscience de la laideur si ce n'est le fruit d'une comparaison douloureuse entre ce qui est vécu dans l'existence ordinaire avec la beauté entr'aperçue de l'âme qui appelle ?

Les pieds nus sont des pieds sans entraves qui se sont libérés des liens sociaux (droit) et familiaux (gauche). Ils ont dénoué leurs attaches aux racines ancestrales tissées dans les fils souvent douloureux des mémoires transgénérationnelles. Ce sont des pieds qui acceptent de marcher seuls et sans béquilles. Et puis, pour cheminer librement dans l'existence, il est parfois utile de vivre physiquement le symbole, de laisser au placard chaussures et chaussettes… ces éléments du vêtement qui canalisent nos démarches dans du socialement et du familialement acceptable. Car les chaussures ne sont-elles pas la matérialisation physique de tous ces liens psychiques qui maintiennent les pieds dans leur prison confortable ?

Dans son étude des symboles au moyen des rêves éveillés, Georges Romey propose l'interprétation suivante[40] :

---

[40] Georges Romey, *Encyclopédie des Symboles*, éditions Quintessence.

« Les pieds expriment une situation conflictuelle entre les désirs de jouissance temporelle, fortement imprégnés d'aspirations sexuelles et de leurs altérations provoquées par l'angoisse ou le sentiment de castration et la recherche d'une harmonie spirituelle qui permettrait de se replacer en accueil des énergies divines. »

L'auteur répertorie trois situations qui sont autant de manières de se mettre en route : le pied entravé, le coup de pied et le pied nu. Lorsque apparaît dans les rêves le pied entravé – ou simplement, dans la vie quotidienne, des chaussures trop serrées – le moment est venu d'ouvrir sa conscience aux obstacles à lever dans sa vie familiale et/ou sociale afin de se mettre en marche, seul. Quant au coup de pied, il évoque bien plus qu'un simple coup de sang, qu'une colère bien sentie. « Lancer un coup de pied dans la fourmilière » revient à rejeter tout ce qui est figé dans son existence, à repousser ce qui était naguère adoré en se débarrassant courageusement des fausses espérances. Alors s'affirme avec force l'impulsion à aller vers le sacré (le temple) par-delà les justifications rationnelles et les religions conventionnelles. Le pied nu, nous l'avons déjà souligné, dit la liberté reconquise grâce à l'abandon du passé. La personne prend conscience de sa mission sociale (gauche) et se positionne psychologiquement en affirmant pleinement ses « droits ». Jason à qui il manque la *sandale gauche* va reconquérir son trône usurpé et sa position sociale ; Œdipe, qui se traduit par *« pieds enflés »,* est un enfant abandonné qui retrouve sa royauté en épousant sa mère et en tuant son père. Bien sûr, à eux seuls ces mythes mériteraient une exploration complète car le chemin vers la royauté sacrée d'un Jason n'est pas celui d'un Œdipe, ni d'un Héphaïstos ou même la manière d'un Icare. Tous, pourtant, se mettent en route vers leur « royauté », vers leur soleil intérieur, grâce à une marque au pied[41]. Jason choisit la route de la guérison en recherchant la force sexuelle vitalisante du bélier volant et de sa toison d'or ; Œdipe ouvre une voie plus féminine en tentant la fusion

---

[41] Icare n'est pas blessé aux pieds, mais il est le fils d'une esclave qui marche pieds nus.

amoureuse avec la « mère », avec la Grande Déesse, et en débarrassant sa conscience des valeurs masculines (le « meurtre » du père). Devenu aveugle, il explorera sa nuit intime avec l'aide de sa fille, son anima, pour ouvrir les portes de son regard intérieur. Héphaïstos s'aventure sur la voie de la beauté, c'est un artisan-artiste qui a épousé Aphrodite, la plus séduisante des déesses. Quant à Icare, il tenta d'une manière immature et totalement profane une grande et dangereuse expérience : la construction d'une nouvelle identité humaine.

Les chevilles, deviner son destin et l'aider à grandir

Le terme « cheville » vient du latin *clavicula*, d'abord attesté au sens de « *vrille de la vigne* », puis comme synonyme de *clavis*, la « clef ».

Observons la fonction liante de cette première jonction : la cheville réunit la jambe avec le pied. Voici donc la première articulation complexe rencontrée sur la voie ascendante. La racine Indo-européenne « *are* » qui a formé « articulation », a donné naissance aux mots « article », « art », « armée » et « rituel »[42]. Qu'est-ce qui rapproche tous ces termes ? Dans une phrase, l'article, qu'il soit défini (le, la) ou indéfini (un, une), *identifie et particularise* le substantif. « Une chaise » précise de quel objet il s'agit, « la chaise » de quelle chaise il est question. Après l'idéalisme métaphysique du pied le moment est venu de particulariser, d'affirmer une identité remarquable. L'art envisage la même mission lorsqu'il rend visible l'invisible. La langue des oiseaux décode « art » par « l'ineffable (A) mis en mouvement (R) puis fixé dans une forme terrestre (T)[43] ». La fonction de l'artiste consiste à devenir une articulation vivante entre ce qui l'inspire et ce qu'il manifeste jusqu'à ce que

---

[42] *Dictionnaire historique de la langue française*, sous la direction d'Alain Rey, éditions Le Robert.

[43] Luc Bigé, *Petit Dictionnaire en Langue des Oiseaux*, éditions de Janus.

l'Œuvre qui œuvre à travers lui se concrétise dans son œuvre de matières, d'encres, de couleurs et de formes. L'armée, à son tour, ouvre et ferme des frontières entre l'étranger et le connu, entre l'hostile et le familier. Quant aux rituels, ses symboles agissent comme une matrice prête à se laisser féconder par l'Esprit afin de transformer l'Immense en une Présence vivante. Le rituel participe à la vie des autres termes : l'artiste a des rituels de création ; l'armée maintient son unité grâce à des rituels vestimentaires, d'obéissance et de mise en scène lors des grandes parades militaires par exemple.

Le premier destin de la cheville sera de concenter puis de transmettre l'immense potentiel de création contenu dans la plante du pied. Potentiel qui appartient à Téthys, la grande déesse des origines dite précisément « aux pieds d'argent ». Sur le plan psychologique, il s'agit de la relation de l'enfant à sa mère, du premier regard qui lui fit sentir son importance et son unicité. Outre le regard, le vocabulaire suggère quelques moyens de transmission privilégiés : la communication (article), la beauté (art), la défense d'une cause (armée) et la conscience du sacré (rituel).

La fonction de la « cheville » consiste donc à créer du lien entre l'invisible et le visible, entre l'abstrait et le concret, entre le potentiel psychique du sujet et son expression. Le dictionnaire ne la définit-elle pas comme une « tige de bois dont on se sert pour assembler des pièces » ? Et, lorsqu'elle devient irremplaçable, la langue française la qualifie de « cheville ouvrière » car elle « supporte l'effort principal d'un mécanisme ». Les malléoles accentuent encore la présence de l'artisan occupé à produire une œuvre puisque ce terme signifie « petit marteau » ou « maillet ».

Elle use de son immense capacité relationnelle et exprime sans cesse son inépuisable bonne volonté à articuler personnes, choses et idées. C'est ainsi que la cheville s'efforce de concrétiser les potentialités enfouies dans le pied pour les planter dans la vie quotidienne, car l'articulation se situe dans la partie inférieure du corps dédiée à l'Élément Terre.

Néanmoins une « cheville », même au rôle essentiel, devrait toujours avoir l'humilité de rester « ouvrière » : c'est à travers son œuvre que la personne accomplit son destin. Le mot « œuvre » vient de l'ancien français « ouvrir ». C'est en s'ouvrant sans cesse sur l'immensité des possibles (la plante du pied) tout en restant un simple « ouvrier », – un « œuvrier » en vérité – que le propriétaire de la cheville fait les bons choix. Ce point est tellement important que lorsque l'humilité naturelle disparaît, lorsque l'importance de l'individu prime sur celle de la fonction, le langage ordinaire exprime immédiatement un dysfonctionnement en évoquant « des chevilles qui enflent ». Quant à la mythologie, elle attribue systématiquement aux filles de Téthys et d'Océan, les Océanides, de « *fines* chevilles ». Si la capacité à faire du lien est essentielle pour cette partie du corps, sa pathologie serait de se croire indispensable au sein d'un mécanisme biologique, psychologique, social ou même « spirituel » et d'imaginer que l'ensemble du système dépend d'elle. La situation est bien sûr paradoxale, comme toujours lorsque les symboles sont vivants. Du point de vue du monde, il est vrai que le sujet qui explore le sens de la cheville symbolique devient vite *une clef* (*clavis*) absolument indispensable au bon fonctionnement de sa famille, de son travail ou d'une organisation sociale. Mais lorsqu'il confond la fonction avec sa personne, surgit l'impression d'être irremplaçable. Alors les chevilles signent une pathologie : elles enflent à leur aise comme le ferait la queue du paon. Lorsque les chevilles gonflent, le corps rappelle que chacun est indispensable mais que nul n'est irremplaçable. Elles marquent une identification de la personne à sa fonction. Pourtant *la personne* est toujours susceptible d'être remplacée au sein de sa fonction familiale, sociale ou professionnelle. Mais *sa manière particulière d'accomplir cette fonction* sera absolument unique et irremplaçable.

La cheville évoque donc une situation paradoxale. Elle a pour mission de maintenir la fluidité et la simplicité des liens tout en affirmant la note unique de son porteur. Cette difficulté se dissipe lorsque la distinction entre « personne » et « fonction » est acquise.

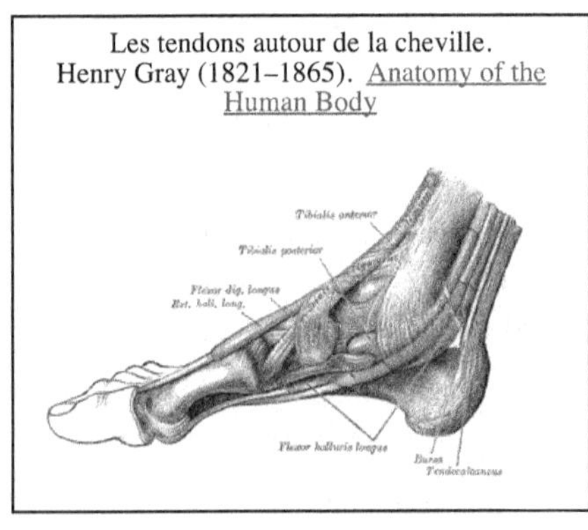

Les tendons autour de la cheville. Henry Gray (1821–1865). Anatomy of the Human Body

Une autre situation, parfois plus difficile à dénouer, menace sans cesse la souplesse naturelle de la cheville : sa relation au pouvoir. L'armée défend « les richesses du pays » – c'est-à-dire, littéralement, les valeurs des pieds. Elle se situe d'emblée du côté de la puissance. Les rangs d'hommes en uniformes maintiennent leur unité grâce à la force indissoluble du serment d'obéissance. L'artiste explore une voie apparemment contraire. Il s'efface pour que se révèle progressivement une forme encore mystérieuse, perdue dans les grandes vagues qui agitent l'océan des forces inconscientes. L'homme et la femme de l'art qui contactent Téthys mettent leur personne au service de la grande déesse des eaux. À travers leurs corps montent des sources nouvelles aptes à désaltérer les valeurs asséchées des civilisations vieillissantes. Malgré leurs différences apparentes, ces deux catégories socioprofessionnelles appartiennent au symbolisme de la cheville : le militaire et l'artiste apprennent progressivement à remettre leur pouvoir personnel au vrai Pouvoir, à devenir de bonnes « chevilles ouvrières ». Dans le monde militaire, il s'agit de l'intérêt supérieur de la Nation. Dans l'univers imaginal la création coule de source lorsque plus « personne » ne lui fait obstacle. Le sol patriotique et la Grande Déesse sont les deux visages du pied symbolique. La cheville articule leur expression en apprenant à les servir. Lorsque l'énergie-conscience atteint le tibia, un os dont le nom se traduit par « flûte », le potentiel du pied devient audible sur une note singulière. Nous y reviendrons.

Au centre de la cheville, l'astragale réunit le pied avec la jambe. L'os intermédiaire associe en effet le scaphoïde du tarse avec le tibia et le péroné. Nous verrons bientôt sa parenté avec le jeu des osselets, ainsi qu'avec Achille qui accepta courageusement les souffrances de son existence et sa mort annoncée pour réaliser son destin. L'astragale invite l'homme à des choix essentiels, à des prises de risque afin de vivre pleinement son existence et s'engager sur le chemin de son étoile. Première grande charnière du corps, la cheville se manifeste parfois douloureusement au moment des choix qui engagent le destin individuel.

Sa souplesse autorise un premier degré de liberté corporelle et, sur le plan psychologique, ouvre des possibilités nouvelles : « dans quelle direction orienter mes pieds, où diriger mes pas ? ». Les chevilles symboliques s'occupent des choix de l'existence et préviennent parfois des décisions hasardeuses qui pourraient éloigner le sujet des semences ontologiques lovées au creux de sa voûte plantaire : lorsqu'elles se foulent ou se brisent par exemple. Néanmoins, avant d'interpréter la brisure biologique, il faudra pourtant se demander si l'énergie-conscience descend ou remonte. Dans la descente, lorsque la personnalité se construit, la rupture de la cheville est parfois une bénédiction. C'est précisément un moment de « rupture » imposé par la vie pour lui laisser le temps de réfléchir à ses objectifs précieux – si « près des cieux » ! Elle verra alors les liens psychologiques et matériels qui la maintiennent éventuellement dans un rôle d'aide aux autres, d'une « cheville ouvrière » qui ne serait plus que servitude. Elle pourra ensuite envisager sereinement les ruptures de schémas que lui demande sa cheville en ce moment précis de son existence. Une telle brisure lui ouvre la voie vers ses pieds symboliques et la prise en compte de l'ensemble de ses signifiés, notamment un contact direct avec son potentiel de création. Par contre, dans la remontée, une cheville foulée prévient de ne pas aller là où nous imaginions diriger nos pas car le lien entre l'inspiration créatrice (le pied) et *les démarches déjà entreprises* est tendu à se rompre. Une cheville *foulée* propose de ne pas *fouler* le chemin imaginé, une cheville brisée met en garde contre une rupture de schéma qui pourrait arrêter l'évolution intérieure.

La boiterie

Si nous entendons « boiterie » au sens large d'un déséquilibre entre les parties droite et gauche du corps, les pieds ne seront pas les seules causes à interroger. Le déséquilibre pourra provenir des chevilles, des genoux, des hanches, des reins, des mains ou même des yeux. En fait le phénomène de dissymétrie gagne à être élargi à l'univers entier et à son histoire. Dès l'origine, c'est la minuscule différence quantitative entre matière et antimatière qui permit à l'univers d'exister ; sur le plan biologique c'est la différence d'assimilation entre les acides aminés qui font tourner la lumière à droite, et leurs jumeaux chimiques, qui la font s'orienter vers la gauche, ce qui permit le développement de l'ensemble des organismes vivants. D'une manière générale, l'univers utilise la rupture de symétrie, la boiterie, pour procéder à une nouvelle étape majeure de son évolution. Pourquoi ? Parce que la symétrie d'un système assure sa stabilité et son asymétrie sa transformation. L'évolution, la mise en marche, est tout sauf de la stabilité. Prenons une image. Si tout le monde dans une ville portait des chemises rouges, la pression sociale serait telle que personne n'oserait choisir un autre vêtement : la stabilité du système est assurée. Par contre, si toutes les personnes présentes choisissent de s'habiller avec la couleur de leur choix chacun pourra modifier à un moment ou à un autre l'ensemble du système si, pour quelque mystérieuse raison, une couleur particulière engendre un phénomène de mode. Dans de telles situations, les fluctuations des couleurs au sein d'un groupe peuvent être très grandes et très rapides. Si la symétrie garantit la stabilité d'un système physique ou biologique, c'est sa brisure qui assure son adaptation à l'environnement en le rendant sensible aux moindres perturbations. La rupture de symétrie favorise un premier degré de liberté. Elle accroît la sensibilité du système et lui autorise des « prises de risque ».

Lorsqu'une dissymétrie corporelle devient visible pour tous[44], elle signe une mission de vie : celle d'affirmer plus de liberté dans la zone corporelle concernée, lue symboliquement bien sûr. N'est-ce pas cela sortir de la stabilité psychologique pour développer une nouvelle manière d'être ? En ce lieu symbolique le sens de l'infini taraude, un imperceptible « quelque chose » susurre sans cesse : « le monde dans lequel tu vis, si parfait soit-il, manque d'un fifrelin de respiration, de vie, de joie, d'imaginaire, de danse, de complicité… d'absolu qui évoluerait comme une plume légère portée sur les murmures de la brise au milieu des mille reflets d'un soleil naissant. Va et monte ! ». Va et monte ! Privilégie l'être sur l'avoir, la verticale sur l'horizontale, la profondeur de ton mystère sur la force liante de tes interactions avec le monde ordinaire.

Ces moments de liberté ne se limitent pas à la mise en marche du pèlerin. Ils concernent tous les étages du corps et sont autant d'étapes d'évolution intérieure : ils peuvent interroger les genoux (envers « qui » est-ce que j'engage ma fidélité ?), les

---

[44] Tous les corps affichent une différence morphologique entre la droite et la gauche, comme le montrent par exemple les photographies qui accolent deux images de face droite (ou gauche) pour reconstituer le visage. Mais ces différences sont le plus souvent invisibles à l'œil non entraîné.

hanches (quelle est ma relation au divin ?), les mains (suis-je en train de manifester mon destin ?), les bras (est-ce que j'aime ma vie au point de l'embrasser ?!) ou encore les yeux (quel nouveau regard, quelle nouvelle vision est-ce que je cherche à mettre en place dans mon existence ?). Et puis, ultime dissymétrie, la différence fonctionnelle entre les deux hémisphères du cerveau aujourd'hui de mieux en mieux comprise. Nous sommes tous, à un niveau ou à un autre, claudicant et dissymétrique. Parfois la pression du sens est accentuée par une répétition événementielle : le prénom « Claude » par exemple, ou encore une gémellité biologique.

Ces vies sont des vies de redressement, de réalignement entre la psychologie et l'ontologie[45]

Les ruptures de la gémellité physiques et biologiques furent à l'origine des grandes étapes de l'évolution de l'univers avec le couple matière/antimatière puis la séparation opérée par les organismes vivants entre des acides aminés chimiquement identiques, mais inverses du point de vue optique. Il faut, dans la même veine, citer la rupture des jumeaux mythologiques et ses prodigieuses conséquences sur la grande histoire. La dispute fratricide entre Romulus et Rémus donna naissance à l'Empire Romain plurimillénaire. Castor et Pollux, les dieux nés d'un même œuf, furent les fondateurs de la ville de Sparte si longtemps la rivale d'Athènes. Quant à Héraclès, le plus grand des héros Grecs, il fut le seul être humain à devenir immortel. Et l'histoire précisa qu'il naquit avec un frère jumeau, Iphiclès. Qu'il s'agisse des mondes physique, biologique ou mythologique, la rupture de symétrie engendre la création d'une nouvelle réalité.

Comment, dès lors, réaliser cet acte fondateur ?

---

[45] Annick de Souzenelle, *Le symbolisme du corps humain,* éditions Dangles.

Peut-être en comprenant la boiterie non dans la différence qu'elle engendre mais dans la ressemblance qui lui manque. Elle invite à un mariage entre deux « frères » liés par l'action (pieds), l'engagement (genoux, hanches), la complémentarité psychologique (les viscères) où l'âme (les yeux). La boiterie propose un chemin pour la réunion de deux polarités en déséquilibre. Ce chemin-là n'est pas, on s'en doute, bordé de lait et de miel. Les mythes mettent en scène trois types de jumeaux symboliques : ceux qui se disputent et commettent un fratricide (Romulus et Rémus ; Esaü et Jacob), ceux qui se donnent totalement l'un à l'autre (Castor et Pollux) … et ceux qui s'ignorent superbement (Héraclès et Iphiclès). Il serait trop long de développer ici ces éléments symboliques, nous y reviendrons lorsque nous aborderons le sens des mains.

Il faudra encore se demander si la différence entre la droite et la gauche au sein d'un système biologique gémellaire comme les jambes, les hanches ou les yeux fait signe dans le mouvement de la descente ou dans celui de la remontée. Au cours du processus de construction du moi *la différenciation du même* interroge la manière dont la personne perçoit puis intègre ses images parentales paternelles (soleil) et maternelles (lunaires), puis la meilleure façon de développer dans son quotidien une alternance harmonieuse entre le vouloir (droite) et le recevoir (gauche).

Le choix d'une activité professionnelle est parfois une aide pour la résolution de la boiterie. Je pense à une personne qui me dit un jour :

- Ça y est ! j'ai compris pourquoi j'ai choisi d'être comptable !

- Eh bien ! Pourquoi ? lui demandai-je sans bien voir le rapport.

- Lorsque mes deux colonnes « entrée » et « sortie » tombent juste et cela me fait du bien !

Je compris alors l'identification psychologique entre les deux colonnes du registre comptable et les deux jambes ainsi que le pouvoir symbolique de comptes *équilibrés qui tombent juste.*

Lorsque se profile la remontée de l'énergie-conscience, le « soleil » devient l'étoile d'un ciel et la « lune » reflète l'expérience de la vie quotidienne. Alors naît le sens fascinant de l'infini et la « demande en mariage » entre l'âme spirituelle et la personnalité. Le rééquilibrage demandé par le corps sera entre la volonté d'aller vers l'Éveil (droit/soleil) et la conscience sociale qui relie le sujet au monde (gauche/lune), entre sa quête de la lumière spirituelle et son engagement actif pour perfectionner son environnement, ne serait-ce qu'un peu.

Mythologies

Les obstacles ennemis de nos départs

Quels sont les obstacles ennemis de nos départs ? Quels sont leurs rôles ? Dans l'espoir de mieux les comprendre nous allons explorer quelques mythes où la boiterie et les processus d'élévation suivis d'une chute jouent un rôle essentiel. Chacun d'eux met en garde contre la possibilité d'un échec – ce que l'on appelle vulgairement un « plantage » – lié à l'usage inadéquat de l'élan vital.

En réalité de nombreux mythes partent de nos pieds, autant de voies d'élévation que nous ne pouvons ici qu'esquisser.

Icare

Icare ! Tout le monde connaît son ascension fulgurante vers le soleil-de-vérité afin de s'échapper du labyrinthe où il était emprisonné en compagnie de son père, Dédale. Ivre de liberté, le jeune homme ne vit pas venir sa chute douloureuse. Lorsque les ailes attachées à son corps d'adolescent par quelques fines pointes de cire fondirent sous l'effet des rayons ardents de l'astre du jour, il perdit l'équilibre et ne trouva que du vide. Icare est enthousiaste, plein d'espoirs et avide de rencontrer la lumière. Mais son échappée belle se termina par une terrible noyade dans l'eau bleue de la méditerranée. Le mythe met en garde contre un excès d'idéalisme qui laisserait entendre que l'élévation est facile, qu'il suffit d'appliquer des recettes élaborées par d'autres pour conquérir le ciel. Car Icare ignore tout de la technologie des ailes. C'est son père Dédale qui les lui a fabriquées avec grand art. Et puis, seules des ailes de chair bien chevillées au corps auraient eu quelques chances de l'élever vraiment. Les Anges, Pégase et les oiseaux de chair le savent bien ! La répétition automatique d'une technique apprise n'est d'aucun secours pour atteindre l'étoile nommée soleil. Si les ailes d'Icare avaient été sans cire, alors, peut-être, serait-il allé au bout de son ascension et de son rêve de liberté. « Sans cire » se traduit en latin par *sin cera...* qui donna en retour le mot français « sincère » ! L'enthousiasme et l'idéalisme de la jeunesse pour s'élever vers son étoile, en quittant père (Dédale) et mère (le ventre-labyrinthe), ne suffisent pas à la réussite du projet. Le mythe prévient contre un excès d'éros, contre l'exaltation imaginative suscitée par la force du désir lorsque la personne n'est pas prête à quitter la sécurité offerte par les repères familiaux. Il suggère pourtant, en son langage codé, la clef d'une échappée belle réussie : *la sincérité*. « Suis-je capable de reconnaître les entraves qui m'enchaînent à mes racines familiales sans regarder ailleurs, sans préférer la lumière éclatante des fallacieuses promesses à la douloureuse conscience de mes pesanteurs ? ». « Et mon aspiration à un monde meilleur, mon aspiration à la vérité, sont-elles fondées sur un sincère et profond désir d'atteindre un nouveau soleil, une nouvelle manière d'être, ou sont-elles simplement motivées par le sentiment d'étouffer là où je vis[46] ? ». Le pied entravé par des chaussures trop petites ou atteint par les flèches de la douleur pose parfois ces questions.

---

[46] Nous avons exploré ce mythe dans un autre ouvrage *Icare, la passion du soleil*, éditions de Janus.

80

Le jeune Icare voulut se libérer trop rapidement de ses attaches le liant à son père et à sa mère. Et il se brûla les ailes. Non à cause de son juste désir d'émancipation mais en raison de son impréparation, car des ailes technologiques ne remplaceront jamais les ailes de chair.

L'élan enthousiaste et immature pour la voûte céleste n'est pas le seul obstacle à la longue marche vers le monde des archétypes. La chute fait parfois plonger la conscience jusque dans le Monde-du-Dessous. La passion malheureuse d'Eurydice pour Orphée, son légendaire compagnon, explore cette autre possibilité. Le jour de ses épousailles, la jolie nymphe se promenait dans une vaste prairie en fleurs. C'est au moment où elle se courba pour cueillir un immense narcisse aux fleurs épanouies qu'elle fut surprise par Aristée qui tenta de la violer. Dans sa fuite éperdue, la fiancée d'Orphée fut mortellement piquée au talon par un serpent et son âme descendit aussitôt dans le monde souterrain, au cœur du royaume d'Hadès, le dieu des morts. L'association du serpent, du talon et de la mort souligne la parenté symbolique entre la force du désir (le serpent), le pied (le talon) et le changement de plan de conscience (le passage de la prairie fleurie au monde obscur). L'éros du talon entraîne Eurydice dans le noir, bien loin du clair soleil des fiançailles tant attendues. Or « Aristée » est un fils du dieu de la lumière (Apollon), son nom le désigne comme étant « le meilleur ». Le désir de clarté, comme avec Icare, se réduit à nouveau dans la mort. Comment est-ce possible ?

Orphée

Orphée, le chantre de l'amour, de la beauté et de l'harmonie, « perd son âme » au moment même où Eurydice disparaît sous la terre. Les fiançailles spirituelles tant espérées sont ajournées.

Orphée et Eurydice
(The British Library, catalogue des manuscrits enluminés)

Et le poète devra descendre à son tour dans le monde des Ombres pour tenter de sauver sa muse. Le second obstacle à la mise en mouvement du marcheur en quête de son antipode, après l'enthousiasme idéaliste du jeune Icare pieds nus sur les chemins du labyrinthe, consiste à se croire déjà arrivé. Celui qui s'imagine déjà élevé sur le podium de sa réussite a construit un masque de non-violence, d'harmonie et de beauté à l'image de ce qu'il imagine de l'état de perfection. La disparition d'Eurydice, l'âme d'Orphée, est suscitée par l'orgueil spirituel. L'orphique ne voit pas que cette construction est un *faux-self* fondé sur le désir de plaire, le besoin d'être aimé et la peur du conflit. Le mythe propose une clef de retournement : descendre dans ses ombres, accepter sa haine en franchissant le fleuve qui irrigue ses « enfers » intérieurs, le bien nommé *Styx* (« détesté ») et finalement rencontrer son désir de mort personnifié par Hadès.

La force de vie, l'éros, devient dense, claire et puissante lorsqu'elle reconnaît son contraire, la pulsion de mort. Seul celui qui, dans sa chair, se sent profondément mortel élabore avec vigueur les ailes de son ascension vers son étoile éternelle.

Eurydice rappelle que le talon est le lieu privilégié du développement de l'éros en tant que force de transformation. D'autres personnages mythologiques lui emboîtent le pas. En frappant le sol d'un coup de talon Persée se propulse dans les airs ; grâce à ses « talonnières » munies de deux petites ailes Hermès vole dans les cieux et accomplit sa fonction de messager de Zeus. Et Achille ! il doit son extraordinaire énergie combattante au seul fait que son talon ne fut pas enduit de liqueur d'immortalité par sa mère, Thétys, qui voulait lui éviter l'épreuve de la vie terrestre en l'envoyant directement au paradis des Olympiens ! Toute sa vie, en effet, Achille tenta de se libérer de cette mère surprotectrice qui lui refusait l'expérience et les risques de l'existence terrestre. Pour éviter qu'il ne s'engage dans la guerre de Troie, elle ne trouva rien de mieux que de le déguiser en fille pour le cacher aux yeux des sergents recruteurs. Rester dans le giron du féminin est un autre obstacle au changement de plan de conscience. Pourtant, quitter l'univers de la mère ne suffit pas. Il faut aussi quitter la demeure du père comme le rappelle l'histoire tragique du dieu boiteux, Héphaïstos.

Héphaïstos

L'unique fils légitime d'Héra et de Zeus eut les pieds brisés dans sa prime jeunesse. Par deux fois il fut violemment précipité hors de l'Olympe. Jamais il ne s'en remit totalement. Dès sa naissance, sa mère découvrit un enfant si laid et si chétif qu'elle le jeta par dessus bord pour s'éviter de voir quotidiennement un spectacle aussi disgracieux. Homère précise que la claudication du jeune dieu date de cette chute, mais une autre source affirme que le bébé tomba dans la mer sans rien se casser. Quoi qu'il en soit, il fut recueilli par Téthys, la déesse de l'océan qui est aussi la mère d'Achille. Neuf ans plus tard, l'enfant divin avait réintégré son foyer. Mais il eut le tort de prendre la défense de sa mère lors d'une dispute entre ses parents. Fort mécontent, Zeus s'empressa de le saisir par un pied et de le précipiter une seconde fois hors de la maison divine. Écrasé sur l'île de Lemnos, il fut récupéré presque sans vie par ses habitants. Ses pieds ne survécurent pas au traitement et, depuis, ce jour, le dieu est représenté avec des béquilles. Héphaïstos va donc tomber de haut, par deux fois. Il est violemment contraint à quitter son piédestal pour rejoindre nos antipodes. Sa mère, Héra, le rejette une première fois de l'Olympe en le prenant par un pied en raison de sa difformité. L'enfant n'a pas la chance de sa future femme, Aphrodite, pour qui la Méditerranée sera un lieu de naissance. Or la blessure tourne précisément autour de la beauté physique. Elle raconte une souffrance identitaire liée au sentiment de ne pas se sentir aimé pour ce que l'on est, avec toutes ses imperfections humaines. Le « laid » n'a pas droit de cité dans la maison Olympienne qui cultive la perfection divine. La disgrâce d'Héphaïstos lui interdit de rentrer en grâce et de recevoir l'amour maternel. Sur le plan psychologique l'enfant qui vit cette situation se sent rejeté par sa famille car son comportement n'entre pas dans les standards moraux définis par ses parents. Il semble « laid » par rapport aux valeurs religieuses, philosophiques ou culturelles que les siens portent haut sur le podium de la perfection. Il n'est pas aimé pour ce qu'il est, tout en étant rejeté pour ce qu'il paraît. Il existe alors une tendance à se dévaloriser du fait d'un manque d'amour pour soi-même car on s'évalue à l'aune d'un inaccessible idéal : l'Olympe, l'idéal familial. Cette absence de contact affectif avec la mère génère un handicap : un sentiment de fragilité suivi par une difficulté à se mettre en route car l'être ne se sent plus protégé. « Héra » se traduit en effet par « protectrice ». L'eau bleue de la Méditerranée qui reçut son corps marque la confusion des sentiments. Et puis il y a la seconde séparation. Héphaïstos choisit le parti de sa mère lors d'une dispute entre ses parents. Et il est repoussé de nouveau. Il chute du haut de l'Olympe et se fracture l'autre pied. Le bébé dieu est inerte et sans forces sur l'île de sa culbute. Si le rejet par la mère entraîna la confusion, le rejet par le père a pour conséquence la dissolution du vouloir. Cette seconde blessure est celle d'une dispute, d'un divorce, d'une atmosphère psychique empoisonnée. L'enfant est rejeté par un père dont on connaît l'importance psychologique pour l'intégration dans le monde social. Par la suite, Héphaïstos fabriquera les bijoux des déesses et les armes des dieux. C'est un dieu lieur dont la première partie de sa vie consista à être délié de ses parents. Grâce à cela, il deviendra le maître incontesté des liens précieux : ceintures, bagues et colliers. Et aussi de ce qui dénoue les attaches : les équipements militaires.

Icare pécha par impréparation. Mu par l'impétuosité de sa jeunesse et la force de son désir, il se contenta des ailes d'un autre plutôt que de descendre en lui-même pour élaborer dans son intériorité des ailes de chair. Mais sa chute n'est pas à redouter, elle est la condition de son envol lorsque sa joie demeure. Eurydice et Orphée péchèrent par orgueil : tout semblait prêt pour le mariage mystique entre l'âme et la personnalité. Mais le chantre de la paix devra descendre dans ses ombres et ses dégoûts pour retrouver la muse de son inspiration poétique. Icare et Orphée marquent des destins où l'éros envahit la conscience, crée un sentiment de toute puissance (Icare) et un masque de beauté (Orphée). Achille et Héphaïstos vivent des destinées contraires à celles d'Icare et d'Orphée. Leurs désirs et leurs actes sont sans cesse contrariés par la volonté de leurs parents. L'éros s'étiole au point de laisser l'homme et le dieu sans idéal, sans vouloir et presque sans vie. Achille est victime des peurs de sa mère. Une mère surprotectrice qui refuse à son enfant les risques inhérents à l'existence humaine. Elle le condamne à rester petit, à renier ses capacités guerrières, martiales et érotiques. Héphaïstos est pris dans la nasse des difficultés et des frustrations qui caractérisent la relation houleuse entre ses parents. Il devra se délier de ces derniers pour, ensuite, reconstruire des liens de lumière. Ce sont là quatre schémas mythologiques qui touchent les pieds, quatre destinées qu'il ne s'agit pas d'éviter mais de traverser pour les accomplir.

Selon le contexte mythologique, la blessure au pied signe l'expulsion, la marginalité, la désocialisation, le rejet, la perte du lien parental, l'abandon, l'oubli de la relation avec soi-même et la douloureuse conscience de sa « laideur » évaluée à l'aune d'un idéal de perfection familial ou social. Elle dit encore la nécessité de s'émanciper des liens familiaux en raison d'une surprotection maternelle.

Il s'agit de schémas mythologiques et non de simples structures psychologiques. La différence est de taille ! Il est juste et nécessaire de « réparer » une souffrance psychologique qui altère l'image de soi et entraîne des difficultés à vivre au quotidien. Par contre une pathomythologie n'est pas là pour être réparée puisqu'elle appartient au destin de la personne. Elle est là pour faire signe, pour proposer du sens, pour accompagner une métamorphose ontologique. Elle accompagne le processus d'évolution et suscite une modification de regard de la personne sur elle-même. Peu importe qu'elle se résorbe ou non. *Elle est la condition même du cheminement du héros vers son étoile.* Plus tard, Héphaïstos donnera naissance à Athéna par un coup de hache vigoureusement asséné sur le crâne de Zeus. Il deviendra un accoucheur de l'Esprit, un créateur de génie. Sa blessure aux pieds le conduisit à ouvrir d'un coup habilement porté la voûte crânienne du dieu du ciel. Alors, hors du pathos, à quoi nous invite vraiment le pied marqué si ce n'est à la grande aventure du redressement individuel ?

Tout le monde n'a pas le (ou les) même mythe fondateur. Les voies de réalisation sont multiples et chacun a son Temple. Pourtant tous se déchaussent pour y entrer, tous se libèrent de ce qui enlace.

Les mythes du pied et de la cheville

Nous avons exploré les organes de la marche par l'étymologie, quelques mythologies et les consonances. Il nous reste encore à entrer dans le vif du sujet.

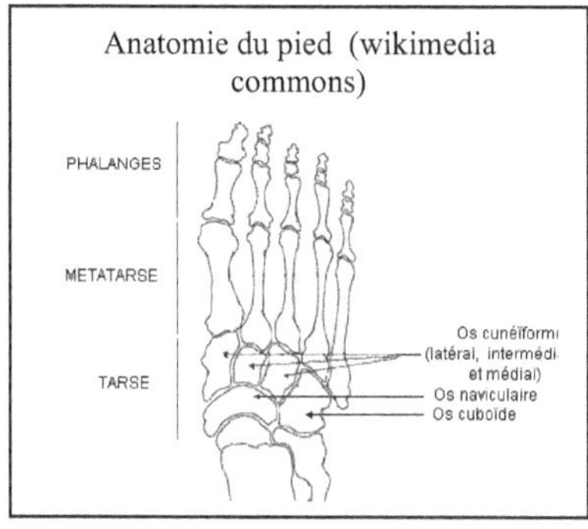

L'architecture du pied se présente ainsi :

Le calcanéum, l'astragale, le cuboïde, le scaphoïde et les trois cunéiformes (latéral, intermédiaire et médial) forment les sept os du tarse. L'astragale sert de pivot pour étendre ou fléchir la cheville. Il est recouvert par le tibia sur sa face supérieure et interne, par le péroné sur sa face externe. Les cinq métatarsiens relient le scaphoïde et les cunéiformes aux phalanges des orteils. Et les quatorze phalanges terminent la géographie du pied qui contient donc 26 os.

En plus des phalanges et des tarses, quatre os composent l'outil de la marche : l'astragale, le calcanéum, le cuboïde et le scaphoïde. Trois d'entre eux évoquent des mythes déjà rencontrés. Le calcanéum et l'astragale sont présents dans l'histoire d'Achille, et le scaphoïde appartient à l'univers de Jason.

Achille et le calcanéum

Pour explorer la géographie symbolique des os du pied commençons par le commencement. Le calcanéum, dont les sonorités à elles seules sont tout un programme : le « calca-né-homme ». La langue des oiseaux propose « l'homme né du calque ». En termes bibliques l'homme est créé « à l'image de dieu ». Il naît à l'humanité du fait de sa conscience d'être un

« calque ». La perception du double spirituel, du Soi, sera le moteur du redressement vers l'Etre. Mais les choses ne sont pas si simples car la confusion règne encore.

L'os du talon fait référence à Achille par le nom du tendon qui s'attache à lui : le tendon dit « d'Achille ». Normalement, les héros naissent du désir d'un dieu mâle pour une femme de chair. Or Achille est un enfant très spécial puisqu'il naquit des amours obligés d'une déesse, Téthys, pour un mortel : Pélée, qui signifie « le boueux ». La grande divinité marine répugne à passer la nuit avec cet homme trop terrestre, mais les dieux en décidèrent autrement :

> « Pélée, autre compagnon d'Hercule, est l'heureux époux d'une déesse. Il ne s'enorgueillit pas moins de son gendre que de son beau-père : car, si beaucoup ont pu se vanter d'être du sang de Jupiter, lui seul a pour épouse une immortelle. Le vieux Protée avait dit à Téthys : «Déesse des ondes, deviens mère : de toi naîtra un fils dont les hauts faits surpasseront ceux de son père, et qui sera plus grand que celui dont il aura reçu le jour. Aussi, afin que le monde n'eût rien de plus grand que Jupiter, le maître des dieux étouffa les feux dont il brûlait pour Téthys, et s'interdit la couche de la reine des mers. Mais il veut que son petit-fils, le fils d'Eaque, le remplace dans cette union.

> Il est dans la Thessalie un golfe en forme de croissant, qui étend ses deux bras dans la mer : si ses eaux étaient plus profondes, il offrirait un sûr asile aux vaisseaux ; mais à peine la mer vient-elle y recouvrir le sable. Le sol de la rive n'y garde aucune empreinte et ne retarde pas le voyageur. L'algue marine n'y recouvrit jamais la grève. Près de là est un bois de myrtes aux baies de deux couleurs ; au milieu est un antre. Est-ce l'art ou la nature qui le creusa ? C'est ce qu'on ne saurait décider ; et cependant il semble qu'il doive plus à l'art. C'est en ce lieu que souvent, nue et portée par un dauphin, tu venais te reposer, ô Téthys ! C'est là que Pélée te surprit, vaincue par le sommeil ; tu résistais à ses prières, il a recours à la force et t'enlace dans ses bras. Tu succombais si, recourant à tes ruses, tu n'eusses emprunté des formes nouvelles. Oiseau rapide, il te retient ; arbre élevé, il s'attache à ton écorce. Enfin tu prends la forme d'une tigresse à la peau tachetée ; effrayé, le fils d'Eaque te laisse échapper de ses bras. Le héros offre un sacrifice aux divinités de la

mer ; il répand le vin sur les ondes, et brûle sur un autel l'encens et les entrailles des victimes. Alors, du milieu des flots, le devin de Carpathie lui adresse ces paroles : «Fils d'Eaque, tes désirs seront satisfaits : lorsque Téthys ira goûter dans sa grotte la fraîcheur et le repos, surprends-la pendant son sommeil, et enchaîne son corps de liens fortement serrés ; ne te laisse pas étonner par ses mille figures : sous quelque aspect qu'elle t'apparaisse, retiens-la jusqu'à ce qu'elle ait repris sa forme première». Ainsi parle Protée : il se replonge dans la mer, et le flot étouffe ses dernières paroles. Le soleil achevait sa carrière, et plongeait dans la mer d'Hespérie le timon de son char incliné, quand la belle néréide, abandonnant les flots, entra dans sa retraite accoutumée. À peine le héros a-t-il enchaîné ses membres délicats qu'elle change de forme : tant qu'elle se sent retenue, elle agite ses bras, et cherche à se dégager. Enfin, gémissante : «Tu l'emportes, dit-elle, et ce n'est pas sans l'aide des dieux». Alors elle redevient Téthys. Le héros victorieux la prend dans ses bras, satisfait son amour, et la rend mère du grand Achille[47].

La naissance d'Achille repose sur un extraordinaire jeu de lier-délier qui, nous l'avons vu, appartient au symbolisme du pied. Quant à Téthys, elle est dite « aux pieds d'argent ». C'est une déesse lunaire comme le suggère la géographie symbolique de son lieu de sieste : un golfe en forme de croissant, une mer peu profonde qui efface les empreintes de pas, l'obscurité de la grotte et les changements incessants de ses visages. Le « mariage » est extrêmement difficile et, on l'imagine volontiers, répugnant pour la déesse. Comment pourrait-elle vouloir entrer dans la boue, elle qui représente l'inspiration poétique d'une pure imagination secrète qui se suffit à elle-même ?

La déesse aux pieds d'argent est contrainte par le Grand Olympien à établir un contact intime avec Pélée pour donner naissance à l'enfant qui offrira plus tard son nom au tendon du pied.

---

[47] Ovide, *Les Métamorphoses*, éditions Gallimard.

Un tendon fixé au *calcanéum*, l'os qui exprime euphoniquement la naissance (né homme) et la terre (calca, calcaire). Il ressemble étrangement à Pélée, le « Boueux ». L'imagination poétique fait naître le tendon d'Achille du calcanéum exactement comme Achille naquit de son père. Dans ce contexte il est tentant d'associer le père d'Achille à l'os du talon.

La naissance du héros de la guerre de Troie et la position verticale du tendon sont une question d'éros, de pur désir du fils de Zeus pour la grande déesse des eaux qui se refuse. Nous avons déjà souligné par d'autres voies la relation entre le talon et l'éros. Ce mythe souligne que le redressement de l'homme vers une posture héroïque est un combat. Téthys rechigne à passer une nuit d'amour avec cet être trop terrestre. Elle tente de se défiler par tous les moyens qui sont à sa disposition. Alors, il faut l'enchaîner pour contraindre ses échappatoires. L'homme né du calque, le boueux, apprend à stabiliser ses contacts avec sa force créatrice, une force qui se refuse sans cesse et essaie de refluer vers le fond de la mer, dans les profondeurs de son inconscient.

À Téthys la mythologie attribue les fontaines et les sources, c'est-à-dire *une fécondité des commencements*. Cette eau est douce. Elle irrigue l'intimité de l'être pour lui assurer un développement biologique et psychologique fluide. Elle est « nourricière » comme le confirme l'une des traductions de « Téthys ». « Revenir aux source », « donner ses sources » et « se ressourcer » évoquent au moins autant l'origine du monde que celle de la personne et de la communauté. En voyant sa Source – en aimant Téthys – le Boueux, encore chargé des valeurs terrestres de l'avoir, renoue avec la simplicité des (re)commencements. Féconder Téthys la nourricière revient à contacter intérieurement son *daïmon*, son génie personnel, la source de toute *sa* fécondité. Alors l'homme devient comme une fontaine de Jouvence, revitalisé par une nouvelle jeunesse et habité par la force d'une évidence. « Impossible » diront certains ! Pourtant « il ne faut jamais dire fontaine je ne boirai pas de ton eau » car ceux et celles qui vivent en compagnie de leur *daïmon* savent bien que cela « coule de source ».

Marcher et poser sa conscience dans ses pieds revient à contacter sa source d'inspiration féconde. Et le sentiment d'amour qui l'accompagne. Certes, comme la déesse, cette source féconde tente de se défiler en arborant milles images éphémères, en changeant sans cesse de forme. Mais le créateur inspiré est, précisément, celui qui sait patiemment stabiliser ses images intérieures et ses émotions capricieuses (attacher la déesse). Ensuite il se laisse amoureusement féconder par Elle. Enfin il entre, comme Achille, dans un combat au nom de son œuvre.

A nous, peuple de prométhéens et de monothéistes qui n'imaginons qu'une seule possibilité, que la « vérité » vienne d'en haut, de la pensée ou de Dieu, il pourra sembler curieux de localiser l'inspiration dans les organes de la marche. C'est que nous avons oublié que l'univers élaboré avec tant d'art s'appuie au moins autant sur le pilier de la poésie que sur celui de la raison pour manifester son admirable beauté. Les artistes, ceux pour qui l'inspiration coule de source, savent l'importance des pieds pour l'élaboration de leurs œuvres. La poésie de *Ainsi parla Zarathoustra* eut-elle jamais pu voir le jour si Nietzsche n'avait pas été un grand marcheur ? Lorsque Dédale, l'architecte du labyrinthe, tua par jalousie son génial neveu Talos [48] en le précipitant du haut d'un temple, celui-ci se métamorphosa en perdrix :

> La perdrix était Talos, un enfant de 12 ans que Dédale, par jalousie, avait précipité du haut de la citadelle. Mais dans sa chute il fut transformé en oiseau. La vigueur de son génie jadis si prompt est

---

[48] Il est aventureux de rapprocher le grec « Talos » qui se traduit par « celui qui souffre » avec le français « Talon », mais les euphonies sont parfois si étranges….

passé dans ses ailes et dans ses pattes, et le nom qu'il portait auparavant lui est resté[49].

Les ailes et les pattes comme le lieu du génie ! Faut-il s'étonner qu'Hermès, le dieu de l'intelligence, ait des ailes aux talons *et* au casque, les deux sources de l'inspiration féconde ? Les expressions du langage courant comme « s'y prendre comme un pied » et « penser comme ses pieds » trahiraient-elles la suprématie d'une tête qui nie vigoureusement l'intelligence poétique du féminin représenté par Téthys, la grande déesse des eaux ? Cette intelligence, pourtant, les artistes la connaissent bien. Elle est remarquablement illustrée dans l'ouvrage de Henri Vincenot, *Le pape des escargots*[50].

Comprendre cela est une invitation à bénir ses pieds. Car, en les bénissant, c'est la grande déesse que nous reconnaissons avec gratitude pour son immense présence poétique qui enrichit le monde vivant de sa douceur ordonnée.

Damysos et l'astragale

L'une des versions du mythe rapporte que Téthys fut un jour surprise par son mari au milieu d'une bien étrange occupation. La dame faisait tranquillement rôtir le petit Achille, encore bébé, dans les flammes après avoir enduit son corps d'ambroisie, la mystérieuse liqueur qui confère aux dieux la vie éternelle. À la vue du père, Téthys abandonna son fils torturé et s'enfuit. Mais elle avait déjà traité la totalité du corps de cette façon si peu orthodoxe, à l'exception du talon. Pélée s'approche, voit le drame et soigne la blessure de l'enfant en remplaçant *l'astragale* carbonisé par des *phalanges* prélevées sur le squelette du géant Damysos (« le conquérant ») autrefois réputé pour sa rapidité à la course. Achille en prendra les

---

[49] Ovide, *Les Métamorphoses*, éditions Flammarion.

[50] Aux éditions Gallimard (1983).

qualités appliquées à la symbolique du pied : l'action dans le monde.

Les six premiers frères d'Achille furent rôtis par leur mère dès leur naissance pour qu'ils conservent, affirmait-elle, leur immortalité et rejoignent aussitôt l'Olympe. Sur le plan psychologique, dans le mouvement d'involution qui va de la tête aux pieds, Téthys illustre la figure d'une mère possessive qui refuse l'expérience de l'incarnation et les souffrances de la vie à son enfant. Elle le voudrait parfait, comme une image divine idéalisée, si bien qu'il ne peut pas vivre. Achille, le dernier-né, sera le seul des sept à se mettre en route pour accomplir son destin terrestre… grâce à la phalange du géant qui devint son nouvel astragale. Cet os est aussi appelé « osselet ». Il a donné naissance au jeu que nous connaissons. Son origine remonte à la plus haute antiquité.

Attardons-nous un instant sur le sens symbolique de cette activité ludique pour comprendre le symbolisme de l'astragale. Cette étape suit celle du contact fécond établi avec les grandes images poétiques qui habitent l'âme, ces grands rêves, souvent nés dans l'enfance, dont Thétys est la source. L'exaltation imaginative dénoncée dans le mythe d'Icare possède aussi sa face lumineuse et inspirante.

Les quatre, cinq ou huit osselets du jeu étaient à l'origine prélevés sur les phalanges des pattes arrière du mouton. Dans l'histoire d'Achille, l'osselet de la phalange de Damysos remplaça l'astragale du bébé grâce à l'intervention chirurgicale de Pélée (ou de Chiron).

> « Un osselet présente quatre faces d'aspect différent. Des deux plus larges faces, l'une est convexe, l'autre concave. Des deux plus étroites, l'une est plate, l'autre sinueuse. Suivant le rapport des auteurs de l'Antiquité, ces faces avaient chacune un nom et correspondaient à une valeur numérique. Le côté plan (« planum ») égalait un. Le côté concave (« supinum ») égalait trois. Le côté

convexe (« pronum ») égalait quatre. Le côté sinueux (« tortuosum ») égalait six. À l'origine, le jeu consistait à lancer les osselets comme on jette les dés et à interpréter le coup selon les conventions du jeu qui est basé soit sur la valeur numérique des faces, soit sur la figuration du coup. « On jouait avec quatre osselets », dit Eustache ; « les coups qui pouvaient se présenter étaient au nombre de trente cinq. Les uns tiraient leur nom des dieux, les autres des héros, ceux-ci d'hommes illustres, ceux-là de courtisanes, d'autres enfin d'événements, soit par louange, soit par moquerie » ».

Les plans concaves, convexes et sinueux n'évoquent-ils pas quatre formes d'être au monde : la réceptivité (plan), la protection (convexe), l'ouverture (concave) et la quête (sinueux) avec respectivement un, trois, quatre et six points ?

« Grecs et Romains jouaient avec quatre osselets, chacune des combinaisons (qui étaient donc au nombre de trente cinq) portait un nom particulier. On jetait les osselets et on comptait le total des points donnés par les faces supérieures : le plus mauvais coup était appelé « le chien » et comprenait les quatre as. Le plus heureux coup avait pour nom le « coup de Vénus » ou « coup royal » : il consistait à amener en même temps l'as, le trois, le quatre et le six. D'autres combinaisons avaient pour nom « coup d'Aphrodite », « les Cyclopes », « la Chevelure de Bérénice », « l'Archer »[51]... »

Une fois encore, les personnages mythologiques sont étroitement associés au symbolisme du corps. Le ciel des dieux est présent dans la combinaison des points issus du lancer des os des phalanges. L'Archer désigne la constellation du Sagittaire, la Chevelure de Bérénice et le Grand Chien nomment des amas d'étoiles, Aphrodite représente la planète Vénus.... Le sens profond du jeu des osselets est sans doute perdu et il est certainement plus élaboré que les quelques idées proposées ici[52]. Le fait qu'il soit, en Grèce ancienne, réservé

---

[51] Nikulina E, Schmolke U, *Les osselets, ancêtres du jeu de dés*, Pour la Science, mars 2008, p 40-43.

[52] Les jeux traditionnels sont plus que de simples divertissements, ils codent des processus d'évolution intérieure dont les clef sont perdues. Les « jouer » permet de se familiariser avec ces processus avant de les aborder dans la vraie vie. Ils jouent, pour

aux femmes souligne son appartenance au monde du pied, de la terre, de la grande déesse et de l'inspiration poétique.

Il existe deux manières de jouer : l'une en s'en remettant au hasard ; l'autre en testant son adresse. Il est possible en effet de lancer les dés puis de compter les points. Mais il est aussi loisible de réaliser des figures complexes fondées sur les variantes d'un même geste : prendre un osselet dans la main droite, le lancer en l'air et, pendant ce temps, ramasser l'un de ceux qui sont restés sur la table en revenant juste à temps pour arrêter la chute de celui qui tombe. Le jeu consiste à stopper une dégringolade tout en ramassant les autres phalanges restées à terre. Cette idée de chute arrêtée caractérise le mouvement de la marche. Nous l'avons déjà rencontrée chez Icare, Héphaïstos, Talos et, d'une manière générale, dans le symbolisme de la marche et du pied. Deux conditions sont donc importantes pour gagner au jeu des osselets : avoir de la chance et faire preuve d'adresse. Or le hasard, chez les anciens Grecs, désignait la volonté des dieux et n'avait pas de rapport avec notre hasard objectif. La mise en marche du héros pour l'accomplissement de son destin dépendait de deux facteurs : *l'appel des dieux et son habileté à y répondre en se familiarisant avec la réitération des chutes et des élévations*, des réussites et des échecs qui ornaient ses premières tentatives d'émancipation des racines familiales, culturelles et sociales. Se délier des obstacles qui bloquent le chemin de ses antipodes suppose une prise de risque. Aller là plutôt que là-bas va peut-être totalement changer le cours de son existence. Ceci est confusément pressenti à défaut d'être vu clairement. Un pas, un seul, dans

---

les adolescents et les adultes, le même rôle que les contes pour les tout petits : préparer l'inconscient, par des images, aux expériences initiatiques de l'existence. Le jeu de l'oie, la balançoire et la marelle appartiennent aussi à cette catégorie. Peut-on généraliser et décoder la passion du jeu comme la recherche, sur le plan psychologique, du grand frisson qui grise celui qui prend le risque d'accepter son *daïmon*, l'inspiration créatrice qui va changer son existence ? La roulette et autres divertissements de casino seraient alors investis par tous ceux qui cherchent à se perdre, qui aspirent aux angoisses des chutes et aux étourdissements des élévations, sans encore avoir osé se laisser féconder par leur Source.

une direction précise imposera peut-être au marcheur une rencontre sans retour avec son destin.

La séquence calcanéum-phalanges-astragales est remarquablement exprimée dans la langue des mythes par l'opération chirurgicale qu'effectue Pélée (le calcanéum). L'homme né de la terre substitue les astragales carbonisés d'Achille par les phalanges du géant Damysos. Celui qui n'avait aucun choix, car il était prisonnier des idéaux de sa mère Thétys, découvre la possibilité de décider seul de son destin (les astragales) en prenant des risques. Il sait qu'il sera blessé : il connaît son « tendon d'Achille ». C'est pourquoi sa vie sera pleinement significative. Contrairement à ses six frères, il profitera de son existence terrestre avec ses vicissitudes et ses joies. Ce redressement d'un homme qui accepte la possibilité de la blessure est souligné par la position du tendon d'Achille lié perpendiculairement au calcanéum, l'os du talon. La « mère » de tout ce système biomythologique est la grande divinité de la mer, Téthys, la déesse « aux pieds d'argent ».

La langue des oiseaux décode « phalange » par « Fa lange » et la gamme pythagoricienne associe la note « fa » à la planète Jupiter (Zeus), le maître de l'Olympe. Que cherche à exprimer la langue française de cette manière tellement déroutante ? Qu'au milieu des orteils le maître spirituel, le « Fa », est encore dans les langes. Cette lecture phonétique rappelle que les phalanges, dans le jeu des osselets, sont nommées par les noms des constellations et des dieux. Ces divinités des étoiles se rapprochent de la conscience humaine grâce à l'opération effectuée par Pélée. Le jeu des osselets est un jeu de « hasard », un moyen pour les hommes de contacter la volonté divine. En « jouant » l'« homme né du calque » prend conscience de sa destinée. Il y répond positivement par un mélange d'habilité et de prise de risque : par un « astragale ».

Les consonnes de ce mot – STRGL – forment l'armature d'un

autre terme qui aide, lui aussi, à deviner les secrets des destins individuels et collectifs : « aSTRoLoGie ».

L'astragale, chez de nombreux peuples en Afrique, joue le rôle traditionnellement attribué à l'astrologie en Occident et en Orient :

> « On jetait les dés pour prédire l'avenir et c'est surtout dans ce but que les nègres d'Afrique les utilisent. Les Thonga, par exemple, ont des séries compliquées d'astragales ainsi que d'autres objets et ont élaboré une véritable science de la divination; toutes les circonstances imaginables de leur existence sont liées d'une façon ou d'une autre aux combinaisons d'osselets, lesquels sont considérés comme trop sacrés pour être vendus[53]. »

Malgré les efforts de sa mère pour le prémunir d'une vie pleine d'embûches Achille suit avec infiniment de brio les voies de son père dont le nom désigne l'expérience terrestre : la boue.

Alors il « naît homme ». Il accepte la possibilité de souffrir puis reconnaît sa part de matière dense, sa boue, son calcaire... il entre en conscience dans le calca-né-homme. Achille au talon non imbibé d'essence d'immortalité dirige toutes ses actions vers le monde. C'est un guerrier extérieur, non un combattant intérieur. En devenant le héros de la guerre de Troie, il s'affirme en essayant de changer le cours de l'histoire. Aujourd'hui, sûr de son destin, il défendrait une cause avec conviction, force et habileté : celle des sans-papiers ou des chômeurs, celle de sa nation ou de son entreprise, celle de sa famille ou des personnes qu'il aime. Il sait par avance que son talon sera la cause de sa mort, annoncée par les dieux. L'engagement social le redresse et donne du sens à son existence mais, en même temps, il épuise son énergie vitale.

Où tout cela conduit-il ? La double nature terrestre et spirituelle de l'être humain qui décide de marcher sans béquilles apparaît

---

[53] R.-H. Lowie, *Manuel d'anthropologie culturelle*, 1936, p.192.

dans le « calca-né-um ». Auparavant le maître intérieur sommeillait encore dans les phalanges. L'homme voit poindre la possibilité de son redressement lorsque ses phalanges deviennent « astragales ». Il accepte la souffrance et se libère des besoins de sécurité qui l'entravaient. L'habileté, le sens du jeu et la prise de risques surgissent lorsque les promesses du destin individuel sont entr'aperçues. C'est le rôle de l'astrologue, du mage Thonga et du chaman d'évoquer la beauté de ce destin. Au début la conquête est extérieure, comme l'est la vie d'Achille. Mais une autre voie se dessine lorsque la personne accepte d'embarquer sur le « *scaphos* », le « bateau » en langue grecque, en compagnie de Jason et de sa cinquantaine d'argonautes.

Jason et le scaphoïde

Le tendon d'Achille, le calcanéum et l'astragale forment une unité symbolique puisqu'ils appartiennent à la même séquence mythologique. À quoi il faut ajouter les phalanges du bout des pieds. Une autre séquence apparaît avec le scaphoïde, le cuboïde et les trois cunéiforme. Ces os se réfèrent au vocabulaire de la construction navale : le scaphoïde est « en forme de barque », le cuboïde « en forme de cube » et les cunéiformes désignent les coins qui servent à tenir le navire. Par ailleurs, l'ensemble du pied ressemble à un bateau renversé, l'arche plantaire faisant office de coque. Ce navire mythique porte un nom : l'Argos, la « lumière ».

Les sept os du tarse se partagent donc deux histoires mythologiques : celles d'Achille (astragale et calcanéum) et de Jason (cuboïde, scaphoïde et trois cunéiformes).

D'une manière plus générale, les mythes utilisent l'image de la barque pour symboliser le passage entre deux mondes, entre deux plans de conscience. Héraclès emprunte l'embarcation du Soleil pour se rendre sur l'île sacrée où paissent les bœufs pourpres du troupeau de Géryon, bien au-delà du monde connu ; Charon transporte les âmes des morts sur sa célèbre barge afin de les conduire au cœur du Monde Souterrain, un lieu d'où ils ne pourront jamais revenir ; Deucalion, le Noé biblique, construisit une arche dans l'espoir de se soustraire au déluge. Ensuite, il créa une nouvelle race d'hommes pour repeupler la Terre. Le Roi-Pêcheur qui montait la garde devant le château féerique de l'Autre Monde passait ses journées dans un bateau à taquiner le poisson. Toujours et encore, la barque décrit un processus de passage qui conduit les courageux matelots vers une terre inconnue, vers un état de conscience jusqu'alors inexploré. C'est grâce à une barque qu'Hercule découvre une île sacrée, que les âmes défuntes pénètrent dans le royaume souterrain, que Noé et Deucalion vivifient une nouvelle terre et que Lancelot s'approche des secrets du Graal. C'est encore le grand voyage de Moïse dans sa barque-berceau juste avant d'être recueilli par la princesse qui deviendra sa mère adoptive. Le marin quitte un monde pour en découvrir un autre.

Mais de quelle renaissance s'agit-il ici ? Qu'est-ce que cette Toison d'Or qui attire avec tant d'insistance l'embarcation où sont curieusement réunis cinquante deux héros, les plus célèbres de la Grèce Antique ?

Le jeune Jason était l'héritier du trône d'Iolcos. Lorsque son père mourut, un demi-frère usurpa le pouvoir. Alors l'adolescent redevint un simple citoyen. Prudente, la reine envoya son fils chez le centaure Chiron qui lui prodigua son enseignement. Pendant ce temps l'usurpateur, Pélias, reçut de l'oracle de Delphes le conseil suivant : « méfie-toi d'un descendant d'Eole qui viendra vers toi *chaussé d'un seul pied* ! ». Plus tard, à l'âge adulte, Jason décida de revenir chez lui pour

Le voyage de Jason (The British Library)

réclamer le trône qui aurait dû lui échoir. En chemin, il rencontra une rivière en crue qui lui barrait le passage. Alors qu'il se préparait pour traverser l'obstacle, une vieille femme se présenta et lui demanda de l'aide pour franchir le cours d'eau. Réprimant son impatience, Jason accepta de secourir la malheureuse en la hissant sur ses épaules. Arrivés au milieu du gué la violence du courant emporta sa sandale gauche. Jamais il ne le sut, mais la vieille dame était une métamorphose d'Héra. À l'avenir elle aidera discrètement le héros dans les épreuves de la reconquête de sa royauté. Le pied est la signature de Jason : grâce à lui il sera reconnu par le roi Pélias et le désigne comme le dépositaire du trône. Lorsque le jeune homme arriva d'un seul pied chaussé au royaume d'Iolcos il réclama son dû au souverain. Celui-ci, fort embarrassé, se souvint de l'oracle et, pour s'en sortir, proposa un marché : il accepta de céder son royaume à Jason à condition que le jeune homme lui rapporte la Toison d'Or du Bélier volant qui transportait naguère Phrixos en Colchide. Une mission, bien sûr, réputée totalement impossible !

Qu'est-ce que cette Toison de laine d'or suspendue dans le bois sacré d'Arès et gardée par un terrible dragon ? Sur le corps humain poussent deux « toisons » : l'une recouvre les zones génitales et l'autre le crâne. Toutes deux parlent de la vitalité, de la force, de la sexualité et du désir. Arès, le dieu de la guerre, est le gardien naturel de la peau du Bélier volant. En reliant cet élément symbolique à l'identité de Jason dont le nom se traduit par « guérisseur » et à l'éros qui prend sa source dans le talon la mission des argonautes s'éclaire sous un jour nouveau. Elle consiste à ramener la force de vie des pieds vers le sexe puis vers la tête de manière à « guérir » la totalité du corps et de ses organes. Le signe astrologique du Bélier synthétise remarquablement ce mouvement de la force vitale. Aussi vif qu'intuitif, le Bélier cherche sans cesse à accomplir les élans vitaux qui le traversent. Une vitalité dont l'intelligence n'a rien d'intellectuel, mais qui néanmoins ne rate jamais sa cible. Et puis, aux niveaux les plus subtils la toison exprime le désir d'une sexualité sacrée qui allume le grand brasier d'amour où l'être se consume en abolissant la barrière qui sépare sa vie de la Vie.

Les deux structures mythologiques relatives aux sept os du tarse représentent des processus de début et de fin, rappelant en cela l'étonnante *voûte plantaire*. Le début est illustré par la mise en route d'Achille qui cherche à accomplir son destin en se libérant des dangereuses protections d'une « mère » inquiète et idéaliste, c'est-à-dire en renonçant aux systèmes de croyances qui dispensent l'homme d'allumer seul la bougie de son expérience spirituelle. Achille se traduit par « sans lèvres » car, dit-on, il n'a jamais tété le sein de sa mère : tout un programme ! Et puis, à l'autre bout de l'histoire du pied, œuvre Jason et ses cinquante deux argonautes. Avec lui, l'ensemble du pied devient une barque prête à recevoir le vitalité du Soi dont la Toison d'or est l'emblème. Est-ce vraiment un hasard s'il y a autant d'argonautes sur l'Argos que d'os présents dans les deux pieds ? Les correspondances précises, si elles ont jamais existé, entre argonautes et os des pieds sont perdues car il est aujourd'hui difficile de reconstituer avec certitude la liste des compagnons de Jason. Les auteurs grecs et latins divergent sur cette question. Il nous reste néanmoins une remarquable image biomythologique : l'Argos fend la mer avec l'effigie d'Athéna à sa proue. De même, avec ses pieds qui arrêtent ses chutes répétées, l'homme se dirige librement vers son destin, deviné avec l'astragale et relié au tibia. Un mot qui se traduit par « flûte » et désigne précisément l'emblème de la déesse de la sagesse. L'ensemble pied-cheville-tibia est une remarquable illustration biologique de cet équipage prêt à conquérir la Toison d'or, la pelisse du mystérieux Bélier volant conservée dans le jardin d'Arès, au centre du jardin du désir.

Dionysos et la cheville

Comment comprendre l'étonnante étymologie du mot « cheville » qui l'associe à une « vrille de la vigne » ? Le dieu du vin y serait-il pour quelque chose ? La *vrille de la vigne* rappelle que ce végétal est une liane naturelle qui s'élève en s'accrochant à un tuteur. Lorsque la « semence » s'élève depuis la plante du pied, sa germination s'affirme sous la forme d'une fragile et accrocheuse « vrille de la vigne » comme le suggère l'étymologie de la cheville. Ce serait tirer un fil bien hasardeux si la thématique du vin ne se déployait pas progressivement du bas du corps jusqu'au cœur. Après « la vrille de la vigne » qui nomme la cheville viennent les « quadri-ceps » de la cuisse, la cuisse qui est le lieu corporel de la naissance de Dionysos, le dieu du rouge breuvage. Puis, toujours en remontant le long du corps, apparaît l'*acetabulum*, le « vase à vinaigre » dessiné par la cavité articulaire située entre la tête fémorale et l'iliaque : le raisin encore vert produit du « vin aigre ». Une longue maturation sera encore nécessaire avant que le sang pompé par le cœur ne remplisse la vieille outre corporelle par du vin nouveau.

Pour l'heure, la vigne est encore fragile et pleine de vitalité. Elle cherche un tuteur pour s'élever vers la lumière. Ce tuteur, sur le plan psychologique, c'est l'amour d'un compagnon ou d'une compagne donné sous la forme d'un soutien inconditionnel. Ce qui est reçu à l'étape « cheville » sera redonné à l'étape « cœur ». Néanmoins, dans l'espace symbolique de la cheville, le dieu du vin est encore immature. Dionysos naîtra plus tard dans *la cuisse* de Zeus avant de prendre toute sa place dans *le cœur de la cité grecque* comme intermédiaire entre les mondes visibles et invisibles lors des anthestéries, la fête des fleurs qui est aussi la fête des morts. Nous y reviendrons lorsque nous explorerons le cœur symbolique.

Dionysos naquit des amours de Zeus avec Sémélé, une mortelle qui porte le doux nom de « Lune ». Pour la séduire Dieu se fit homme. Mais Héra supportait difficilement la nouvelle incartade de son mari. La jeune fille était enceinte depuis six mois déjà lorsqu'elle croisa une vieille dame qui lui dit à peu près ceci : « Comment sais-tu que ton amant n'est pas un monstre ? Si j'étais toi, je lui demanderais de reprendre sa forme véritable afin de bien m'en assurer ! ». Lune ignorait qu'elle venait de rencontrer Héra dissimulée sous une métamorphose. Taraudée par le doute, elle ne tarda pas à suivre le perfide conseil. Le soir venu, elle demanda à son amoureux de recouvrer sa véritable forme. Prudemment celui-ci refusa. Blessée par cette rebuffade Sémélé décida de rester portes closes et de refuser sa couche au Dieu. Alors Zeus, mu par une immense colère, lui apparut soudain dans toute sa gloire… et le palais où vivait la jeune fille déjà enceinte du petit Dionysos s'écroula sur elle. L'Olympien fit aussitôt retirer l'embryon du brasier fumant et l'installa confortablement dans sa cuisse de manière à ce qu'il poursuive une gestation « normale ».

« Sémélé » représente celui ou celle qui a vécu prématurément une expérience spirituelle bouleversante. Malgré son ardent désir, la jeune femme n'est pas prête à voir « Zeus en face ». Toute la structure de sa personnalité (son « palais ») s'effondre d'un coup, menaçant la vie de l'enfant divin qu'elle porte dans son ventre, risquant ainsi d'effacer jusqu'à la trace de sa rencontre avec le sacré.

Si les mythes représentent *aussi* une géographie psycho-corporelle, il est tentant de situer cet épisode dans le mollet, un terme qui désignait en grec « le ventre de la jambe ». Que suggère le mythe lorsqu'il est ramené à une lecture psychologique ? Que le passage de la conscience-énergie de la cheville vers le mollet produit un contact avec *quelque chose de divin* en soi : la *vrille de la vigne*, cette jolie métaphore de Dionysos embryon. Cette existence n'est pas biologique : elle appartient à la sphère du sacré puisque l'Enfant est le fils de Zeus. Le nouveau dieu donnera plus tard aux hommes le cep de vigne ainsi que l'art de travailler son fruit. Le poète, le peintre, le musicien mais aussi le savant, l'inventeur et l'artisan qui ont pris le risque de leur destin (l'astragale) et contacté le souffle sacré d'Athéna (tibia) avec sa claire lumière-de-vérité touchent à présent une source vivante et sacrée. Celle-ci envahit la conscience et le corps. Alors la tentation est grande de contempler l'archétype en toute lucidité plutôt que de se contenter d'en transmettre les effluves à travers une œuvre. Néanmoins le moment n'est pas encore venu nous dit le mythe.

Sémélé doute de Zeus. Elle exige de le regarder en face. L'irrésolution est un poison redoutable qui mine les plus belles révélations. Le « ventre de la jambe » n'est pas encore le ventre de la cuisse où aura lieu la seconde naissance de l'enfant. Il est parfois difficile de vivre prématurément une expérience spirituelle car le « palais » s'écroule, tout ce à quoi la personne à crû s'effondre. Sémélé n'était pas prête à affronter cette réalité. Alors elle disparaît avec son monde. Deux forces contraires poussent « Lune » à forcer l'expérience spirituelle : le doute et l'orgueil. D'un côté la jeune femme ne donne pas toute sa confiance au dieu, qu'elle aime pourtant ; de l'autre, elle imagine que, peut-être, elle pourra le regarder comme une égale, les yeux dans les yeux. Alors tout s'écroule, alors ses espoirs, ses constructions mentales et sa vie disparaissent au milieu d'un grand brasier.

Zeus, le divin père, deviendra le tuteur de l'embryon.

La voie du guerrier – celle du péroné – n'est pas non plus exempte du risque d'implosion, notamment lorsque le goût du sang devient une ivresse. Le barbare intime du sujet ressurgit dans toute sa splendeur lorsqu'il vit au pied de la lettre les bacchanales dionysiaques ou sombre dans la cruauté. Le vrai guerrier est Héraclès, car il sait comment canaliser son immense énergie pour « repousser au loin ses limites[54] ». Ce courage-là pose ses racines dans le cœur, l'aboutissement de la voie du sang.

Nous reviendrons ultérieurement vers Héraclès et Dionysos, ces deux figures emblématiques de l'étage cardiaque. Le premier symbolise un cœur masculin qui pousse l'exploration intérieure jusqu'aux limites les plus extrêmes, jusqu'à l'Olympe en vérité ; le second représente un cœur féminin fondé sur un cycle de morts et de renaissances. À la fin de leurs parcours, Dionysos et Héraclès devinrent *les seuls habitants du Ciel en qui coule du sang humain*. Et ce furent également les seuls personnages pour qui Zeus prit la peine de se métamorphoser *en homme* pour leur donner naissance. Ils suivirent pourtant des directions contraires et complémentaires : Héraclès démarra de la condition humaine pour devenir un immortel ; Dionysos partit de la condition divine pour se rapprocher des hommes et leur offrir la civilisation.

Sur la voie ascendante de l'évolution, il sera possible d'envisager les catastrophes de l'existence comme une bénédiction. Sémélé – tout ce qui est lunaire et relève pour simplifier des besoins de sécurité du sujet – s'effondre. Il ne reste que la part de sacré, le petit Dionysos qui affermit ses liens avec son père céleste en terminant sa gestation dans sa cuisse.

La vigne est encore embryonnaire dans la cheville, elle apparaît sous la forme d'une vrille fine et fragile. L'expérience de l'ivresse divine court le risque d'une explosion prématurée dans le mollet, le « Palais » de Sémélé. À moins que ce moment précis où tout s'écroule – vie professionnelle, affective et familiale – ne soit une bénédiction qui conduise la personne à couver le jeune dieu dans sa cuisse, dans un authentique lien de

---

[54] C'est la traduction française du nom d'Eurysthée, le personnage qui ordonna à Héraclès d'accomplir les douze Travaux.

filiation avec le sacré. Alors elle réalise que le seul tuteur qu'elle puisse enlacer *en toute sécurité* est le propulsif divin.

Ganymède et la constellation du Verseau

La tradition astrologique associe la cheville au Verseau, un signe souvent représenté par l'image d'un homme versant un liquide d'une jarre posée sur ses épaules.

Mais de quelle boisson s'agit-il ? Laissons la parole à Robert Graves[55]

> « Ganymède, fils du roi de Tros, qui donna son nom à Troie, était le plus bel adolescent vivant sur la terre ; c'est pourquoi il fut choisi par les dieux pour être l'échanson de Zeus. On dit que Zeus, le désirant également comme compagnon de lit, prit la forme d'un aigle et l'enleva dans les plaines de Troade.
> Après cela, Hermès, au nom de Zeus, fit don à Tros d'un cep de vigne en or, œuvre d'Héphaïstos, et de deux beaux coursiers, pour le dédommager de la perte de son fils ; en même temps, il lui assura que Ganymède était devenu immortel, à l'abris des infirmités de la vieillesse, et qu'en ce moment même il souriait, une coupe d'or à la main, en versant le clair nectar au Père du Ciel. »

Depuis ce jour Ganymède remplace Hébé, la fille de Zeus, dans le service de la divine ambroisie à l'assemblée des dieux. Pour confirmer sa décision aux yeux d'une Héra très dubitative, le grand olympien décida de placer l'image de Ganymède parmi les étoiles : c'est l'origine de la constellation du Verseau.

En se substituant à Hébé le jeune échanson devint le fils-amant de Zeus. Les thèmes de l'homosexualité et de la transgression des valeurs communes appartiennent aussi à la sphère du Verseau. « Ganymède » se traduit par « qui apprécie la

---

[55] Robert Graves, *Les mythes grecs*, éditions Fayard.

virilité », valeur qui pourra être intégrée par la personne ou projetée sur un amant[56].

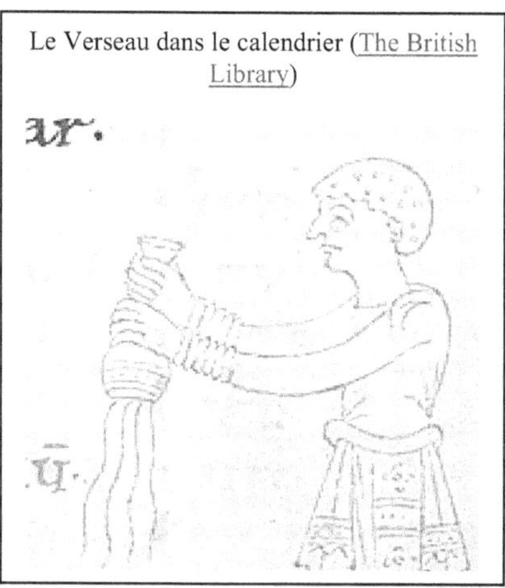

Le Verseau dans le calendrier (The British Library)

Qu'on explore le symbolisme de la cheville par le récit des Océanides, par son étymologie de « vrille de la vigne » ou encore par l'enlèvement de Ganymède, la même question revient sans cesse : « comment verser « l'eau-de-vie » à une assemblée ? » Ganymède illustre la version « transvolutive » du récit de la cheville, les Océanides parlent de la cheville dans l'évolution et la mésaventure de Sémélé évoque son épreuve lors du processus d'involution.

---

[56] Sur un thème astrologique les tendances homosexuelles, vécues ou non, sont liées aux aspects de Vénus ou de la Lune à Uranus, le maître du Verseau. Ou encore une dominance de l'une de ces deux planètes, plus une Lune Noire en Verseau. Les possibilités sont multiples, mais l'idée générale étant celle d'un « moi » tourné vers l'art (Vénus) ou le féminin (la Lune) et une aspiration profonde à s'en émanciper en affirmant « l'appréciation de la virilité », signée par Uranus ou le Verseau.

L'expérience de la solitude

Introduisons ici l'image du paon. Dans le zodiaque romain, l'avant-dernier signe était représenté par un paon[57]. Il s'agit de l'oiseau emblématique d'Héra, la reine de l'Olympe.

En Orient le volatil qui fait la roue symbolise l'homme ou la femme qui a délaissé l'*ego*. Devenu semblable à un soleil aux cent yeux, il sait observer *tous les points de vue* sans en privilégier aucun. Il s'est libéré de son identification à un regard particulier. En Occident l'oiseau qui se pavane exprime exactement l'idée inverse : le désir d'attirer le regard en déployant mille yeux multicolores pour contraindre l'attention. Ces deux lectures ne sont pas contradictoires. La première est la condition pour aller en conscience vers la totalité mystique symbolisée par le pied, la seconde est une invitation à quitter la dépendance au regard manquant d'une mère pour ouvrir l'œil intérieur et avancer seul sur les voies du tibia et du péroné, de l'artiste et du guerrier. L'une parle de la transvolution, l'autre de l'évolution.

Mais revenons un instant aux aventures du paon mythique. Un récit où intervient un nouvel Argos[58].

Io, une jeune prêtresse d'Héra, rêva une nuit qu'elle devait se rendre au bord du lac Lerne pour y rencontrer Zeus. Après quelques hésitations bien compréhensibles elle décida de diriger ses pas vers le lieu désigné par le songe. Elle y rencontra celui qui allait aussitôt devenir son amant. Pour cacher sa nouvelle incartade aux yeux de sa femme, Zeus transforma la jeune fille en une génisse d'une éclatante blancheur puis il se métamorphosa lui-même en taureau. Évidemment la reine de l'Olympe ne fut pas dupe d'une ruse aussi grossière car elle

---

[57] Richard Hinckley Allen, *Stars Names, Their Lore and Meaning*, Dover publication, Inc., New York edition.

[58] L'autre « Argos » est le nom du bateau des argonautes que nous avons évoqué lors de l'analyse des mythes relatifs aux pieds.

connaissait bien son mari. Pour parer à tout danger, elle confia Io à Argos qui la retint prisonnière, solidement attachée à un olivier. L'impressionnant gardien de la pauvre Io possédait un corps d'une force prodigieuse. Il était naguère devenu célèbre pour avoir réussi à tuer la mère de tous les monstres, la terrible Echidna. Argos (ou *Argus* en latin) reçut l'épithète de Panoptès – « celui qui voit tout » – car cent yeux ornaient son corps d'athlète. Ceux-ci se fermaient à tour de rôle, par paquets de cinquante, et offraient à leur maître cette double merveille : une vue panoramique qui ignore ce qu'est la nuit. Redoutable gardien que celui qui ne ferme jamais l'œil et voit tout ! Héra imaginait volontiers sa rivale entre de bonnes mains... mais Zeus n'avait pas dit son dernier mot. Il convia Hermès pour un entretien et lui ordonna de libérer la belle Io sur le champ.

Laissons à Michel Serres le soin de décrire cette libération ainsi que son sens symbolique[59] :

> « Hermès endort Panoptès et le plonge dans un sommeil magique, en jouant de la syrinx, comme d'autres enjôlent les serpents aux lunettes de la fascination. Hermès invente la syrinx ou la flûte de Pan pour cette bataille.
>
> Nouveau combat entre sites extrémaux : Panoptès a l'intégrale des regards, il ne laisse aucune chance à aucun adversaire dans l'ordre de la vue. Hermès donc sort du terrain où Argus reste imprenable et passe à l'ordre des sons en prenant leur intégrale : d'où le nom de la flûte de Pan. Pan contre Panoptès, considérez les préfixes qui marquent la stratégie d'une guerre totale. Ecoute face au regard, étrange conflit des facultés sensibles ; ouïe contre vue ou oreille contre œil, intégrale opposée à une intégrale, panoplie pour panoplie, somme des ondes balançant la somme des évidences. Géométral des messages contre ichnographie des intuitions, lutte fabuleuse dans un espace inconcevable, le système de l'harmonie enveloppe la théorie des représentations »

C'est ainsi que le formidable gardien passa de vie à trépas, grâce aux artifices d'Hermès. Bonne joueuse la reine de

---

[59] Michel Serres, *Les cinq sens* p. 45, éditions Grasset.

l'Olympe remercia Argos pour ses loyaux services et sema ses cent yeux orphelins sur la queue du paon, l'oiseau préféré de la déesse. Délivrée, Io ne jouit pas longtemps de sa liberté car Héra lui envoya un taon. C'est une génisse folle de rage qui erra pendant des mois dans toute la Grèce ! Elle longea d'abord le golfe qui portera son nom (le golfe Ionien) puis passa le Bosphore (le « *passage de la Vache* ») et rencontra finalement Prométhée enchaîné à un rocher dans le Caucase. Le Titan lui prédit un beau destin. Elle gagna ensuite l'Egypte et reprit finalement une forme humaine. Redevenue une belle jeune femme elle donna naissance à Épaphos, un nom qui se traduit par « attouchement ». Elle s'installa définitivement dans le pays des pharaons où elle fut identifiée à la déesse Isis. Son fils, parvenu à l'âge adulte, régna sur le long territoire. À sa mort, il fut vénéré comme l'incarnation du dieu-bœuf Apis.

Hermès joue de la flûte pour endormir
Argos et libérer Io. L'épitre Othéa

Cette séquence introduit des symboles devenus familiers : Hermès aux talonnières ailées, l'usage de la flûte de Pan et un nouvel « Argos ». Ils évoquent respectivement les talons, le tibia et le pied. Deux « Argos » se partagent en effet l'espace symbolique du pied et de la cheville. L'Argos-aux-cent-yeux, le gardien d'Io, fort réputé pour avoir tué la monstrueuse Echidna et l'embarcation commandée par Jason. Le premier Argos, celui de l'observation sans repos, va mourir ; et le second sort du port pour commencer un long voyage à la recherche de la Toison d'Or.

Redonnons la parole à l'auteur des *cinq sens* :

> « Surveiller, observer. Les sciences humaines surveillent, les sciences exactes observent. Les premières ont l'âge des mythes, les autres, neuves, sont nées avec nous, elles ont celui de l'histoire. Le mythe, le théâtre, la représentation, la politique n'engagent pas à observer, ils engagent à surveiller.
>
> Panoptès voit tout et toujours et partout : à quelle tâche les dieux l'emploient-ils : à la surveillance où à l'observation ? Au sens grec du verbe « voir », il incarne l'homme théorique, boule omnidirectionnelle d'yeux ouverts. À quoi sert la théorie ? A veiller aux relations ou à examiner les objets ?[60] »

Argos est donc un observateur, parfois un surveillant. Il a vaincu Échidna, le plus terrible des monstres, la génitrice de la grande famille des horreurs, la source des angoisses et du désespoir. Bref ! Notre surveillant, à force d'observation, a dénoué ce que nous appelons aujourd'hui le « noyau psychotique ». La vigilance totale (Pan, « tout ») tournée vers l'intime est un outil remarquable pour défaire ce noyau où s'agglutinent nos peurs les plus viscérales symbolisées par le personnage d'Échidna, cette « vipère femelle ». Par l'observation intérieure

Paon (The British Library, manuscrits enluminés)

---

[60] Michel Serres, op.cit p 38.

le méditant se désidentifie de tous ses points de vue et dénoue jusqu'à ses angoisses les plus archaïques. À contrario, l'homme occidental entend « voir » au sens Grec. Il comprend aussitôt « théorie » avec ses corollaires : constater, vérifier, réfléchir, « méditer ». Une telle vigilance sans concessions ne laisse aucune place au mystère. Elle assèche le réel et désenchante la nature. Il n'y a alors qu'un petit pas entre observation et contrôle, entre surveillance des risques et enfermement des citoyens. Argos possède ces immenses qualités que nous nommons objectivité, lucidité, détachement du théoricien penché sur son objet d'étude. Néanmoins ce sont pourtant elles qui maintiennent prisonnière la « génisse » intérieure, la puissance créatrice, le potentiel de production et le charisme du sujet. La génisse blanche est le grand symbole de l'illumination, de l'Éveil spirituel. Pour s'en approcher il suffit d'observer le glyphe astrologique du Taureau : l'hyperbole lunaire surmonte le cercle solaire. La lumière (le Soleil) est totalement présente dans le monde de la vie ordinaire (la Lune). Pour l'heure, la Génisse est prisonnière des regards lucides de son immense gardien.

Fier de son objectivité sans surprise, l'homme de l'étape « cheville » se contrôle et contrôle les siens au nom de sa sécurité, de sa raison et de ses lumières. Mais il ne voit pas qu'il s'assèche. C'est un paradoxe bien étrange pour un « verseur d'eau » ! C'est que l' « eau » de vie qui assure aux dieux leur immortalité est à conquérir de haute lutte. Hermès, le porteur de messages, va heureusement l'emporter sur le veilleur, qu'il soit surveillant ou observateur. Le sens de l'harmonie contourne la posture solitaire de celui qui s'est enfermé dans la tour d'ivoire de sa vigilance. A-t-on remarqué que la cheville est la seule partie du corps qui porte le nom d'un mécanisme, cette apothéose de l'objectivité ? Dès lors comment rompre cet enfermement dans le « constat » dépersonnalisant ? Comment échapper à la posture de l'observateur qui refuse sa participation amoureuse au monde, et qui refuse encore d'avouer son immense solitude ? Seuls ses yeux endurent un appel plein d'espoir : celui du regard de l'autre. « Argos » doit mourir grâce à la magie des sonorités ! En fermant les yeux de sa vigilance extérieure pour accueillir l'obscur, en libérant ce qui était attaché, en se livrant à la musique qui conduit là où elle veut en dehors de tout contrôle possible, l'homme de la résonance l'emporte enfin sur le raisonnement. Pas la raison, mais la pensée habile qui raconte qu'elle constate et protège alors qu'elle enferme. Argos doit mourir. Il doit mourir parce que la marche orientée par la cheville n'est ni une observation ni une théorie, c'est un mouvement qui choisit sans cesse la direction à donner au pied. Et là il faut bien se mouiller, lever l'ancre, hisser les voiles et embarquer sur l'Argos-lumière, celui de Jason-le-guérisseur.

Argos mort, ses cent yeux iront enjoliver le plumage de l'oiseau d'Héra.

Le paon symbolique est aussi riche en possibilités que sa livrée multicolore. Il exprime l'ultime transparence de celui qui a renoncé à tous *ses* points de vue pour observer *les* points de vue. Voici la première attitude pour l'élaboration d'une théorie scientifique (Occident) et l'immersion de la conscience dans l'Océan mystique des Origines (Orient). Mais l'oiseau d'Héra, en valorisant l'objectivité et l'impersonnalité de l'observateur, risque de le transformer en un surveillant isolé dans un monde sans émotions (occident), ou en une âme transparente noyée dans le Grand Tout (Orient). Pour échapper à ces deux destinées surgit le rêve de paraître matérialisé par les cent yeux de l'Oiseau. Ce ne sont pas de vrais yeux car ils forment une parure pourtant...

> « L'admiration pour ce qui est beau contient l'aveu du désir d'être contemplé. Cette affirmation est une borne qui marque la fin de la route sur laquelle le paon littéraire et le paon du rêve cheminaient ensemble. Là, leurs chemins se séparent et, pour l'essentiel, leurs

traductions divergent ! Elles se rejoindront, au terme de l'analyse, après s'être déployées sur des champs distincts.

Le paon des œuvres littéraires baigne dans les brillances d'une imagerie superlative qui trahit un narcissisme secrètement exalté, un narcissisme qui incite le Moi à se donner à voir les images les plus belles pour avoir le plaisir de se reconnaître en elles. L'esthétisme, souvent, se fait complice de l'auto-contemplation. (…)

Nos recherches dans les deux univers, littéraire et onirique, imposent une constatation. Les œuvres littéraires peuvent être rangées en deux grandes classes : les œuvres *inspirées* et les œuvres *raisonnées*. On nous pardonnera cette simplification. Les scénarios de rêves éveillés peuvent faire l'objet de la même classification. Certains rêves se développent très librement au fil de l'inspiration, d'autres restent assujettis au contrôle mental. Curieusement le paon littéraire apparaît dans les œuvres inspirées et le paon onirique dans les scénarios raisonnés.

Le paon rêvé, lui aussi, conduit au regard. Un rêveur qui voit l'oiseau de Junon est sur le point d'admettre qu'un regard lui a manqué. Le symbole est un auxiliaire inséparable du besoin d'être remarqué. La parure du paon rêvé est lourde de la souffrance de n'avoir pas été vue.

On devine aisément que les racines de ce mal-là se sont installées dans les années d'enfance ! le regard des autres ne compensera jamais le déficit de regard d'un père ou d'une mère. Un regard a manqué et le rêveur ne sera plus jamais vu, *vraiment* vu[61]. »

Comment douter que le paon soit une invitation à passer du monde de la raison qui voit tout à celui du souffle qui résonne et se laisse inspirer ? Par une étonnante prescience, c'est précisément à propos de l'article traitant de l'oiseau d'Héra que Georges Romey différencie les œuvres *inspirées* des œuvres *raisonnées*. Mieux encore, « le paon littéraire apparaît dans les œuvres inspirées et le paon onirique dans les scénarios raisonnés » : il oscille entre sonorités et regards. Il est sur le point de réussir sa mort.

Parler pour être regardé ! L'intégrale des ondes du flûtiste fascine les cent yeux d'Argos qui n'est autre qu'une image symbolique de son public ! La parole sur tous les tons pour

---

[61] Georges Romey, *Encyclopédie des rêves et des symboles,* éditions Quintessence.

capturer un seul vrai regard manquant ! Le défi de la cheville consiste à accepter la fatalité mythologique d'un regard parental absent qui ne viendra jamais pour s'ouvrir avec confiance à l'inspiration créatrice et parcourir les voies du tibia et du péroné, de la « flûte » et du « père one ». Lorsque les pathologies des chevilles surviennent, elles demandent parfois de franchir cette porte.

Athéna et le tibia

Nous avons proposé d'associer la déesse Téthys aux pieds, ce personnage mythologique habituellement dit « aux pieds d'argent ». Divinité de la fécondité et des commencements, elle nourrit de ses eaux les semences plantées en terre afin d'en assurer la germination. Les filles qu'eut Téthys avec Océan sont au nombre de trois mille : les Océanides « aux fines chevilles » ou encore « aux belles chevilles ». Le mythe offre ici une étonnante continuité corporelle puisque la généalogie des dieux suit la géographie ascendante du corps. Les Océanides sont chargées de garder les points d'eau. Ce sont les esprits protecteurs des lacs, des fleuves, des rivières et même du Styx, l'un des quatre fleuves qui irrigue le royaume des morts. Il y a donc « trois mille chemins » – c'est-à-dire un grand nombre – pour singulariser l'universel, pour que les eaux salées de l'« Océan », qui représentent l'univers des forces métaphysiques inaccessibles à l'homme ordinaire, deviennent une source d'eau agréable et douce pour la vie humaine.

Essayons de formuler cela encore autrement. Le pied est symbolisé, dans la mythologie grecque, par la compagne d'Océan : Téthys « aux pieds d'argent ». Par ailleurs, le tibia rend visible l'emblème d'Athéna puisque son nom signifie « flûte ». Quant aux chevilles, elles sont directement associées aux trois mille Océanides, les filles de Téthys et d'Océan. La séquence pied-cheville-tibia est une invitation à devenir « flûte ». Avec Téthys et le pied, la personnalité est encore indifférenciée : soit confuse (involution), soit immergée dans la présence de l'amour inconditionnel (transvolution). Sur l'Océan des possibles, un grand vent la propulse et une immense vague la porte au risque d'une dissolution de sa conscience dans le vague. La personne pressent par mille antennes *ce qu'elle est* mais elle ignore encore *qui elle est*. La remontée de l'énergie-conscience vers les chevilles et l'apparition des Océanides dans le ciel mythologique est une invitation à se différencier, à découvrir un point d'eau parmi les « trois mille » possibilités, à faire de l'unité-confusion une multiplicité-diversification, à passer du « ce que je suis » au « qui je suis » pour chanter clair le son fondamental de ses os, de son être essentiel. C'est cela « devenir flûte ». L'instrument de musique inventé par Athéna est un os creux muni de trous dans lequel l'instrumentiste joue pour émettre des sonorités. La flûte transforme le souffle en une série de notes audibles. Elle particularise l'esprit (le souffle) en le canalisant dans une voie particulière – le bois creux. L'inspiration devient enfin audible et spécifique, elle vibre sur l'une des sept notes de la gamme. *Devenir audible et spécifique tout en maintenant du lien* : telle est exactement *la clef* que tourne la cheville symbolique.

Les mots « flûte », « voûte » et « crâne » s'affichent avec un accent circonflexe, un « chapeau » qui désigne le sommet d'un lieu, qui rappelle encore que ce lieu est au sommet des possibles comme dans le « château » où loge l'élite aristocratique d'une société ou encore dans l'« abîme » qui marque la crête de toutes les profondeurs. C'est peut-être pourquoi la flûte est associée à Athéna, la déesse qui naquit du crâne de Zeus, le représentant le plus élevé de la communauté des Olympiens. Son représentant biologique, la flûte-tibia, émerge du pied comme un roseau sort des eaux. Elle plonge dans l'abîme sombre, riche et indifférencié de la source pour y puiser la sève montante de l'inspiration, elle apporte la tentation de la toute puissance et la grâce du service utile aux hommes.

Pour l'heure, dans la remontée, La conscience-de-vérité, la conscience d'Athéna, n'en est qu'à ses débuts. Avec le tibia, il s'agit seulement d'un premier contact. Il faut maintenant apprendre à jouer de cet instrument. Après l'avoir créé et essayé, la belle déesse se regarda dans un miroir d'eau et se trouva fort honteuse lorsqu'elle vit ses deux joues gonflées autour d'une tige de bois enfournée dans sa bouche. D'un geste vif, la déesse vierge jeta son invention au loin. La lecture psychanalytique y verra sans doute un rejet de la sexualité. Mais l'acte de rejeter est personnalisé. Les pieds douloureux se sentaient naguère victimes de leur famille, des circonstances ou de la malchance. La cheville rejette : c'est là la conséquence d'un choix assumé. La véritable naissance d'Athéna ne sera achevée qu'au sommet du crâne, à la fin du grand processus de remontée de l'énergie-conscience dans le corps symbolique. Pour contempler son essence, il est utile de citer dès maintenant ces lignes de Walter Otto[62] :

> « Comme toute divinité authentique, Athéna ne se laisse pas comprendre à partir d'un seul registre de puissance qui saute particulièrement aux yeux. Le sens vigoureux qui fait d'elle le génie des victoires, a une étendue que ne peut mesurer l'horizon des champs de bataille. L'intelligence aux yeux clairs qui reconnaît à tout instant le décisif et qui choisit le plus approprié, c'est cela qui correspond pleinement à la diversité de ses manières de mettre la vie en œuvre. (…)

> Quand nous sommes en présence de cette déesse – de cet esprit de l'éveil le plus clair, qui saisit avec la rapidité de l'éclair ce que l'instant exige, dont la clarté jamais troublée trouve toujours conseil, et qui est apte à répondre avec une extrême promptitude aux tâches les plus lourdes – y a t'il un meilleur signe, un symbole meilleur de sa nature que le regard clair et lumineux de l'œil ? »

Certes, le tibia n'est pas encore « l'esprit de l'éveil le plus clair » promis à celui qui arrivera au sommet de lui-même. Il invite simplement à contacter le souffle de l'esprit puis à le

---

[62] Walter Otto, *Les dieux de la Grèce*, éditions Bibliothèque historique Payot.

transmettre d'une manière extrêmement personnelle. Il propose de jouer la note de sa vérité intérieure après avoir découvert son « point d'eau », cette oasis de fécondité créatrice soigneusement gardée par une océanide, là où chacun est indispensable mais, au grand jamais, irremplaçable.

Peut-on aller plus loin ? J'hésite parfois à user de la langue des oiseaux de peur d'en abuser ! Pourtant, une autre image s'impose. La prescience de la totalité mystique évoquée dans le symbolisme du pied rencontre les deux figures parentales lorsque la clef de la cheville est tournée, lorsque le « je » se différencie. À côté de l'image féminine d'Athéna et du tibia, le « péroné » pose une question avec ses étranges sonorités : de quel « père on est » ? Et il répond à sa manière : « père O né », un père né de la matrice, de l'œuf du monde, un premier « père » originel, un « père one ». Athéna naquit sans mère, « directement » du sommet du crâne de Zeus… et le « péroné » suggère un père absent et idéalisé ! Cette absence de l'un des deux parents dans la filiation biopsychique est compensée par la recherche d'ancêtres archétypaux issus de l'œuf du monde : Athéna, la déesse de la sagesse, sortie armée et casquée de la « boule » de Zeus… et le « père qui naquit du O » avec le péroné. L'articulation pied-jambe questionne le rapport du sujet à sa filiation. Ses parents sont-ils, en tant que personnes de chair et d'os, à la hauteur de ses attentes, voire de ses exigences ? La réponse semble négative. Et, en élargissant la question, quelle épouse/mère/amante pourrait soutenir longtemps une comparaison avec Athéna, la grande déesse aux yeux clairs ? Et quel homme que celui qui endosserait le rôle d'un mari/père/amant capable d'être tout (O) pour sa compagne ? !

Cet idéalisme infantile et exigeant qui voudrait des parents, un couple ou une famille, beaux et parfaits comme des dieux s'inscrit dans le mouvement d'involution, dans la descente de l'énergie-conscience le long du schéma corporel. Le sujet imagine que le monde extérieur devrait subvenir à tous ses besoins. Un jour, pourtant, il réalise que ce qu'il croit être « le monde » est un pur concept, reconstruit à partir des signaux électromagnétiques qui entrent dans son cerveau. Il réalise alors qu'il est infiniment libre de choisir ses représentations et de s'en détacher.

Les personnages mythologiques marqués aux pieds sont orphelins de l'un de leurs parents. Héphaïstos, déjà rencontré en raison de ses pieds et de ses chevilles affligés, fut engendré par Héra seulement. La déesse voulait prouver qu'elle pouvait donner naissance à un fils sans son mari. D'ailleurs, elle prétendait avec force que Zeus lui avait donné l'exemple en engendrant Athéna sans son consentement. Les dieux du complexe pied-cheville-jambe « claudiquent » du côté de leur ascendance : Athéna est sans mère, Héphaïstos est sans père. Quant aux héros marqués aux pieds, comme Œdipe et Jason, ils ignorent qui sont leurs véritables géniteurs en raison d'un exil précoce.

Marcher sans « béquilles » parentales n'est vraiment possible qu'après avoir contacté intérieurement la « conscience-de-vérité-dans-l'immédiateté » symbolisée par la flûte d'Athéna et son complémentaire : Héphaïstos, le divin forgeron. Nous retrouvons ici les voies de l'artiste (Héphaïstos) et du guerrier (Athéna) déjà évoquées. Héphaïstos, l'artiste-artisan, façonne des liens d'une grande beauté. Il fabrique les bijoux des déesses et les armes des dieux. C'est le maître des liens car il sait le moment d'attacher *et* de détacher. Non seulement il forgea les bijoux et les armes des divinités, mais il immobilisa aussi dans ses filets d'acier sa mère Héra, sa femme Aphrodite, le Titan Prométhée et enfin Héraclès, le seul mortel qui devint un Immortel. Son pouvoir de contrainte et de libération est sans limites. Sans entrer dans une discussion trop longue sur la fonction symbolique du lien, notons que lier revient à immobiliser et à matérialiser. Autant la conscience d'Athéna, cette déesse vierge qui n'a jamais engendré, perçoit la vérité de la connaissance immédiate et de l'action juste, autant Héphaïstos se situe dans une perspective du pouvoir et de l'art. Conscience-de-vérité et désir de créer sous le contrôle d'une conscience esthétique sont les deux quilles sur lesquelles l'homme en chemin va dorénavant s'appuyer. Héphaïstos est un bricoleur de génie. La cheville signe la capacité du sujet à produire de l'art, du lien, des choix, de l'objectivité, de l'attachement et du détachement.

La langue a maintenu cette étrange expression qui, à sa manière, réunit un tibia inspiré avec un péroné technicien : « l'art de la guerre ». Une « guerre » symbolisée, intériorisée, métabolisée car Héphaïstos fabrique des équipements sans jamais s'engager dans la bataille ; et Athéna, née avec casque et armes, ne versera jamais de sang. L'armée, masculine, appartient au péroné. Par sa discipline stricte, ses valeurs de courage, d'engagement et de sens de l'honneur, elle remplace parfois un père absent. Et lorsqu'il « devient flûte », l'artiste laisse passer à travers lui le souffle de l'esprit pour offrir au monde le scintillement cristallin d'une note rare. Cela est aussi un combat.

L'immense potentiel de nos deux pieds, symbolisé par le couple Téthys/Océanos, a besoin de la conscience humaine *pour le lier*, pour lui donner une forme stable et concrète. C'est encore grâce à cette canalisation des grands courants de forces qui agitent l'inconscient et le surconscient que naissent puis s'épanouissent les grandes civilisations. Les arts et métiers (Héphaïstos) joints à « *l'intelligence aux yeux clairs qui reconnaît à tout instant le décisif et qui choisit le plus approprié* » (Athéna) sont les deux sources de la croissance de la civilisation.

Dans l'involution, le tibia et le péroné questionnent la personne sur ses idéaux inaccomplis qui la relient à ses lignées maternelle (tibia) et paternelle (péroné) ; dans l'évolution ces os proposent un premier contact conscient avec l'adresse artisanale d'Héphaïstos et la lucidité d'Athéna.

La cheville est *une clef*. Nous sommes *libres* de la tourner ou non, d'ouvrir la porte à Téthys/Océanos, ou de rester dans la sécurité des images parentales si le moment de la station debout n'est pas encore venu. Cette partie du corps représente les choix de l'existence et les directions prises dans la vie : là où la personne va conduire ses pieds.

Les océanides qui gardent nos sources sont si nombreuses et tellement diverses ! Deux catégories de mise en route se dessinent cependant. Certaines personnes ne conçoivent pas leur mise en chemin sans un Autre, d'autres pensent que la solitude est nécessaire à leur déploiement intérieur vers la Soi. La première catégorie, que les théologiens chrétiens ont appelé la mystique sponsale, inclut les mythes d'Orphée, d'Achille et d'Héphaïstos. La seconde, nommée la voie de l'unité[63], en appelle à Jason, Œdipes et Icare. Dans les pieds il faudra donc s'interroger sur *sa voie* fondamentale pour s'élever jusqu'au ciel de sa voûte crânienne. Est-ce grâce au mystère de la relation avec l'autre puis le Tout Autre, la voie sponsale, ou par la voie de l'unité avec soi-même, vers le cœur de son cœur, en quittant autant que possible les illusions du monde ? Bien sûr, ces deux chemins marqués par les deux os de la jambe, l'Artiste-artisan (péroné) qui noue et dénoue sans cesse des liens et la lucidité sans concession imposée par Athéna (le tibia), conduisent vers un même ciel où l'Un et l'Autre ne font plus de différence.

---

[63] M. Dupuy, *Féminité, mystique sponsale et mystique de l'unité dans la lumière de Marie*, article paru dans *Marie, Mythe ou Modèle*, Bulletin de la société française d'études mariales (1989), éditions O.E.I.L.

Mythopathologies

Les mythopathologies du pied

La marque aux pieds invite la personne à renouer avec ses élans vitaux. Ceux-ci ont pu s'éteindre en raison d'une souffrance d'abandon (Œdipe), d'injustice (Jason), de surprotection (Achille) ou encore d'un divorce mal vécu (Héphaïstos). Elle signe parfois une thématique contraire : l'enthousiasme juvénile d'un Icare et le masque de beauté que porte Orphée pour ne point se salir les yeux. Tous ces personnages touchés au pied vont et viennent en claudiquant. Et si ce n'est pas eux directement, le mythe met en scène la claudication : une perdrix boitillante assiste en battant joyeusement des ailes aux funérailles d'Icare.

Le pied en souffrance lance trois cris et trois appels :

> Un appel à remarquer en soi les sédiments encombrants d'une fusion psychique avec l'inconscient de la mère (la plante du pied, Téthys et Achille).

> Un appel à se libérer des entraves familiales et sociales. Lorsque la pathologie est héréditaire elle questionne le

poids des mémoires transgénérationnelles (l'« oignon » ou *Hallux-Valgus*).

Un appel à marcher seul en prenant des risques au nom du respect de sa vérité intérieure (les pathologies liées à l'astragale et au calcanéum).

Il existe (au moins) quatre causes mythopathologiques qui sont autant d'invitations à retrouver un ciel lorsque le pied est douloureux :

Un sentiment de marginalité, de rejet, de perte du lien social (Héphaïstos).

Une mère surprotectrice qui estime que son enfant ne devrait pas souffrir. Elle lui refuse l'expérience du combat dans sa vie extérieure et compromet sa maturation psychologique (Achille).

Une levée des obstacles qui empêchent de partir du bon pied : le père trop présent ou son inverse, absent. L'ignorance de sa verticalité (Œdipe, la Sphinge).

Le départ pour guérir en rétablissant un contact avec le Soi : Jason.

Parfois, surgit *le sentiment de ne pas être écouté* dans ses besoins fondamentaux. C'est que les orteils deviennent douloureux. Il suffit de noter la proximité euphonique entre « oreilles » et « orteils ». Les « orTeils » sont symboliquement les « oreilles de la Terre ». Ils palpent le corps de la grande déesse et sa représentante symbolique : la mère. Ils disent, par cinq voies différentes, que les besoins terrestres et biologiques de l'enfant sont totalement dépendants de l'écoute sensible d'une mère.

Si les pieds proposent une première démarche en déblayant, grâce à une saine colère (« lancer un coup de pied dans la fourmilière »), les obstacles qui bloquent encore l'élévation, ils mettent aussi en garde, à leur manière, contre les faux départs de la croissance intérieure : « Attention, si tu continues comme cela tu risques de te *planter* ! ». La mise en route pourra être précautionneuse et prudente (« marcher sur des œufs »), directe et immédiate (« mettre les pieds dans le plat »), à contrecœur (« traîner des pieds ») ou habile à contourner les obstacles (« retomber sur ses pieds »). Tout dépend de l'énergie de la personne et de la force de son désir puisque le talon est la source de l'éros. Dans ce domaine, observer la démarche renseigne sur la manière dont la personne s'engage dans sa vie personnelle et sociale.

Le calcanéum s'identifie à Pélée. Sa blessure questionne la bonne volonté du sujet à se lier à son inspiration créatrice, à stabiliser les impressions et les images mentales qui surgissent des profondeurs de son inconscient pour produire une œuvre significative.

Les blessures de l'astragale interrogent le patient sur les risques qu'il prend (ou ne prend pas) à ce moment-là de son histoire : « Est-ce que je joue ma vie aux dés ? ». « Suis-je vraiment capable d'assumer les conséquences de mes choix ? »

Le scaphoïde et Jason invitent la totalité du corps à oser une nouvelle aventure, à explorer un domaine d'activité ou un champ de conscience encore vierge. La libido sera le moteur de ce grand voyage. Lorsque cette partie du pied est douloureuse, il faudra se demander si le désir circule librement, sans excès ni manque.

Et la chaussure ? Sa fonction symbolique consiste à matérialiser les liens qui relient au passé. L'objet le plus emblématique étant certainement les souliers *à lacets*. Nous reprenons ici les conclusions proposées par Georges Romey au terme de son exploration de la chaussure onirique[64] :

> « Pour s'en tenir au terme générique de chaussure, le praticien en charge de la traduction du rêve se référera judicieusement, lorsqu'il reçoit cette image, à chacune des trois orientations suivantes :
> - la chaussure peut s'inscrire dans l'expression d'un **rapport à la sexualité**. Oter ses chaussures, pour la rêveuse, revient à se libérer d'inhibitions concernant le désir de la réalisation sexuelle. Le soulier renvoi souvent aussi à des frustrations relatives à la sexualité ;
> - la chaussure isole de la terre. Elle peut-être regardée comme l'indice d'un excès de protection qui s'oppose à la liberté d'être. **Se défaire de ses chaussures est alors revenir au naturel ;**
> la paire de chaussures est l'une des images dont se sert l'onirisme pour symboliser la dualité, **l'opposition entre la poussée d'évolution et les résistances.** »

Les psychanalystes freudiens, toujours prompts à découvrir des explications sexuelles à toutes choses, assimilent la chaussure au fourreau vaginal et le pied au pénis. L'image est cohérente puisque le pied est la racine du désir. Pourtant celui ou celle qui chercherait « chaussure à son pied » dans l'espoir de pouvoir « repartir d'un bon pied » s'engagerait sur un chemin de désillusions… car le pied invite toujours à une verticalisation plutôt qu'à une horisontalisation. Là où l'être commence vraiment à « prendre son pied » – semblable en cela au fœtus qui agrippe son petit peton pour le placer dans sa bouche – c'est lorsqu'il réalise que *sa liaison* verticale avec le Soi *est* un pénis qui entre dans le fourreau de son corps pour mieux le féconder. Lorsque le jumeau céleste est contacté, le mariage avec l'alter ego terrestre pourra – ou non – recevoir une forme objective en tant qu'extériorisation visible de ce lien intérieur.

---

[64] Georges Romey, *Encyclopédie des Symboles*, éditions Quintessence.

Les mythopathologies de la cheville

Les expressions de la langue française réintroduisent des thèmes déjà suggérés par les mythes et la fonction biologique de la cheville :

> « Avoir les chevilles qui enflent » signe le désir de briller et d'être vu.
> « Ne pas arriver à la cheville de quelqu'un » expose la même idée, mais inversée : penser qu'un autre est supérieur à soi.
> « Être en cheville avec quelqu'un » reprend le sens premier de cette partie du corps : faire du lien.

La « mythopathologie » la plus problématique consiste certainement à *avoir les chevilles qui enflent* suite à une foulure par exemple. Le mythe se donne la peine de préciser que leur état naturel est *la finesse* par la mise en scène des Océanides. Pourquoi les nymphes des points d'eau ont-elles tant besoin de conserver de fines chevilles pour accomplir leur fonction ? Une eau stagnante « enfle » en conquérant une étendue où plus rien ne coule. Les eaux matricielles et salées d'Océan circulent, après la pluie, dans les sources, les rivières et les fontaines (les Océanides). Elles sont douces. Elles sont utiles à l'homme. La finesse du passage de la cheville garantit le mouvement rapide des eaux. La fusion matricielle avec la mère psychologique et la Grande-Mère mystique, décodées dans la plante du pied, entraînent au contraire de l'indifférenciation psychique. Une première sortie hors de la matrice familiale est proposée dans l'espace de la cheville.

La « clef » agit comme une écluse canalisant les grandes eaux, régularisant leur flux et les rendant navigables. Après ce passage l'enfant, dont la conscience fusionnait encore avec le Tout, réalise la présence de sa mère en rencontrant Athéna et le Tibia, même si celle-ci est encore perçue comme une déesse particulièrement parfaite qui donne des réponses immédiates à ses besoins. La conscience de la filiation au père n'apparaîtra que plus tard, à l'étape « cuisse ». Pour l'heure, celui-ci ressemble à une « présence » innommée née du Tout (le père O né). L'indépendance légendaire du Verseau est en réalité un effort permanent pour échapper à la régression, pour éviter le retour dans le giron d'un féminin matriciel fascinant et effrayant, à juste titre, dans le sens de l'évolution.

Lorsque les portes de l'écluse sont fermées, la cheville ne joue plus son rôle et gonfle. Elle privilégie le besoin d'être regardée (c'est pour cela qu'elle enfle !) sur l'inspiration créatrice qui l'anime. Le courant ne passe plus, le lien est en échec.

Un os prend particulièrement en charge cette question, c'est l'astragale. Nous avons déjà évoqué ses rôles symboliques. Comme osselet, il signe le processus des élévations et des chutes répétées, jusqu'à ce que l'homme choisisse *sa* direction. Il représente également un mélange de conscience du risque et de confiance dans l'univers, un cocktail bien utile pour se mettre en marche. Pourtant le mot « astragale » prend encore un autre sens, celui de « faux brillant, fioriture d'un style pompeux surchargé d'images[65] ». Citons Zola qui écrivait, à propos de Stendhal[66] :

> « Stendhal (...) resta dans les traditions de style du xviiie siècle, très choqué de la langue nouvelle, plein de railleries pour *ce flot d'épithètes* qu'il jugeait inutiles, pour ces festons et ces *astragales* sous lesquels la vieille phrase française perdait sa netteté et sa vivacité. »

La multiplication des images, des paroles, des mots, des objets, des circonvolutions et des explications dénonce une cheville qui enfle. Soit pour attirer le regard, soit parce que l'inspiration créatrice est si intense qu'elle a des difficultés à fuser dans les voies du guerrier (péroné) et/ou de l'artiste inspiré (tibia) sans

---

[65] Lexilogos, http://www.lexilogos.com/etymologie.htm.

[66] Zola, *Les Romanciers naturalistes,* Stendhal, 1881, p. 69. (c'est nous qui soulignons en italique).

déborder. Elle bouillonne. Elle s'emmêle et multiplie les effets de manche, la cheville étant l'analogue du poignet en haut. Lorsque la direction que propose la cheville n'est pas ferme et claire, le doute s'installe (Sémélé).

Le message est encore plus clair en cas de *luxation*. La racine étymologique de ce terme ne renvoie pas, comme on pourrait s'y attendre, à la lumière (*lux*) mais au luxe (*luxus*). Du point de vue biologique, il s'agit du déplacement de deux os dont les surfaces articulaires ont perdu leurs rapports naturels. C'est exactement la définition sociale du « luxe » qui entraîne une fracture entre ceux qui possèdent une richesse superflue et ceux qui sont dans le besoin. La relation « naturelle » entre deux « surfaces articulaires », entre deux classes sociales où deux personnes par exemple, est rompue par le « luxe » des uns et l'indigence des autres. La guérison des systèmes biologiques et sociaux passe alors par un réajustement entre les deux parties (osseuses, personnelles, sociales) de manière à ce que le superflu devienne un « super flux » capable de réalimenter la vie sociale et psychique. On pourra se tourner vers les valeurs symboliques du tibia et du péroné pour r'ouvrir ce passage : soutenir activement une cause militante ou un art au moyen du mécénat, de la générosité et du don.

Le « faux brillant » de l'astragale est donc la conséquence d'une énergie qui ne circule plus, d'une appropriation des richesses qui sont mises au service de leur propre glorification. L'« argent » ne remplit plus sa fonction d'agent de liaison au sein du corps social. Or c'est pourtant le premier devoir d'une *articulation*. Avoir « les chevilles qui enflent » revient à s'enivrer de pouvoir, d'argent ou d'éros. En s'appropriant ces dons de l'univers la personne se coupe de sa relation naturelle et spontanée avec le monde extérieur. Ceci est vrai dans le mouvement de la descente des énergies. Dans l'évolution, l'impulsion à l'indépendance suscite de nombreux « hauts » et « bas », des variations d'humeur et de fortune, jusqu'à ce que la personne devine son destin (l'astragale). Sur la voie descendante de la transvolution, le danger réside dans le désir prématuré « de voir Dieu en face », avec un risque d'implosion des structures psychiques.

Au-delà de la luxation de la cheville, il y a sa *fracture*.

Une pathologie symbolique est toujours au cœur d'un paradoxe : elle dit une chose *et exactement* son contraire. La luxation suggérait une ivresse prématurée (la *vrille de la vigne*) due à l'afflux de valeurs mondaines dans une vie non préparée à cela, et son contraire : un amour exclusif pour l'absolu qui effraie (Sémélé). La fracture de la cheville pourra également être comprise de deux manières contraires. Dans l'involution, elle demande une rupture. Dans l'évolution elle met en garde contre une rupture.

Lorsque l'énergie-conscience descend jusqu'aux chevilles, elle déverrouille une porte pour élargir les perceptions individuelles. La promesse d'un changement de vie implique de se délier du passé : relations, amis, entreprise ou passion. Or cette articulation entre le passé et l'avenir est si difficile qu'elle est parfois refusée. Alors la fracture de la cheville montre cette urgence-là tout en donnant l'opportunité matérielle d'y réfléchir : être immobilisé plusieurs semaines faute de pouvoir marcher comme à son habitude est une excellente occasion de penser à son avenir. Par contre, dans le processus de la remontée, la personne vient juste de contacter sa voûte plantaire, elle a déjà posé quelques graines significatives dans le sol de sa destinée. La cheville et les Océanides s'occupent de les arroser pour les rendre fécondes. La fracture éventuelle de l'articulation met en garde contre toute décision qui pourrait rompre ce processus de croissance de sa vérité ontologique. Dans l'involution, la brisure de la cheville propose d'ouvrir de nouveaux espaces de vie, dans l'évolution elle met en garde contre toute décision qui pourrait refermer une ouverture intérieure. Il s'agit le plus souvent de se lier ou de se délier d'une personne et/ou d'un idéal puisque nous sommes dans la première zone du corps, celle qui parle d'action et d'engagement, celle qui réunit les pôles du réalisme physique et du réalisme métaphysique.

La même analyse fonctionne pour l'entorse, mais par rapport à la loi et à son représentant symbolique – le père – puisque la langue évoque une « entorse à la règle ». Dans l'involution, l'entorse suggère que le moment est venu d'abandonner habitudes et routines pour faire un éclat et affirmer sa différence ; dans l'évolution, elle met en garde contre un excès de tolérance et de bienveillance, contre trop d'acceptation au nom d'un idéal spirituel ou humaniste. Une tolérance qui pourrait parasiter la croissance de l'intime vérité de l'être. Fractures et entorses ne questionnent pas l'identité profonde, c'est là le rôle du pied, mais la manière de l'accomplir : sommes-nous suffisamment droits, fidèles à notre mythe fondateur, à notre vérité ontologique ? Il faudra alors se demander à quoi l'on pensait lorsque la cheville fut foulée. Qu'étais-je sur le point de faire ? Dans quelles circonstances était-ce ? En descendant un escalier ? Au ski ?

« Ne pas arriver à la cheville de quelqu'un » revient à inverser le sentiment de supériorité contenu dans l'expression « avoir les chevilles qui enflent » en son contraire : l'infériorité. L'état normal de la psychologie de la cheville consiste à rester naturel, dans la simplicité de la relation. Les perturbations en hyper et en hypo sont immédiatement épinglées par la langue et par la biologie. Les pathologies de cette articulation soulignent la perte de cette simplicité dans le rapport à soi-même, à autrui et au monde. Supériorité et infériorité sont bien sûr les deux faces d'une même médaille car l'une engendre l'autre. Celui qui se réfugie dans la fausse modestie craint la brûlure intense de sa flamme, et celui qui arbore fièrement de faux brillants fuit sa vulnérabilité.

Une crampe au mollet pourra indiquer qu'il est grand temps de se poser quelques jours pour évaluer l'avancement de ses projets et de sa production, car les mollets représentent le lieu de gestation des décisions prises dans les chevilles. Il s'agit, en effet, du « ventre de la jambe ». Le moment est venu de se libérer des projets inutiles, encombrants, immatures ou même effrayants (Sémélé) car ce sont en vérité des « mots-lait », des processus de création restés dans l'enfance. L'éventuelle « laideur » de ces « mots-laids » signe leur inadéquation avec les mythes fondateurs du sujet.

Le récit du pied

Avec *les phalanges* le dieu intérieur est encore dans les langes, comme endormi. La créativité de l'homme, représentée symboliquement par le chiffre « cinq » des orteils, est encore un potentiel dans l'attente de ses premiers pas. Les *sept os du tarse* précédés des *cinq métatarsiens* dessinent la voûte plantaire dont l'amplitude de la courbure souligne l'attirance pour le ciel : idéalisme des pieds creux et sens pratique des pieds plats. Mais le rêve, pour s'envoler vers des ailleurs de lumière comme le fit Icare, doit s'appuyer sur des bases solides, sur cette qualité sans doute la plus difficile à acquérir pour un héros de l'idéal : le sens pratique. C'est ce que rappelle sans cesse *le cuboïde,* pierre et os d'angle qui précède toute construction élancée vers le ciel. Et le corps humain n'est-il pas déjà cette architecture biologique qui monte comme une flèche vers le monde des étoiles ? C'est pourquoi, dans un autre contexte, Héraclès commence son apprentissage à la ferme, dans les travaux quotidiens du labeur physique et des actes concrets. Les sociétés traditionnelles proposent le même traitement aux apprentis chamanes. Porter des cruches emplies d'eau, traire les vaches, couper du bois et marcher de longs jours en quête de gibier sont des ancrages essentiels pour celui qui cherche à explorer les rivages incertains des mondes subtils. Lorsque le moment est venu *l'astragale* – parfois l'astrologue – invite la personne à prendre le risque de son destin car *le calcanéum* symbolique s'est libéré des entraves nées de la sécurité engourdissante des anciens conforts. L'homme réalise en son for intérieur qu'il est « né du calque » et que « je est un Autre ». Finalement *le scaphoïde* et ses argonautes s'embarquent pour un long et immense voyage grâce au réveil de l'éros : celui de la guérison des parties de soi laissées en déshérence.

Si les vingt-six os du pied nous racontent une histoire, ils nous posent aussi des questions : « Suis-je sur le bon chemin ? Est-ce que je choisis l'être ou l'avoir ? Suis-je libéré des entraves de ma lignée familiales (mes racines, ma race) ? Oserai-je faire le premier pas dans ce projet qui me semble risqué, seul ? Suis-je prêt à entrer dans le combat au risque de la blessure et de la mort ? Est-ce que je laisse libre cours à mon désir ? Suis-je capable de maintenir fermement ma conscience en contact avec la Source, avec mon *daïmon* ? »

… Et ils ouvrent le chemin de la fécondité créatrice. L'acceptation de la souffrance d'abandon, du sentiment de marginalité, de vivre pieds nus comme un esclave sans position sociale ni famille, *est la posture philosophique* de celui qui a choisi de devenir un homme libre, de se redresser puis de marcher sur ses deux pieds sans béquilles familiales ni sociales. Ainsi débute la grande remontée vers la tête, vers l'identité de lumière, vers la pleine conscience du Soi.

Les pieds symboliques portent encore une autre valeur : l'immense impulsion vers la fraternité. Les pieds agissent comme deux âmes sœurs qui s'entraident et se soutiennent en permanence. Il est possible de comprendre cela en se souvenant que, dans le zodiaque, c'est le signe des Poissons qui est traditionnellement associé à cette partie du corps. Or le christianisme, qui a inauguré l'ère des Poissons il y a deux mille ans, a choisi les fruits de la pêche comme le symbole de sa fonction spirituelle. Nulle autre religion n'a autant insisté sur la mise en œuvre pratique de la fraternité. Bien plus que la liberté ou l'égalité, l'amour du prochain est la pierre angulaire sur laquelle se fonde la communauté des croyants. D'une certaine manière tout ce que nous avons évoqué jusqu'à présent à propos du pied symbolique n'est qu'un chemin conduisant à la fraternité humaine vécue dans la vie ordinaire. Les expériences de la marginalité et de l'abandon furent aussi celles du Christ. Le défi de maintenir sa conscience fermement en contact avec celle du Père également. Les pieds invitent à traverser les obstacles physiques, psychologiques et spirituels qui limitent l'expression de la charité fraternelle dans la vie quotidienne. Cette attitude n'est pas morale, c'est une conséquence naturelle née de la conscience de l'unité de tous les existants. Il n'est heureusement pas nécessaire d'avoir vécu cette expérience pour comprendre la relation des pieds à la fraternité. Les frères sont issus d'une même mère, d'un même ventre, d'une même source. Or nous sommes tous les enfants de la Mère des mères, Gaïa la Terre. Puisque nos pieds représentent nos racines, ils ne peuvent que véhiculer les sentiments profonds qui nous unissent tous en tant que frères en humanité.

Le récit de la cheville

Achille refusa de retourner vers sa mère, Téthys *aux pieds d'argent*. Il en perdit le nom au profit de celui de son père et, devenu adulte, son destin le conduisit à guerroyer sous les murailles de Troie. Le héros s'accomplit dans des conquêtes terrestres en rapport avec le nom de son géniteur, « le Boueux ». La blessure au talon signe l'impossibilité de revenir vers un idéalisme infantile où règnerait une confusion entre un mysticisme océanique et le désir de retrouver un paradis intra-utérin. Le moment d'un geste franc est venu : asséner sur le sol un coup de talon décidé, ce même geste qui propulse Hermès et Persée dans les airs, ce coup à partir duquel les sources jaillissent du sol, aux pieds de Pégase, le cheval ailé. Volonté et inspiration créatrice portent l'homme qui se redresse au cœur du combat. Il affirme bientôt sa note unique. Il se laisse traverser par le souffle de l'esprit comme le ferait une « flûte ». Le clair regard d'Athéna commence alors à percer en son âme. Mais le coup porté est aussi une blessure. La marque au tendon d'Achille rend impossible le retour de l'énergie-conscience vers l'état de plénitude qu'exprimait le vocabulaire lorsqu'il affirmait « c'est le pied ». Elle remonte vigoureusement le long du corps en traversant la cheville en direction des genoux. C'est seulement à cette condition que, beaucoup plus tard, dans la transvolution, la personne trouvera « chaussure à son pied », un/une autre, puis des autres, avec qui naviguer sur le même bateau, d'égal à égal, comme le fit Jason avec ses argonautes. L'Argos est une embarcation magique puisque sa proue délivre des oracles, mais elle n'a rien d'un paradis intra-utérin. Les héros rameurs s'assoient sur des bancs de bois, une place habituellement réservée aux esclaves qui vont pieds nus, et pagayent *ensemble dans la même direction*.

Avec sa famille d'âme, l'homme accompli vogue à l'aventure sur les courants de la guérison spirituelle, guidé par le plus enthousiaste d'entre eux, Jason, dont le nom se traduit par « guérisseur ». L'authentique « gai rire » résulte d'un contact, même éloigné, avec la force vitale du Soi symbolisée par la Toison d'Or du bélier volant, le but du voyage des Argonautes. L'intention sincère de la reprendre crée un dynamisme intérieur puissant. En chemin, les navigateurs ne sont pas exempts des surprises d'Eol, le dieu du vent. Ils essuient de nombreuses tempêtes qui mettent leur détermination à rude épreuve : s'agit-il des « malléoles » qui préviennent des mauvais vents par « mal Eol » ? Que sont ces souffles perturbateurs si ce n'est l'enthousiasme déréglé, la panique, le sens de la compétition, la difficulté à s'arrêter et les fausses pistes mirobolantes… ? Ces vents contraires, s'ils ne sont pas judicieusement accueillis comme de simples péripéties, pourraient générer de fâcheux comportements : des « mots laids », des colères et des critiques. Quoi qu'il en soit, l'enthousiasme des commencements engage le sujet sur l'une des deux grandes avenues de la transformation intérieure : l'itinéraire féminin de l'Artiste et la chaussée masculine du Guerrier. Peu importe ici que le sexe soit féminin ou masculin, les qualités d'âme sont sans âge et accueillent l'un comme l'autre.

La cheville symbolique filtre ce passage – ce « pas sage » en vérité – et tourne « la clef » de son succès. Jason ne pourra pas éviter les « mauvais vents » car ceux-ci sont inscrits dans le corps et appartiennent à son parcours mythique. Par contre, il échappe aux fractures, aux entorses et aux luxations ! Dans la souffrance du mythe inaccompli, la cheville pose des questions, et la réponse sera différente pour chacun selon ses besoins sur la voie de l'involution ou de l'évolution : « Quelle est ma clef ? Qu'est-ce qui peut faire le déclic et changer ma vie si ce n'est de deviner (astragales) mon destin ? Suis-je dans le besoin d'être remarqué ou suis-je capable de me fier totalement à mon inspiration ? Peut-être ai-je « les chevilles qui enflent » : l'énergie que je dépense pour être vu met-elle en danger ma vérité intérieure ? Est-ce que je me dirige dans la bonne direction ? Est-ce que je fais aujourd'hui les bons choix ? Oserai-je *maintenant* larguer les amarres du convenu et du connu ? Est-ce que je fais suffisamment entorse à la règle extérieure, sociale et familiale ? Ne serais-je pas trop en torsion par rapport à l'appel de mon destin ? La vigne de Dionysos, promesse d'une future ivresse divine, est-elle en train de croître dans mon cœur ? Suis-je assez vigilant pour en prendre soin et l'arroser de toute mon attention pour préparer une liaison durable avec elle – car je suis en vérité son tuteur ! Ou ai-je besoin de m'engager dans une liaison amoureuse où je serai le tuteur de l'autre (et/ou à l'inverse, où l'autre sera ma béquille) ? Tout est juste à condition que l'événement extérieur soit à la hauteur de mes vrais besoins. Suis-je dans un discours sur tous les tons qui cherche à capturer un regard manquant ? Ou est-ce que j'accepte de perdre le contrôle pour me laisser guider par le désir de création qui m'habite ? Et enfin, ultime question de la cheville, le moment est-il venu d'embarquer avec d'autres Argonautes pour la grande aventure de la conquête du Soi ?

Chapitre 3

Les organes de la génuflexion : les genoux

Faire du « je » un « nous »

Situés au milieu des membres inférieurs, les genoux évoquent des questions affectives. Nous avons précédemment mis le corps en quatre avec les membres inférieurs, le ventre, le thorax et la tête, en montrant leurs relations respectives avec la Terre, l'Eau, l'Air et le Feu, les quatre Éléments de la pensée présocratique. D'une manière générale, ces quatre zones corporelles sont tripartites, et la place du milieu se réfère toujours à la vie sensible. Les genoux (zone 1), les intestins (zone 2), le cœur (zone 3) et les yeux (zone 4) sont tous situés au centre de leurs zones respectives. Ils symbolisent différentes manières de se laisser toucher par l'inconnu. Laissons de côté, pour le moment, le ventre et ses viscères, une zone d'eau toute entière dédiée aux sentiments et sur laquelle nous reviendrons plus en détails.

Commençons par le processus d'involution qui part de la tête et se dirige vers les pieds. Un seul regard suffit pour tomber amoureux. Puis le cœur se met à battre la chamade… et les genoux tremblent en présence de l'aimé(e). La passion amoureuse commence par un regard, puis le cœur est submergé d'un espoir fou, et s'impose l'impulsion de faire un pas vers l'autre. Pourtant, deux sentiments contraires sollicitent le corps tremblant et, parfois, pétrifié : l'amour et la peur. L'amoureux perd ses moyens autant que s'il était subjugué par une grande frayeur. Les genoux reçoivent ces sentiments parents. Ils ont pour mission de les accueillir l'un comme l'autre, et de les transformer car ils se situent dans le monde de l'action, de l'engagement et de la prise de risque. Dans un premier temps, la peur panique de perdre l'amour se manifeste dans cette partie du corps que la langue des oiseaux décode par « je-nous » et « je noue ». Comment en effet, à partir d'un « je » fier de son autonomie, élaborer un « nous » sans paniquer ? Est-ce l'ouverture inconditionnelle proposée par l'éveil du sentiment amoureux ou le rétrécissement né de la crainte du changement qui va l'emporter ?

Jusqu'à présent le système pieds-chevilles-jambes parlait de l'enfance métaphysique de l'être. Les questions qui importaient pivotaient autour de la prise de conscience de son destin individuel (l'astragale) et de la meilleure manière de le réaliser (tibia et péroné). Or ces deux os conduisent vers la rotule, un terme qui se traduit par « petite roue ». Lorsque la roue de l'existence tourne par la grâce d'une rencontre, un profond changement de perspective se profile. L'heure n'est plus à la mystique participative (le pied) ni au constat objectif (la cheville) mais à l'engagement sensible dans une vie commune. Marie-Louise von Franz considère que l'amour (Eros) et l'ivresse (Méthé) sont les deux principaux aiguillons de l'individuation. « L'amour, avec la passion et la souffrance qu'il entraîne, torture et purifie véritablement l'âme ». Ce sont aussi des dieux guérisseurs[67] :

> « C'est pourquoi Eros et Méthé étaient tous deux, à Epidaure, des dieux guérisseurs. La guérison psychologique est toujours liée à un élargissement de la personnalité, car un plus grand nombre d'aspects de celle-ci entre alors en activité, convoyant d'avantage de vie. On peut dire que la plupart des perturbations névrotiques sont dues au fait que le moi, dans un domaine quelconque, s'est fermé à des faits de la vie qui demandaient à être reconnus. C'est pourquoi, pour l'individu, la guérison coïncide avec un élargissement de la conscience. Ce qui guérit l'être humain est le progrès dans l'expérience religieuse et la découverte du sens le plus profond de la vie et de l'émotion ; mais le processus symétrique est la descente d'un dieu brillant et tout-puissant dans la prison misérable de l'existence humaine. Un concept de la théologie chrétienne illustre bien ce que nous venons de dire : c'est la *kénosis* (du grec : se vider). D'après St Jean, le Christ avant son incarnation, quand il était, en tant que Logos, auprès du père, participait de l'unité omniprésente de celui-ci dans l'union toute-puissante avec la nature divine illimitée. Comme l'écrit St Paul : « *ékénosen héauton* », « Il se vida de sa plénitude infinie et de sa totalité pour devenir mortel et limité »[68] ».

La tradition astrologique associe les genoux au signe du Capricorne. C'est précisément à cette époque, le 25 décembre, que le Christ s'abaissa en descendant dans le monde humain. La crèche, la plus misérable de toutes les habitations, symbolise cet abaissement de Dieu pour l'élargissement de la personne.

---

[67] Marie-Louise von Franz, *Interprétation du conte d'Apulée : l'âne d'or* p.119, éditions La fontaine de pierre.

[68] Épître aux Philippiens, XI ; 7.

Les lieux corporels médians – genoux, intestins, cœur et yeux – s'occupent des sentiments et s'accordent avec l'Élément Eau. Les genoux fonctionnent avec le liquide synovial, le cœur à la faveur du sang et les yeux pleurent de joie ou de chagrin. « Pleurer de joie », « soutenir quelqu'un sur sa poitrine » et « sentir fléchir ses genoux » sont des expressions qui signent des bouleversements sentimentaux. La relation est donc au centre de ces lieux : relation consciente et objective lorsque le regard se porte les yeux dans les yeux ; relation affective par le cœur ; relation d'engagement constituée d'un mélange de crainte et de désir dans les genoux. Ce mouvement descendant qui passe des yeux vers les rotules suit le processus naturel et instinctif de l'involution. Qu'en est-il de la remontée, lorsque la personne s'engage sur la longue voie du développement spirituel ? Elle s'est déjà ouverte à l'inspiration créatrice issue de son âme (le pied/Téthys), a deviné ses demandes (l'astragale), vécu un début d'ivresse sacrée (la cheville comme *vrille de la vigne*) puis s'est engagée sur la voie de l'Artiste (tibia) ou du Guerrier (péroné). Avec les genoux sonne l'heure d'une grande bataille. Les mythes et les différentes traditions spirituelles sont unanimes : la génuflexion est la seule attitude possible pour franchir le portail du temple. « Poser un genou à terre » c'est s'en remettre à une volonté qui n'est pas la sienne comme, par exemple, lors de la cérémonie d'adoubement du chevalier par son roi. Mieux encore, lorsque « les genoux ploient sous le coup fatal » le sujet meurt au champ d'honneur[69]. « Être subjugué » signifie à la fois être fasciné par l'amour… et plier sous le joug d'une volonté supérieure.

---

[69] Ce champ de bataille concerne aussi la confusion amoureuse : « Ses genoux fléchissent, la pâleur de la mort couvre son visage, et ses lèvres tremblantes livrent à peine passage à ces mots entrecoupés : Chères sœurs, je n'attendais pas moins de votre affection si tendre. Oui, je ne vois que trop de vraisemblance dans les rapports que l'on vous a faits. Effectivement je n'ai jamais vu mon époux [Éros] ; je ne sais d'où il vient ; sa voix ne se fait entendre que la nuit ; il ne me parle qu'à l'oreille ; il fuit soigneusement toute lumière. C'est quelque monstre, dites-vous ? je n'hésite pas à le croire ; car il n'est peur qu'il ne me fasse de sa figure et des terribles conséquences de ma curiosité, au cas où je chercherais à le voir. Si votre assistance peut conjurer un tel danger, ah ! ne me la refusez pas. Que sert de protéger, si l'on ne protège jusqu'au bout ? » (Apulée, *L'Âne d'or*).

Le retournement auquel invite la « petite roue » n'est pas anodin ! À cette étape de l'aventure de la conscience la vie demande au sujet de lâcher ses systèmes de croyances figés, ses représentations philosophiques, spirituelles, intellectuelles et égotiques pour un abandon qui ressemble beaucoup à une mort. Lorsque la génuflexion physique réfléchit cette même posture sur les plans intérieurs, émotionnels et intellectuels, le pèlerin frappe à la porte du temple. Elles s'ouvrent à grands battants. Il entre alors dans l'espace sacré du cœur, là où l'amour divin se déverse en abondance dans une personnalité libérée de ses résistances et, à l'étage des yeux, il « voit dieu en face » sans faillir, au moment où son âme redécouvre son unité avec l'âme du monde. L'entrée dans le temple suit le parcours inverse à celui qui fut décrit lors de la rencontre amoureuse. La prière (genoux) nourrit l'espérance (cœur) qui alimente la vision mystique de l'Ineffable (yeux). Les yeux sont les miroirs de l'âme, le cœur en est sa porte, et la flexion des genoux l'action d'y frapper avant d'entrer. Plier humblement ses genoux, ouvrir son cœur, entrer dans le Regard de l'Autre : tel est la succession des mouvements corporels qui introduisent au monde du mystère.

Que signifie « génuflexion », cette « flexion des genoux » ? De quel combat s'agit-il ? Dans la descente de l'énergie-conscience, dans l'involution, les genoux tremblent par crainte de perdre l'être aimé entraperçu du regard. Dans la remontée, ils tremblent d'effroi face à la conscience du sacré. Ces deux situations confrontent la personne à l'acceptation de la mort d'une partie d'elle-même, suite à un combat extrêmement éprouvant qui la « laisse sur les rotules ». La sensation de fatigue est le résultat de ce formidable affrontement entre la volonté et la soumission, l'orgueil et l'humilité, la révolte et la prosternation. Finalement, le désir de s'abandonner l'emporte. Le conflit des genoux surgit autant dans les relations amoureuses que dans la relation à la vérité intérieure. Celle-ci pousse le pèlerin à abandonner tout ce qui est contraire à l'accomplissement de son destin, tous les préjugés qui freinent le mouvement de sa « petite roue » et entravent son *retournement,* sa conversion. Cela suppose une traversée de la mort dramatiquement mise en scène par l'histoire de Phaéton, celui qui se prit un instant pour le Soleil[70] :

> « Du haut des airs, l'infortuné Phaéton voit la terre disparaître dans un profond éloignement. *Il pâlit; ses genoux chancellent,* et, dans un océan de lumière, les ténèbres *couvrent ses yeux.* Oh ! qu'alors il voudrait n'avoir jamais vu les chevaux de son père, n'avoir jamais voulu éclaircir le mystère de sa naissance ! Il désirerait que le Soleil eût rejeté sa demande; il serait content d'être appelé fils de Mérops. Mais le char l'emporte comme un vaisseau battu de la tempête, et dont le pilote impuissant abandonne le gouvernail à la fortune et aux vents. Que fera-t-il ? Il mesure, dans son effroi, et la route immense qu'il a franchie, et celle plus grande encore qu'il lui faut parcourir. Il regarde déjà loin derrière lui, l'orient, où le destin lui défend de retourner; il regarde l'occident, où il ne doit point arriver. Incertain de ce qu'il doit faire, il frémit. Il tient encore les rênes, mais il ne les régit plus. Il ignore même le nom de ses coursiers. Il ne voit partout, dans les plaines du ciel, que des prodiges et, des monstres affreux. »

Celui qui se prit un instant pour le Soleil, cette grande roue, est puni dans ses « petites roues » et perd la lumière ! Phaéton s'imaginait déjà semblable à un astre brillant au point de vouloir imiter sa trajectoire… mais il est brutalement mis en face de la vanité de ses orgueilleuses prétentions lorsqu'il réalise qu'il n'est pas encore mûr pour cela. Alors l'effroi paralyse ses mouvements et il ne lui reste qu'à mourir.

La « révolution du genou » est si délicate que la tentation du suicide apparaît de manière récurrente dans les mythes qui signalent cette partie du corps : « les genoux qui se rompent » désignent la mort du guerrier, la rupture de sa filiation et la fin de sa descendance. Alors l'âme s'échappe parce que « les genoux ploient sous le coup fatal ».

---

[70] Ovide, *Métamorphoses*, éditions Gallimard.

Symbolisme biologique

Avant d'interroger les mythes, revenons un instant sur l'anatomie :

L'articulation du genou *supporte le poids du corps.* Symboliquement, elle supporte le poids du sujet. Le fait de porter est propre aux épaules et aux genoux. Les épaules prennent en charge le bois, l'eau, les sacs de ciment… des matériaux du monde extérieur. Douloureuses, elles disent le ras-le-bol de toujours devoir s'occuper des affaires des autres et de les prendre en charge. Par contre, les genoux supportent le poids du corps, de l'être, de sa structure identitaire. Ils disent les blocages intérieurs, les autolimitations engendrées par ses peurs et ses résistances aux changements. Ils disent à quel point le sujet a construit son « moi » à force d'efforts et de volonté, au nom de principes moraux ou spirituels déposés sur les angoisses de son vide existentiel. Devenus douloureux, ils appellent infiniment à la libre circulation de l'éros, loin des craintes de l'abandon et des peurs des échecs sentimentaux. Les genoux demandent à la personne d'être aussi courageuse que Psyché qui traversa de nombreuses épreuves pour voir enfin son amant dans toute sa gloire (cf. infra). Ils préparent encore l'expérience spirituelle promise dans des « quadri-ceps » de la cuisse. Le « quatre » est le chiffre de l'incarnation de l'idéal. Le dieu du vin, Dionysos, naîtra bientôt de la cuisse de Zeus, dans ses quadriceps. Depuis ses débuts dans la cheville, la jeune « vrille de la vigne » a grandi pour former quatre ceps bien visibles. L'humble acceptation de l'existence dans ce qu'elle a de plus contingent, dans le domaine amoureux comme dans celui du développement personnel, produit ce miracle : un surcroît de vie, de joie, d'ivresse et d'enthousiasme.

L'articulation du genou relie la jambe avec la cuisse. Comme la cheville, elle est missionnée pour produire du lien. La première grande articulation du corps questionnait le bien-fondé de nos choix et de nos prises de risques ; la seconde jointure interroge nos passions et nos peurs. La cheville était un appel à affirmer une liberté d'être tout en restant en lien avec le contexte familial et social. Le genou implique une liaison intime et personnelle qui modifie profondément la représentation du monde du sujet.

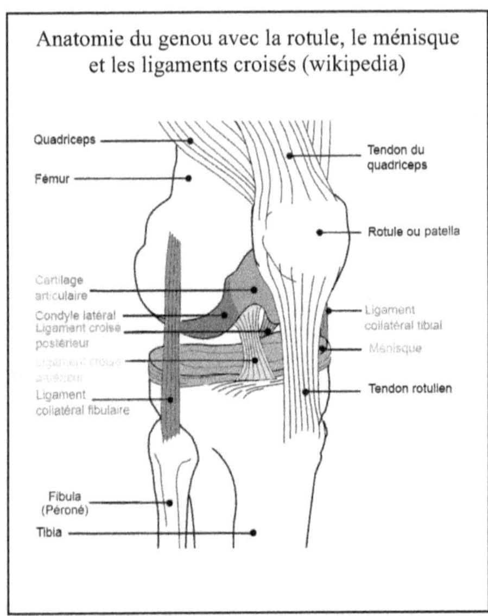

Le vocabulaire anatomique ne s'y trompe pas en nommant « ligaments croisés » les trois tendons qui relient péroné et tibia au fémur. « La ligue des amants Croisés » ne milite-t-elle pas en faveur de l'éros, ne prend-t-elle pas le parti de la belle Psyché ? Les genoux sont le siège de deux mouvements contraires : la mort lorsqu'ils « ploient sous le coup fatal » et la métamorphose de la psyché lorsque l'amour s'en mêle.

Ces épreuves, nées de la passion amoureuse, produisent le mouvement de la rotule. La « petite roue » du destin individuel tourne à nous en retourner : nos points de vue sur l'existence changent radicalement. La certitude devient questionnement, la force accueille la faiblesse, les aspirations métaphysiques se font plus humaines, l'idée d'un monde parfait cède devant l'humble acceptation de la réalité, ni blanche ni noire mais grise. Toutes les certitudes abstraites, considérées naguère comme acquises, se dérobent dans l'expérience amoureuse. La rotule est en outre un os sésamoïde (du grec *sésamoeides* : « qui ressemble au sésame ») de forme triangulaire posée dans l'épaisseur du tendon. N'étant reliée directement à aucun autre os, la « petite roue » est comme suspendue entre fémur et tibia. Elle fait figure d'un soleil. Le sésame est, semble-t-il, la première graine dont on apprit à extraire l'huile. C'est pourquoi le genou qui accueille le sol met en mouvement l'espace sacré de l'être, sa rotule en forme de sésame, son « huile » essentielle.

Le premier contact volontaire avec le monde du mystère naît dans la rotule. Le conte des mille et une nuits en garde le souvenir lorsqu'il fit répéter à Ali Baba son fameux « sésame ouvre-toi » ! La prononciation de la formule magique ouvre la porte du dur rocher de l'ego qui cache les trésors de l'être. Et pourquoi s'ouvre-t-elle si soudain ? Simplement parce que les gousses du sésame en craquelant, en s'ouvrant, libèrent l'huile d'amour souvent si pressée par la volonté de contrôle des genoux. Alors la génuflexion libère les portes du sacré. Alors il n'est plus nécessaire d'user de lourds pieds de biches pour forcer les résistances, ni d'efforts incessants dans l'espoir de maintenir un mur de protection qui stérilise le dévoilement de ses richesses intérieures. La seule et difficile condition à cette libération consiste à ouvrir le sésame, à poser sa conscience et sa confiance dans un dénouement apporté comme par enchantement. Sans qu'il soit nécessaire de ne rien faire d'autre. En outre un sésame est aussi une sorte de laisser-passer capable de décacheter les zones les mieux scellées. Il déverrouille ce qui était figé. Seules les semences d'amour qui s'épanouiront plus tard dans l'espace du cœur ont ce pouvoir. Pour l'heure, elles se personnalisent grâce à une relation amoureuse exclusive.

Les ligaments entourent le ménisque et la rotule. « Ménisque » vient d'un mot grec qui signifie « petite lune » et nous savons par ailleurs que la rotule est une « petite roue », un minuscule soleil. Au creux du genou s'effectue la conjonction d'un petit soleil avec une petite lune ! Cette rencontre est facilitée par une eau lubrifiante, le liquide synovial. L'origine de ce mot est obscure. Il fut, semble-t-il, inventé par Paracelse, le célèbre médecin-alchimiste du Moyen Age. À vrai dire, il est difficile de savoir ce qu'a voulu exprimer cet homme qui a composé tant de néologismes. On rapproche parfois « synovie » du mot « synode » qui désigne un « lieu de rencontres ». L'intérieur des genoux serait alors un lieu de rencontre entre le soleil et la lune, entre l'homme et la femme, entre le féminin et le masculin de tout être humain. Voilà un éclairage inattendu sur la « ligue amants » dont la passion alimente la relation amoureuse… et renvoie encore au conte d'Éros et de Psyché. Dans les genoux, en ce lieu de retournement, se marient les voies masculines et féminines.

Les genoux, de quelque manière qu'on les prenne, invitent à passer d'un comportement masculin à une réintégration de la sensibilité ; à quitter les certitudes métaphysiques et les savoirs intellectuels pour accueillir l'incertitude au quotidien et la part de mystère du réel. Ils circonscrivent aussi pour la première fois un espace privé. La totale subjectivité du pied et l'absolue objectivité de la cheville se fondent dans un nouveau concept : l'intimité. La sphère publique et la sphère personnelle sont à présent séparées : il y a des choses dont on parle en public et d'autres qu'il serait malséant d'exprimer en dehors du cercle des êtres aimés. Au sein de l'intime la règle n'est ni objective ni subjective. Elle participe en même temps des deux principes grâce au lien d'amour. C'est cela « l'articulation » du « je-nous » qui affirme « je noue ».

Que se passe-t-il ensuite ? L'énergie-conscience remonte le long du fémur pour atteindre les quadriceps et procéder à la délivrance de Dionysos, ce dieu mâle né de la cuisse de Zeus. Le « fémur » suit le lâcher prise des genoux symboliques et nous « fait mûr ». C'est cette maturité qui manqua à Phaéton lorsqu'il s'essaya sur le char d'Apollon, à Sémélé lorsqu'elle demanda de voir Dieu en face, et à Psyché qui illumina de sa lampe à huile le beau visage d'Éros juste avant qu'il ne s'évanouisse dans le vent.

La cuisse détient deux records anatomiques : le fémur est l'os le plus long du corps, le quadriceps son muscle le plus volumineux [71]. Les quatre ventres musculaires forment la seconde matrice du petit Dionysos puisque, on s'en souvient, Zeus l'a sauvé du brasier où il gisait en le déposant dans sa cuisse, suite à l'effondrement du palais où vivait sa mère. La longue voie du fémur questionne la maturité. Les noms du corps et les mythes disent qu'elle est femme, qu'elle est fée, qu'elle est naissance du dieu du vin, qu'elle est acceptation de ce qui semblait inacceptable et consentement à se laisser toucher sans craindre la blessure. Même le roi de l'Olympe accepta de devenir femme par la cuisse puisqu'il enfanta. La maturité n'a donc rien d'intellectuel ni de masculin. Le processus de maturation n'est pas un concept mais une expérience. Le féminin de l'être a ce pouvoir d'entrer en contact direct avec les passions, la magie et, finalement, la divine ivresse. Si la cuisse biologique porte le message de la sagesse du féminin c'est qu'elle conduit au ventre, là où la naissance n'est plus une représentation mais bien une expérience.

---

[71] A quoi il faudrait ajouter le foie, le viscère le plus important du corps en termes de taille. Foie, fémur et quadriceps relèvent du symbolisme de Jupiter qui est également la planète la plus volumineuse du système solaire. Ces parties du corps parlent de la manière dont la personne développe et habite son espace.

Mythologies

Nous avons choisi de détailler le contenu de trois mythes pour comprendre le récit des genoux. D'abord l'histoire d'Éros et de Psyché, l'aboutissement de la voie féminine proposée par le « tibia », puis Hercule et deux de ses Travaux qui évoquent l'attitude intérieure masculine prolongeant les « arts et métiers » d'Héphaïstos et du péroné.

Éros et Psyché

La tradition grecque propose deux figures d'Éros. La première, divinité sans visage, participe aux origines du monde. Cette force de vie qui rassemble tous les êtres siège dans le pied et, plus spécifiquement, dans le talon. Le second « Éros » apparaît dans la littérature à partir du VIe siècle avant notre ère. C'est un jeune dieu angélique aux cheveux blonds, né des amours d'Aphrodite et d'Arès. Il possédait les attributs du guerrier mis au service du lien amoureux : un flambeau et un carquois d'or empli de flèches. Lorsqu'un de ses dards touchait sa cible, il était dit que l'individu blessé éprouvera une immense passion pour la première personne qu'il croisera. Avec ce second Éros, le Cupidon des latins, l'amour perd sa dimension universelle pour désigner l'expérience d'un homme ou d'une femme en particulier. La flèche de Cupidon annonce le temps des amours romantiques tissées dans la passion et dans la tempête. À quelle partie du corps s'adresse-t-elle ? Aux genoux précisément puisque le jeune dieu devint éperdument épris de Psyché en se blessant cette partie du corps avec l'une de ses flèches, par maladresse bien sûr !

Psyché est une mortelle. Pourtant, son nom désigne le symbole de l'âme : le papillon. En tant qu'« âme » elle terminera son existence dans l'Olympe et Zeus lui offrira une coupe d'ambroisie, le fameux nectar d'immortalité. Comment passer du statut de mortelle à celui d'immortelle ? En épousant Éros, le dieu du désir amoureux ! En épousant son éros en vérité. Et comment l'ange blond devint-il fou d'amour pour la ravissante Psyché qui éclipsait, disait-on, les charmes de Vénus, sa mère ? Eh bien, lorsque le jeune Cupidon aperçut la demoiselle il fut tellement ébloui par sa beauté qu'il trébucha sur une pierre et s'effondra sur le sol à ses côtés. La pointe d'une de ses flèches perça accidentellement son genou et, victime de son propre enchantement, il tomba immédiatement amoureux de la jeune fille. Bien sûr de nombreuses épreuves attendent encore Psyché avant qu'elle ne festoie en compagnie des dieux. Au début, l'une des conditions pour que la passion du jeune couple perdure consistait en ceci : Psyché ne devait en aucun cas chercher *à voir* son amant. Éros la rejoignait chaque nuit dans sa chambre et s'envolait avant l'aube. Mais la jeune fille ne résista pas à l'appel impérieux de sa curiosité, aidée par des sœurs jalouses de sa chance. Elles instillèrent subtilement le doute dans son esprit : « peut-être est-ce en réalité un monstre immonde ou même un horrible serpent qui te rejoint chaque soir ! » suggérèrent-elles perfidement. Alors, une nuit, Psyché, allongée à côté de son amant, se réveilla sans bruit, alla quérir une lampe à huile et l'approcha doucement près de sa couche. Surprise et émerveillée par la beauté d'Éros elle laissa quelques gouttes d'huile bouillante s'échapper de la lanterne… qui brûlèrent et réveillèrent le jeune dieu. Brûlé dans son corps autant que dans sa confiance, celui-ci s'enfuit à tire d'ailes loin des yeux de sa maîtresse. Après l'inévitable transgression du serment, le monde de Psyché s'écroula. Lorsque la puissance du désir, qui est un dieu, surgit de l'inconscient, il laisse entrevoir les mirifiques promesses de la vie érotique *et* de la vie spirituelle. Sa disparition sous l'aveuglante lumière du regard inquisiteur et du raisonnement au moment même où Psyché admire la beauté d'Éros sous la lueur artificielle de la lampe à huile, laisse l'héroïne désespérée. Comment retrouver l'Amour chassé par la curiosité ?

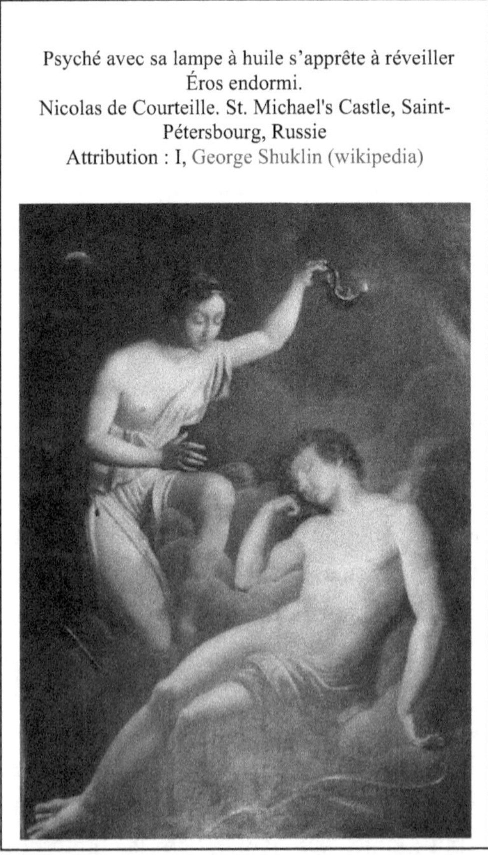

Psyché avec sa lampe à huile s'apprête à réveiller Éros endormi.
Nicolas de Courteille. St. Michael's Castle, Saint-Pétersbourg, Russie
Attribution : I, George Shuklin (wikipedia)

Mendiante qui a perdu jusqu'à l'espoir, elle erra longtemps de ville en ville, égarements ponctués par plusieurs tentatives de suicide. Finalement, Aphrodite, sa rivale en beauté, lui imposera quatre épreuves décisives avant de l'autoriser à retrouver son amant. Cette scène ressemble à celle des amours de Zeus avec Sémélé. Elle non plus n'était pas prête à voir l'archétype en face, le palais où elle résidait s'écroula sous l'effet de l'immense effroi provoqué par ce dévoilement précoce. Mais Psyché, à force de maturer grâce aux épreuves imposées par Aphrodite, s'en sortira beaucoup mieux. Le genou est le lieu de la révélation de l'éros individuel, il appelle à une prise de conscience du désir amoureux et de sa valeur sacrée. La douleur aux genoux dit la puissance d'un désir qui n'a pas d'autre solution pour se faire entendre ou, plus exactement, pour se faire voir. La crainte de transformer son existence lorsque le désir et la « volupté » – c'est le nom que portera plus tard le fils d'Éros et de Psyché – surgissent dans la vie du sujet est prise en charge par des genoux douloureux.

La première épreuve imposée par Vénus à sa rivale consiste à trier, avant la tombée du jour, de pleines poignées de grains de blé, d'orge, de millet, de pavot, de pois chiche, de lentilles et de fèves. En regardant cette montagne de sept graines mélangées, la jeune fille demeura figée, muette de stupeur. Heureusement la fourmi lui vint en aide et rassembla ses voisines : « Pitié, filles agiles de la terre mère de toutes choses, pitié pour une aimable enfant, l'épouse de l'Amour ; elle se trouve en péril : vite, accourez à son aide ». En un rien de temps le tas est bientôt démêlé. L'amour, entrevu puis volatilisé, laisse place à la confusion, au mélange des graines, qui est aussi une multiplication des semences, à un tas de possibles, à mille promesses de germinations d'avenirs fructueux. Aphrodite mélange sept graines de différentes espèces, le nombre de points de contact entre le pied et le sol pour marcher agréablement. Psyché prouve ici qu'elle a déjà passé victorieusement les épreuves du pied et de la cheville : elle est consciente de ses richesses ontologiques et des choix nécessaires qui nourrissent son âme.

Dans son étude du conte Marie Louise von Franz développe cette remarquable analyse[72] :

> « Psyché ne parvient pas à trier le bon grain à l'aide de son seul jugement : littéralement la fonction humaine du sentiment se trouve submergée. Dans un cas semblable il demeure pourtant une possibilité de salut, car le chaos de l'inconscient est toujours en relation avec son opposé, l'ordre. Quand on parle de l'inconscient, il faut toujours le faire en termes de paradoxes, c'est pourquoi, si nous soulignons ici son aspect chaotique nous savons aussi (et nous pouvons tabler sur ce fait) que l'inconscient n'est pas seulement chaos, mais également ordre, et que seul l'ordre inconscient peut surmonter le désordre inconscient. L'individu ne peut qu'être attentif au problème et tenir bon de la façon la plus désespérée, jusqu'à ce que cet ordre se révèle.
>
> C'est là une forme de ce que les théologiens chrétiens appellent la foi. Avoir la foi, c'est faire de son mieux lorsque l'on est confronté avec ce qui parait sans espoir, en ayant le sentiment sous-jacent que, même si l'on échoue, l'on aura été, en tout cas, jusqu'à l'extrême limite de ses possibilités. C'est là une démarche essentiellement humaine qu'un dieu ou un animal ne peut faire. Alors l'inconscient multiforme et chaotique guérit son propre désordre par ce qui semble être un autre chaos multiforme ; celui-ci est représenté, dans notre conte, par l'intervention des fourmis. »

Tenter de clarifier la conscience par la réflexion rendrait la situation encore plus inextricable. Mais décider abruptement d'une voie à suivre sur un mouvement d'humeur ferait repartir dans l'inconscient l'expérience numineuse de l'amour. À l'amoureuse, il est demandé de poser sa confiance dans le pouvoir de son inconscient jusqu'à ce qu'émerge naturellement une évidence, celle qui sépare le bon grain des autres semences. Une telle tension psychique est difficile à soutenir, mais il s'agit d'un puissant facteur de maturation intérieure. Ce que

---

[72] Marie-Louise von Franz op.cit. p. 150

154

l'inconscient a produit – la rencontre suivie de la séparation – l'inconscient saura aussi le résoudre. À condition toutefois que la personne continue à fréquenter la tension psychique née de la rupture.

Néanmoins le tri des semences et les décisions vitales qui en découlent ne suffisent pas pour faire revenir Éros. Une seconde épreuve attend Psyché. Vénus lui intime l'ordre de rapporter un peu de la laine des brebis « dont la toison brille de l'éclat naturel de l'or ». Alors[73]…

> « Psyché se mit en route sans protester, non pas, à vrai dire, dans l'intention d'exécuter l'ordre reçu, mais pour trouver le repos de ses maux en se précipitant d'un rocher de la rive. Mais du sein même du fleuve un vert roseau, source de sons mélodieux, par une inspiration divine, fait entendre, en un doux murmure de la brise légère, cet avis prophétique : « Assaillie par tant d'épreuves, Psyché, ne souille pas par une mort misérable la sainteté de mes ondes, mais ne tente pas davantage d'approcher à cette heure les redoutables brebis. Car lorsque le soleil brûlant leur communique sa chaleur, une rage farouche les emporte ; alors, de leurs cornes acérées, de leur front de pierre et parfois de leurs morsures empoisonnées, elles s'attaquent aux humains pour les faire périr. Mais une fois amortie l'ardeur du soleil de midi, le troupeau se repose dans la sérénité des haleines du fleuve. D'ici là, sous ce haut platane qui s'abreuve au même cours d'eau que moi, tu pourras te dissimuler. Dès que les brebis, leur fureur apaisée, seront plus tranquilles, bats les ramures du bois voisin : tu trouveras de cette laine d'or, qui reste accrochée çà et là dans l'enchevêtrement des branches. »

Le roseau est l'analogue de la flûte qui s'apparentait, dans le corps, au tibia. Il communique à l'homme la sagesse naturelle grâce au *pneuma* qui le traverse. Nous avons déjà rencontré, dans le symbolisme du pied, l'image de la Toison d'or avec Jason et ses argonautes. La laine du Bélier magique représente la force vitale universelle, l'Éros sans visage dont le désir sexuel est seulement un affluent. Le roseau enseigne à Psyché comment obtenir cette « laine d'or » sans se laisser déstructurer

---

[73] *Éros et Psyché,* texte complet sur www.alain.be/texte_integral.html,

par son intensité vitale. Il enseigne la manière d'apprivoiser le désir sans être ni effrayée ni blessée, il dit la manière de l'accueillir dans « le creux de sa robe » pour l'offrir à la déesse de l'amour. Le texte précise en effet que Psyché « dérobe facilement de la molle toison d'or fauve, de quoi en emplir sa robe et la rapporter à Vénus ».

Parce qu'elle accueillit profondément son désespoir la jeune femme reçut en un souffle une perception nouvelle : celle de son désir et d'une vitalité pleine. Les vivre directement avec Éros aurait enchaîné trop de bouleversements intimes, voire des risques de blessure. La refuser en « suicidant » cette partie de soi-même n'est pas non plus la solution. La grande sagesse du roseau conseille à Psyché d'accueillir puis de cueillir si simplement les traces de ce désir ! Une émotion intense n'apporte pas seulement de la lumière mais aussi un risque de brûlure. C'est pourquoi, si l'on se sent dépassé ou agressé, l'art ne consiste pas à se laisser déchiqueter frontalement par l'expérience, mais à se placer dans un endroit serein pour en laisser œuvrer les effluves d'or. Dans ce lieu se dresse un grand platane, l'arbre de la métamorphose intérieure, puisque son écorce se détache par plaques comme la peau du serpent. Le recueillement sur des souvenirs intimes transforme doucement la psyché. Alors l'amoureuse déposa « la laine d'or dans sa robe » pour l'offrir à l'Amour. Une image qui parle d'elle-même et évoque la dimension numineuse du désir sexuel dans une relation intime.

Deux épreuves en rapport avec le Monde-du-Dessous attendent encore la jeune femme avant qu'elle ne retrouve son époux. Elle doit puiser un peu d'eau du Styx, le fleuve qui serpente dans le royaume d'Hadès, et demander à Perséphone, la compagne du seigneur des morts, un peu du fard dont elle se sert pour rehausser sa mystérieuse beauté.

C'est en ces termes que Vénus lui présenta la chose : « Vois-tu, dominant un très haut rocher, la cime de cette montagne escarpée ? Là se trouve une source sombre : celle des ondes noires qui, recueillies dans un bassin au creux de la vallée voisine, se déversent dans les marais du Styx et alimentent les rauques courants du Cocyte. Je veux qu'au sommet même où la source jaillit des entrailles de la terre, tu puises de son onde glacée, et sans retard m'en rapportes la petite urne que voici ». La déesse était bien certaine que, cette fois-ci, Psyché échouerait dans sa mission car l'eau du fleuve infernal ne se laisse recueillir dans aucun contenant. Même les dieux redoutent ce courant « détesté », c'est le nom du « *Styx* ». Sa puissance est telle qu'ils font serment en son nom, exactement comme les hommes jurent solennellement au nom de leurs dieux. Le fleuve glacé qui traverse le monde des ombres est donc inaccessible aux dieux, aux hommes et aux monstres, les trois catégories de personnages mythologiques qui symbolisent respectivement le surconscient, le conscient et l'inconscient. Le Styx représente cette Force inhumaine et impersonnelle qui entraîne les civilisations dans la croissance comme dans le déclin, c'est le *fatum* de l'humanité et de ses composants qui ne pourra jamais être ni retenu ni modifié, c'est la froide et glaciale main du destin que nul ne pourra contraindre[74] :

> « Si un empire ou un système religieux sont voués à la mort parce que l'inconscient ne s'exprime plus en eux, l'homme est absolument impuissant à les sauver. L'eau du Styx gouverne les victoires et les défaites militaires ; 'elle naît Niké, la Victoire, ce destin mystérieux qui, à travers les batailles, anéantit une civilisation et lui permet de continuer à vivre. Si l'on jette un regard sur les débris laissés par l'histoire et que l'on considère combien de merveilleuses réalisations humaines se sont trouvées détruites, encore et encore, par les forces barbares, on se rend compte de ce que signifie l'eau du Styx. Sa loi est inéluctable et n'a rien à voir avec les sentiments ni avec la justice humaine (…).

> La seule façon, nous dit-on, d'en conserver un peu est de se servir d'un sabot de cheval sacré, ou de la corne d'un âne Scythe, animal

---

[74] Marie-Louise von Franz, op.cit. p.159 et 158.

mythique et unicorne. La *corne*, le symbole phallique, représente la force créatrice du Soi. Le *sabot de cheval* sous une forme plus courante a un sens analogue, car on croyait que les chevaux pouvaient faire jaillir une source en frappant la terre de leur sabot, et que les coups de pieds des chevaux fertilisaient la terre. On peut en déduire que seul le principe créateur de l'âme humaine peut tenir bon contre l'effet destructeur de l'eau du Styx. »

D'une certaine manière, cette épreuve fait suite à la précédente. Après s'être réappropriée la puissance de son désir, Psyché réalise que celui-ci s'enracine dans une eau bien plus profonde que celle de son seul amour sentimental pour Éros. Sa romance l'a ouverte à un torrent bouillonnant de forces créatrices qui effraient la plupart des humains par leur puissance et leur froideur impersonnelle. La jeune femme doit néanmoins en apporter un échantillon à Vénus : elle a pour mission de relier sa conscience à la source impersonnelle du Destin afin de développer une créativité qui soit le fruit d'un besoin de l'univers en cet instant précis de son histoire. Comment faire pour encapsuler un peu de la force du Destin et le faire sien ? Bien sûr, il y a le sabot du cheval et la métamorphose de la terrifiante Gorgone en Pégase, le magnifique équidé ailé qui porte l'éclair de Zeus. Mais le conte n'en parle pas. Il propose encore une fois la recette préférée de l'inconscient pour résoudre les situations conflictuelles : réunir les opposés et les laisser œuvrer jusqu'à ce que l'évidence surgisse. Le plus haut va chercher le plus bas et résoudre la difficulté d'une Psyché pétrifiée car confrontée à une impossibilité manifeste[75] :

Mais les peines d'une âme innocente n'échappèrent pas à l'œil attentif d'une providence charitable. Car soudain voici paraître, les ailes déployées, l'oiseau royal de Jupiter souverain, l'aigle ravisseur. Se souvenant que jadis, ministre complaisant, il avait, sous la conduite de Cupidon, enlevé pour Jupiter l'échanson phrygien, il voulait, par une aide opportune, honorer la puissance du dieu dans les épreuves de son épouse. Il abandonne donc les radieux chemins de la voûte céleste, et s'en venant voler sous les yeux de la

---

[75] *Éros et Psyché*, op. cit.

jeune femme, il lui adresse la parole : « Quoi ? simple comme tu l'es, et sans expérience de ces choses, tu espères, de cette source non moins terrible que sacrée, pouvoir dérober fût-ce une goutte, ou seulement l'atteindre ? Les dieux même, sans en excepter Jupiter – ne l'as-tu pas au moins entendu dire ? – redoutent les ondes stygiennes, et les serments que vous faites par la puissance des dieux, les dieux ont coutume de les faire par la majesté du Styx. Mais donne-moi cette urne. » Il la saisit, l'entoure de ses serres et, faisant diligence, il balance la masse oscillante de ses ailes, étend ses rémiges à droite et à gauche, passe entre les dragons, leurs mâchoires aux dents cruelles, leurs langues où vibre un triple dard. Les eaux se refusent et l'avertissent avec menaces de se retirer sans dommage : il répond qu'il vient là par ordre de Vénus, qu'il est à son service, et cette invention lui ménage un accès un peu plus facile.

Ainsi Psyché reçut avec joie la petite urne pleine et se hâta de la rapporter à Vénus.

L'oiseau des cimes invite Psyché à laisser surgir en elle une conscience nouvelle : *celle de sa propre hauteur*. Son âme commence à grandir, elle lui apporte clarté et lucidité car l'aigle est le seul volatil, dit-on, à pouvoir regarder le soleil en face. Au moment même où psyché se reconnaît dans l'incapacité d'agir par elle-même, un esprit héroïque, intuitif, lui est offert par son surconscient. Le sentiment d'impuissance et de petitesse qui l'a accompagné jusque-là (la fourmi) s'efface devant la reconnaissance et l'acceptation de sa propre valeur *en tant qu'être spirituel*. Lorsque l'oiseau de Zeus plonge vers la terre, le sentiment de solitude né de la grande liberté des cimes *devient utile*. En laissant grandir puis agir ce qui est élevé en elle, Psyché accède à la source profonde du fleuve de la destinée. Et de *sa* destinée. Elle reconnaît aussi que son sentiment récurrent d'infériorité cachait un désir secret de grandeur. Ce dernier s'apaise car la jeune femme a maintenant l'eau de sa destinée à porter, le désespoir d'une psyché pleine d'effroi disparaît car elle se sait et se sent maintenant connectée à la source de toutes les sources.

Néanmoins Vénus ne compte pas en rester là. Elle impose une quatrième et dernière épreuve à sa rivale qui est aussi sa protégée. Sa mission ? Descendre aux Enfers pour y rencontrer Perséphone, la compagne d'Hadès, et lui demander un peu du fard dont elle se sert quotidiennement pour rehausser sa sombre beauté.

> « Mieux que jamais Psyché sentit que son destin touchait à son terme et comprit avec évidence qu'on la jetait ouvertement, et sans plus rien voiler, dans une mort toute prête. Car quoi ? ne la forçait-on pas à se rendre elle-même et sur ses propres pieds dans le Tartare et chez les Mânes ? Et sans plus hésiter, elle se dirige vers une haute tour, pour de là se précipiter : ce serait, pensait-elle, pour descendre aux enfers, la route la plus directe et la plus aisée. Mais la tour se mit soudain à parler : « Pourquoi », dit-elle, « malheureuse enfant, chercher à te détruire en te jetant dans le vide ? Pourquoi, dans cette dernière épreuve et ce dernier travail, t'abandonner sans raison ? Quand une fois ton esprit sera séparé de ton corps, tu iras bien sans doute au fond du Tartare, mais tu n'en pourras revenir en aucune façon. Écoute-moi : ».

Et la « tour qui voit loin » lui indiqua un bien meilleur chemin pour se rendre auprès de Perséphone. La rencontre avec la tour n'est possible que grâce à la réussite des deux épreuves précédentes. Il s'agit à la fois d'une image phallique et d'un lieu de solitude choisie où souffle le vent de l'inspiration. Son désir tendu vers le ciel Psyché écoute la voix du Soi, elle sent intuitivement le juste chemin qui la conduira vers la fin de son processus de métamorphose et le retour d'Éros. Un mot sur ces conseils qui sont d'importance et mériteraient de plus longs développements[76] :

La jeune fille pénètre dans le monde souterrain par le « palais d'Ocnus », un mot qui se traduit par « hésitation ». On la comprend ! Pourtant Psyché ne doit pas lui prêter attention et poursuivre son chemin. Ocnus est souvent représenté tenant

---

[76] On pourra se reporter à l'ouvrage Marie-Louise von Franz déjà cité, p. 160-175. Toutes les citations suivantes en sont extraites.

dans ses mains une corde noire et blanche qui lui est parfaitement inutile :

> « C'est là l'une des façons dont on se laisse souvent capturer par l'inconscient : on a pris conscience que toute chose a à la fois du positif et du négatif ; tout dans la psyché est ambigu, si bien qu'une attitude que l'on interprète naïvement comme admirable cache également de sombres motivations. En conséquence, il arrive que l'on devienne incapable d'action ou de décision : l'on est tombé dans les pièges d'Ocnus. Dois-je, ou ne dois-je pas agir ? Tout choix présente un inconvénient, et, quoi que l'on entreprenne, cela entraîne une contrepartie. Cette constatation peut paralyser l'élan vital. Le secret consiste à se dire : « eh bien, au diable si cela a un caractère ambigu ! J'agirai comme je le sens, et je suis prêt à en payer les conséquences, car ce que l'on fait est de toute façon en partie erroné ! ». Ocnus est l'étape qui précède la décision. L'on se dit : « Bien sûr, la situation se présente sous deux aspects contraires, mais, *parce que je suis moi*, c'est ainsi que j'agirai ».

Sur les berges du fleuve qui irrigue le monde des morts, Psyché voit un vieillard moribond, en train de se noyer, qui la supplie de l'aider. Mais la « tour prophétique » l'a expressément mise en garde, surtout ne pas céder à ces cris éplorés ! Car,

> « L'inclination naturelle de la femme est de materner, de soigner et d'avoir pitié de tout. Dès qu'elle voit quelque animal à trois pattes, où quoique ce soit qui touche naturellement sa qualité maternelle, elle est tentée de s'en occuper. Il faut plus de courage à une femme qu'à un homme pour dire « non » à ce que représente symboliquement ce vieillard infirme. Ne pas faire preuve de sentimentalité vis-à-vis de ce qui est condamné à périr et doit disparaître lui est très difficile »

Les contenus de l'inconscient et les situations de la vie qui ont fait leur temps ne doivent plus être retenus ni sauvés. Ressentir de la compassion et de l'amour tout en étant capable de couper fermement les liens devenus obsolètes, telle est la seconde étape du parcours d'une Psyché qui explore courageusement les abysses de son monde intérieur.

Puis vint la rencontre avec Charon. Le célèbre nautonier n'accepte dans son embarcation que les âmes défuntes munies d'une pièce de monnaie serrée entre leurs dents. Sur l'autre berge, trois femmes tissent une étoffe et demandent un coup de main à la voyageuse. Mais la tour avait prévenu Psyché : « surtout ne touche pas à cet ouvrage ! ». La figure de la tisseuse évoque celle des Moires qui tirent sur les fils des destins individuels. Lorsque ce fil est coupé sonne l'heure de la mort. Psyché a pour devoir de rester fidèle à sa mission : quérir *la boîte de beauté*. La tour la mit en garde contre une nouvelle tentation qui consisterait à servir l'œuvre d'autrui au risque de s'éloigner de ses objectifs essentiels.

Heureusement, la jeune fille suivit scrupuleusement tous les conseils de la Tour Prophétique. Elle arriva enfin aux pieds de la déesse du Monde-du-Dessous. Celle-ci lui confia sans rechigner son secret de beauté, soigneusement déposé au fond d'une boîte scellée, avec l'ordre de ne surtout pas l'ouvrir. Hélas ! de retour à l'air libre la curiosité fut la plus forte. Psyché ne résista pas au vif désir de tourner le couvercle. Surprise ! Le coffret était vide ! Rien ! C'est que, précisément, voici la source de la beauté de la déesse : être dans la pure vérité de sa nature essentielle. Comment peut-il en être autrement avec un archétype ? Pas d'onguent de beauté donc. Mais, s'évaporant de la cassette, survint « un sommeil infernal, un vrai sommeil de Styx, qui, sitôt que le laisse apparaître le couvercle, l'envahit, répand sur tous ses membres une épaisse vapeur léthargique ». La conscience-de-vérité est contraire à l'endormissement. Psyché n'est pas encore une déesse. Sa conscience humaine ne peut supporter la véridique splendeur de Perséphone enfermée dans la « boîte de beauté ». Elle s'endort car elle n'est pas encore prête à recevoir la beauté de son âme. Le sommeil devient un doux refuge pour celui ou celle qui ne peut pas intégrer dans sa conscience des éléments pourtant essentiels mais trop dérangeants. Enfin Éros survint à tire d'ailes. Il réveilla la jeune fille par la piqûre inoffensive de l'une de ses flèches. Alors Psyché s'empressa d'apporter le dernier présent à Vénus. Le lendemain le mariage d'Éros avec Psyché fut célébré en grande pompe au cœur de l'Olympe.

Choix de vie, apprivoisement du désir, conscience de sa hauteur et finalement transparence du « moi » pour le rayonnement de la beauté du « Soi » : telle est la séquence des transformations intérieures nées d'une relation amoureuse « initiatique ». Ces processus sont non intellectuels, rétifs à l'analyse et inaccessibles à la conscience ordinaire. Ils proposent précisément une métamorphose de cette conscience-là. C'est pourquoi les aides du monde du mystère contribuent grandement au succès des quatre épreuves. La peur colore chaque étape. Il s'agit en effet de la « rotule », d'un tournant décisif dans la roue de la destinée de la personne. Là où gîte la peur il y a aussi quelque chose de vivant et d'essentiel qui ne demande qu'à surgir, loin de l'objectivité des chevilles et du chaud cocon rêvé du sujet qui cherche chaussure à son pied. La rencontre avec la fourmi « humanisa » Psyché. Elle prit conscience de sa petitesse et de la fécondité de la véritable humilité. La petite taille de l'insecte signe l'absence d'orgueil et de vanité. Grâce à cet état de conscience, la véritable dynamique de la transformation intérieure démarre. Se montrer tel que l'on est sans vouloir se grandir ni s'embellir est une marque d'authenticité. La vérité sans fard est précisément le sésame qui ouvre la porte des genoux et fait tourner sa rotule. Avec le roseau, Psyché tendit l'oreille vers le doux murmure du vent dans les herbes, au souffle de l'inspiration qui, plus tard, deviendra une tour prophétique fermement dirigée vers le ciel. Alors seulement pourra surgir l'Aigle, le premier contact avec l'Oiseau de Zeus, la vision des hauteurs qui est aussi la conscience de son immense valeur en tant que personne particulière. Cette conscience est liée à l'eau glaciale du Styx, à la capacité du sujet de répondre à un besoin de l'univers, à coopérer avec le grand mouvement des forces qui façonnent l'Histoire, même si c'est seulement dans la mesure d'un dé à coudre. Le sens de sa hauteur n'est point orgueil, mais courage d'assumer totalement sa propre lumière. Le dernier donateur qui survint fut la tour prophétique. Elle invita Psyché à s'engager fermement *au nom de sa vérité intérieure* sans s'arrêter sur ses hésitations et ses doutes (Ocnus), ni sur une sensibilité misérabiliste qui l'enjoint à prendre soin des anciennes situations laissées en souffrance (le vieillard infirme). Elle doit au contraire réaffirmer son désir d'aller au cœur d'elle-même (la traversée des eaux du Styx) sans se laisser happer par des missions, même spirituelles, qui ne résonneraient pas totalement avec sa vérité (les tisseuses). Enfin elle reçut la boîte de beauté des mains de Perséphone, la Grande Déesse des profondeurs.

Grâce aux épreuves de l'amour, Psyché se métamorphosa lentement en « papillon ». La voie féminine propose de traverser les épreuves nées de la passion jusqu'au déploiement des ailes de l'âme, jusqu'à la métamorphose de la « chenille » en « papillon » afin que se révèle la beauté profonde de l'essence du féminin.

Si les genoux de la jeune fille ont pour tâche « d'épouser éros » en traversant quatre épreuves initiatiques, ceux de l'homme le prépare à l'intégration de son anima. Pour les deux sexes l'expérience amoureuse des genoux prépare à l'émotion religieuse dans les cuisses, le lieu de naissance du dieu de l'ivresse.

Qu'en est-il exactement de la voie masculine ?

Chiron et la Biche de Kéryneia

En deux occasions les flèches d'Hercule traversèrent des genoux, pourtant des chairs amies. Chiron, son précepteur, fut blessé à l'occasion du troisième Travail, lors de la capture du Sanglier d'Érymanthe. Le Travail suivant consistait à capturer La Biche de Kéryneia sans la blesser, ce que l'homme héroïque réussit en décochant un projectile qui traversa les deux jarrets de la fuyarde et l'immobilisa aussitôt.

La constellation qui porte le nom d'Hercule dessine dans le ciel un *homme agenouillé*, tel était du reste son nom avant que les grecs ne lui associe leur héros emblématique. Or *la génuflexion est la condition même des douze Travaux*. L'humilité consiste à obéir à la volonté des dieux ou du destin, même si celle-ci semble totalement farfelue. « Eurysthée », le personnage qui ordonna au héros d'accomplir les douze Travaux, se traduit par « celui qui repousse vigoureusement au loin les limites ». Cet homme qui ose donner des ordres à Hercule n'est pourtant qu'un lâche et, de surcroît, un usurpateur. Il a hérité, avec la complicité des dieux, du trône qui aurait dû échoir à Hercule. En d'autres termes, il est demandé au héros d'obéir avec enthousiasme à quelqu'un qui lui est inférieur en valeur et l'a spolié de son royaume ! Cela n'est possible que par l'abandon sincère de tout orgueil. C'est seulement dans ces conditions que l'homme héroïque commencera à « repousser ses limites », Travail après Travail, pour entrer en fin de parcours dans le mystère du cœur.

Hercule blesse d'abord accidentellement Chiron au genou par une flèche perdue. La blessure se révèle incurable. La plaie qui ne guérit jamais est si douloureuse que le sage Centaure décide de recourir au sacrifice suprême : il renonce *à son immortalité* et la transfère à Prométhée afin qu'il puisse vivre en compagnie des Olympiens. *La douleur aux genoux demande de pardonner une souffrance incurable,* une blessure impossible à guérir imposée par des circonstances de vie jugées injustes. La personne qui souffre dans ses genoux subit les conséquences désastreuses d'une situation sur laquelle elle n'a aucune prise car elle n'y est pour rien. Accepter puis pardonner en lâchant prise plutôt que de se révolter au risque d'entretenir sa douleur : telle est le sens de la génuflexion. La plaie-qui-ne-guérit-pas sera parfois en résonance avec des charges émotionnelles transmises par des ancêtres puisque le « genou » renvoie, nous l'avons souligné, aux « générations » passées par sa racine « *gen* » ; elle pourra aussi provenir de circonstances dramatiques comme l'exil, un bouleversement social, une révolution, une guerre, une famine, des inégalités dues aux conditions de la naissance ou la jalousie d'autres personnes. Tous ces facteurs externes qui ne dépendent pas de soi sont très difficiles à accepter, ils suscitent des élans de révolte tellement ils semblent injustes. Or Chiron et les genoux proposent de renoncer à cette vision enfantine d'un monde idéal pour accepter la vie dans toutes ses imperfections. La révolte ne ferait qu'empirer la douleur et maintenir l'éros dans un sentiment de violence contraire à la joie. Cette acceptation représente le premier acte d'amour pur qui ouvrira bientôt la porte du cœur.

La Biche de Kéryneia complète le message de pardon offert par l'exemple du Centaure. Héraclès a pour mission de la capturer sans effusion de sang. Après une longue course dans le Péloponnèse la Biche s'endort au pied d'un arbre, sur une rive du fleuve Ladon. Le chasseur, qui la suit avec attention, bande son arc et décoche une flèche qui vient se loger très précisément entre l'os et le tendon des deux genoux. La flèche est inoffensive, au lieu de séparer par la mort elle rassemble par le lien. Lorsque nous explorions le sens des douze Travaux en tant que voie de réalisation spirituelle nous écrivions que[77]…

---

[77] Luc Bigé, *La voie du Héros, les douze travaux d'Hercule*, éditions de Janus.

« Le vrai Travail d'Hercule consiste à intégrer jusque dans les plus fines parties de son corps l'expérience des sommets qu'il vécut naguère en capturant le Sanglier sur les cimes neigeuses du mont Érymanthe. Illuminer le domaine de la raison, des émotions et du corps par l'expérience directe du Soi sera le plus long Travail d'Hercule : douze mois pleins, soit la totalité d'un cycle solaire. *Hercule a trouvé le « Soleil » mais il lui faut encore capturer doucement la « Lune ».* Guidé par les reflets de ses cornes d'or, inspiré par les éclats brefs et inattendus de quelques illuminations fugitives, il quitte la fascinante conscience de son destin pour féconder le monde imaginal et revenir progressivement sur terre. Il erre longtemps. Il vaque dans la forêt de ses représentations sans jamais s'y attarder car il connaît l'objet de sa chasse : cueillir, en se recueillant, la présence sensible et douce du cœur de son cœur. Alors la flamme jaillira d'elle-même. Alors il rencontrera, comme en une apparition, le dieu solaire en personne, non « déguisé » sous la forme du « Sanglier. »

(…) Le vocabulaire amoureux a conservé le souvenir de la féminité de la Biche. « Bichonner » quelqu'un ne signifie-t-il pas entourer amoureusement une personne de tous les soins dont elle a besoin ? L'amoureux n'appelle-t-il pas quelquefois sa compagne « ma biche » ? Et l'ancienne expression populaire « ça biche pour moi » n'est-elle pas là pour signifier la satisfaction ? Un ancien dicton chrétien affirmait que « St Gille et sa biche calment les petits peureux » : cette conquête sur la peur de se laisser attraper par sa propre lumière et sur la fuite subséquente, n'est-ce pas là tout le Travail d'Hercule ?

Arrivé au terme de son aventure le héros devient comme la Biche. Il accepte de se laisser apprivoiser. Et cela demande une infinie patience.

Deux travaux successifs, la capture du Sanglier et de la Biche, mettent en scène une marque aux genoux. Chiron blessé accidentellement lors de la chasse au Sanglier rappelle que la racine de toute guérison est la génuflexion. Pardonner à ceux qui nous ont blessé *et se pardonner* pour tous ceux que nous avons blessés volontairement ou involontairement : aucune autre prescription ne pourra jamais effacer la souffrance. C'est la manière la plus radicale qu'ait trouvé l'univers pour aider la personne à dénouer un *ego* sur ses bons droits et sa morale. En pardonnant l'inacceptable elle se pardonne à elle-même et entre dans la vastitude du cœur.

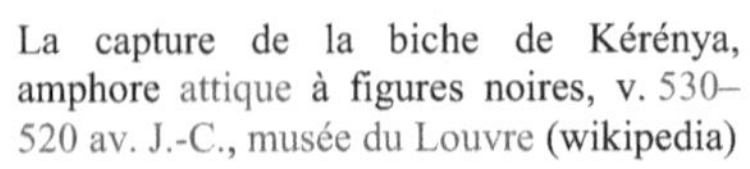
La capture de la biche de Kérénya, amphore attique à figures noires, v. 530–520 av. J.-C., musée du Louvre (wikipedia)

La Biche réitère ce message d'innocuité, de douceur et d'acceptation de l'amour. C'est pourquoi le chasseur porte finalement l'animal sur son cœur et rencontre Apollon, le dieu de la Lumière, le Soi, en « chair et en os » et non plus seulement sous son déguisement de Sanglier.

Lorsque Hercule capture le sanglier-soleil, il contacte la rotule du corps ; lorsqu'il pose sur son dos la biche-lune il touche de sa main le ménisque du genou.

La voie féminine demande de s'engager pleinement dans la passion amoureuse. Grâce à ces épreuves, la jeune fille deviendra une femme et la personne une âme vivante. La voie masculine est, au contraire, un appel au lâcher prise, au renoncement à toute rancœur afin que la conscience-de-vérité ne soit pas dénaturée en se mélangeant avec de vieux souvenirs toujours vivaces. Pour Psyché « s'agenouiller » c'est accepter de vivre pleinement ses sentiments, ses conflits, ses angoisses et son errance désespérée au nom de sa foi absolue en l'amour ; pour Hercule « s'agenouiller » c'est renoncer à sa force afin que l'Esprit puisse le féconder. Il s'agit de deux chemins contraires et complémentaires : l'homme a d'abord conscience de son but et s'ajuste ensuite à celui-ci, la femme, sous l'emprise de la passion amoureuse qui la guide, accueille ses métamorphoses successives.

La sanglier d'Érymanthe est une métamorphose du Soleil et la Biche de Kérénya appartient à Artémis, la Lune. Comment ne pas voir dans ces Travaux successifs une allusion aux deux os qui permettent à l'articulation des genoux de plier, la rotule et le ménisque, la « petite roue » et la « petite lune » ?

L'étape des genoux prépare à la grande expérience de l'« ouverture du cœur » par :

- L'accueil du désir en tant que force de métamorphose (Éros et Psyché).
- L'éveil de la volupté, prémisse d'une extase plus grande encore (Volupté).
- L'abandon des attitudes orgueilleuses qui prétendent tout faire tout seul, au profit d'une confiance *irraisonnée* en la bonté de l'univers. C'est un immense combat ! (*l'Homme Agenouillé,* Héraclès).
- La dépression et la tentation du suicide appartiennent à ce champ de bataille (Psyché, Phaéton).
- La reconnaissance de sa peur de souffrir dans des liens affectifs intimes, ce qui suscite parfois une attitude de fuite (la Biche).
- Renoncer à sa force et à son bon droit en pardonnant l'inacceptable (Chiron).

Tous ces « mouvements de la rotule » préparent la conscience sur le chemin de l'évolution à l'expérience du « fémur » au sens de la langue des oiseaux : « fée mûre ». La conscience de son potentiel (les pieds), la créativité (Athéna/tibia), la fidélité à la vérité de l'amour (Psyché) et l'humble soumission à la fatalité pour la retourner en un destin individuel (Hercule) sont autant d'étapes préparatoires aux grands voyages d'Ulysse et de Dionysos, les deux héros de la cuisse symbolique si occupés à apprivoiser les mystères du féminin.

Mythopathologies

Immense champ de bataille entre orgueil et humilité ! L'habitude de se porter en avant, seul et sans aide, ne facilite pas la génuflexion. Surtout lorsque la crainte de l'humiliation taraude. La force de l'éros bloqué dans les genoux en raison de blessures affectives anciennes se mue parfois en colère et en sentiment d'injustice. Le secret de la rotule, c'est-à-dire du retournement des points de vue, consiste à ouvrir plutôt qu'à résister, à lâcher plutôt qu'à tenir bon, à devenir femme plutôt qu'à chercher à tout contrôler comme le ferait un homme, à poser sa confiance dans ses instincts et dans ses passions en renonçant à construire de grandes théories justificatrices. Lorsque le genou devient douloureux, il affirme le moment de franchir tous ces passages. Grâce au renoncement, les idéaux abstraits du péroné et du tibia s'humanisent. Ils se rendent accessibles à la petitesse de l'humble créature. Alors l'homme simplifié reçoit une nouvelle grâce, il devient disponible au dieu de l'ivresse et prépare la naissance de Dionysos dans sa cuisse.

La fracture de la rotule suggère de rompre avec la routine en changeant de posture afin de regarder le monde « à l'envers »...

c'est-à-dire à l'endroit ! L'entorse demande à la personne « surmoïque », construite sur des attitudes figées, de faire enfin une entorse à sa règle, quitte à trahir sa relation d'amour filial envers son père. L'arthrite, un mot grec qui veut dire « goutte », lorsqu'elle surgit dans cette partie du corps, parle de la libération du désir étouffé sous une conscience contrôlante. L'arthrose, qui diminue la mobilité de l'articulation, demande « d'oser notre art » en toute simplicité, à moins qu'elle ne questionne la relation du « je » au « nous » et les peurs qui confinent le sujet dans la solitude de sa tour d'ivoire. Une blessure aux ligaments questionne directement les relations amoureuses, le désir de rupture ou son inverse : la souffrance due à une rupture imposée et non acceptée.

Elle s'appelle Rose et tient une maison d'hôtes. Mariée, elle porte la maisonnée toute seule. Sa douleur aux genoux se révéla liée à un effritement du ménisque. Une opération est programmée pour consolider l'os fragilisé. La chirurgie ne voit-elle pas que sa petite lune, son féminin, est en souffrance à force de tout porter seule (genoux) dans sa relation (je nous) ? Rose se sent en effet obligée d'assumer seule sa vie professionnelle et nie sa sensibilité, son besoin de relation équilibrée où chacun prendrait toute sa place. Son prénom, qui n'a pas été changé, évoque par ailleurs cette pathologie puisque Rose est l'anagramme d'Éros. Son idéalisme romantique (rose) est profondément blessé par cette situation. Rose, ne pouvant arrêter son activité professionnelle, le ménisque a pris en charge sa souffrance psychique pour lui permettre, au moins un temps, de continuer.

Le récit du genou

Le genou porte l'identité de la personne et inaugure la première relation intime. La cheville créait du lien mais n'entrait pas encore dans une relation personnelle avec l'autre, avec le monde ou avec dieu. Elle conservait l'impersonnalité d'un objet. Le genou est au contraire un appel à faire du « je » un « nous », à éroder les prérogatives du « moi », fussent-elles détentrices de « vérités », pour s'ouvrir à l'altérité. La cheville dénouait les liens psychiques au moyen de l'observation, prenait de la distance et se libérait des dernières nostalgies du paradis matriciel situé dans le pied. Le « je noue » propose de rétablir des liens sur la base d'une relation amoureuse exclusive, maturante et métamorphosante. Il est curieux de noter cette particularité orthographique de la langue française : des trois lieux du corps qui s'occupent de la relation, deux s'écrivent avec un « œ » qui signe graphiquement le lien : cœur et œil. Le troisième exprime l'union par ses sonorités : le « je-nous ». Le son précède la géométrie, l'espérance de l'amour précède sa stabilisation dans le cœur et sa réalisation dans l'œil. L'articulation lance un espoir fou en disant « je noue »… et produit le premier collectif qui sera d'abord intime puis se poursuivra dans une filiation par « *gen* nous », « générer du nous ».

La forme triangulaire – pubienne – de la rotule et la racine « *gen* » du mot « genou » renvoient en effet aux idées de génération, de production et de filiation. Sans éros, toutes ces fonctions seraient vouées à l'échec. Néanmoins les expressions du langage courant évoquent plus volontiers un champ de bataille qu'un jardin des plaisirs. « Etre sur les rotules » dénonce une immense fatigue ; « mettre genou à terre » la soumission, voire la servitude ; « avoir les genoux brisés » la peur ; « se traîner à genou » la supplication du vaincu face à son vainqueur. Il faut encore évoquer la « géhenne » qui appartient à la même famille que le terme « genou » : la souffrance intolérable des enfers ! Et pourtant ! quelles promesses au cœur de ce passage articulaire ! Eros et Psyché vécurent une histoire d'amour à nulle autre pareille ; la Biche de Kérynéia accepta de se laisser apprivoiser avec douceur, sans la moindre blessure, et Chiron admit la souffrance née de l'imperfection de la vie. *Tous traversent des épreuves et apprennent à s'abandonner avec confiance.*

Les questions que posent les genoux ? « Quelles sont mes attitudes figées qui m'empêchent de jouir de la vie ? Est-ce que je reconnais pleinement mon désir et mon besoin d'être aimé ? Suis-je capable intérieurement et à chaque instant de me remettre en prière, d'adopter la posture de la génuflexion pour recevoir la bénédiction du Soi ? Qui dirige ma vie et décide des choix de mon existence : le « moi » ou le « Soi » ? Suis-je capable de pardonner… et ai-je l'humilité de recevoir *par le don* de celui vers qui je m'agenouille ? Le moment n'est-il pas venu de passer d'une existence fondée sur l'effort, l'autonomie et le contrôle à une vie établie sur la confiance, l'ouverture et l'accueil ? ».

L'épisode d'Éros et Psyché, lorsqu'il est accepté par le conscient, redonne un surcroît de vitalité et de désir de vivre à la personne qui s'échappe ainsi de la prison de ses certitudes. Avec la passion amoureuse, l'éros ressurgit dans la conscience individuelle. Les héros de la cuisse – Zeus, Ulysse et Dionysos – y puiseront bientôt l'énergie nécessaire à leurs voyages dans le lointain.

Et puis, il y a cette très belle image de celui qui prend ses genoux dans ses bras, qui *embrasse* ses résistances et son champ de bataille intime en une acceptation totale et sans condition. Alors il redevient semblable au fœtus et entame la longue gestation qui le conduira vers sa seconde naissance.

Chapitre 4

Les organes de l'aventure : les cuisses

Harmoniser quête spirituelle et volupté

Jusqu'à présent nous nous sommes surtout occupés du squelette. Or, plus la conscience-énergie s'élève, plus les muscles s'épaississent, du moins dans cette zone corporelle liée à l'action. Le moment est venu d'introduire un nouveau ternaire incluant la peau, les muscles et les os. La peau, qui fera plus tard l'objet d'une analyse spécifique, enveloppe le corps et lui confère sa forme. Son sens symbolique tourne autour de l'identité (le « moi-peau »), des rapports du sujet avec le monde extérieur (les pores) et des questions liées à sa sécurité psychologique (protection de l'organisme). Les os participent symboliquement à l'univers des archétypes : les structures porteuses du corps sont en résonance avec les structures fondatrices du monde métaphysique. À l'intérieur de la travée, les cellules osseuses symbolisent cela avec leur forme étoilée composée de sept et huit branches (les ostéocytes). Des ostéoblastes cubiques pavent la paroi externe[78]. Ces cellules en forme de cubes et d'étoiles confectionnent les tissus de l'os, elles sont reliées entre elles par des jonctions communicantes. Il serait difficile de trouver une image plus parlante pour illustrer la nature des archétypes dont la fonction première consiste à relier les opposés : le cube et l'étoile, la terre et le ciel, le concret avec l'abstrait, l'extérieur cubique de la surface osseuse avec l'intérieur étoilé de la travée.

La trilogie « os, chair, peau » pourrait se lire ainsi :

Dans le corps, **les os** sont les représentants du monde des archétypes. Ce dernier, dans la pensée jungienne, est à l'origine du psychisme *et* des événements objectifs. La graphie du mot « Os » réitère exactement cela : « la totalité (O) exprimée sous la forme d'un système (S) », l'archétype déployé dans le psychisme *et* dans les événements de la vie de quotidienne. Les sept branches des ostéocytes étoilés renvoient curieusement aux sept plans de conscience organisateurs du cosmos auxquels se réfèrent la plupart des traditions *occultes*. Quant au 8 sa graphie est une image de la division cellulaire, il signe le pouvoir de métamorphose et d'évolution du monde vivant imprégné des sept « plans » de l'univers. Par ailleurs le terme « A-dam » se traduit parfois par « sans sang ». Il rappelle fort opportunément que l'homme archétypal, encore dans le paradis des Origines, ne possède pas d'organisation psychique ni de filiation : il n'a pas de sang symbolique.

---

[78] http://www.chups.jussieu.fr/polys/histo/histoP1/POLY.Chp.5.2.html.

176

Les muscles et les viscères représentent le monde des valeurs, largement irrigué par le « sang » : l' « âme » au sens littéral de « ce qui anime » et, sur le plan psychologique, les émotions : « ce qui met en mouvement » par « É-motion ». La langue des oiseaux décode « muscle » par « M luce S », « aime la lumière mise en système », et « viscère » par « vie sert ». Quant à la « chair », elle évoque par sa sonorité l'univers sentimental (chère) et précieux (cher) d'Aphrodite. La chair et les muscles parlent des passions et des valeurs du sujet.

L'observation au microscope des tissus musculaires révèle un ensemble de stries. Les cellules s'allongent en petits cylindres pouvant mesurer jusqu'à 5 cm de longueur. Pour simplifier, ces tissus sont formés d'un ensemble de tubes de plus en plus fins emboîtés les uns dans les autres comme des poupées russes. Ils glissent les uns dans les autres de manière à produire la contraction musculaire. Qui dit « tubes » dit « objets creux ». C'est précisément l'attribut du guerrier. Qui s'étonnera de cette analogie entre la biologie musculaire et Arès, le dieu de la guerre ? Pour combattre il faut disposer de la force. Il est remarquable que les attributs symboliques du guerrier soient visibles jusque dans les infimes détails du corps mis en évidence sous la lumière des microscopes. Les objets emblématiques d'Arès, comme le casque, la torche et l'armure sont « creux », semblables en cela au muscle strié. Cette forme n'est pas due au hasard : elle a pour fonction de canaliser les flux, de diriger l'énergie vers la victoire. La fonction symbolique du muscle sera alors de canaliser les mouvements des passions jusqu'à ce que la lumière de l'archétype (l'os) devienne visible dans le monde extérieur (la peau). En d'autres termes, la fonction des émotions consiste en une mise en mouvement des valeurs spirituelles jusqu'à ce que celles-ci adoptent une forme concrète dans la vie quotidienne.

La peau maintient la forme de l'organisme. C'est ce qui, de la personne, est montré au monde. Ses attitudes et ses comportements sociaux sont modelés par les deux autres étages : les passions de la chair qui forment le caractère et les évidences spirituelles des os. La peau est particulièrement sensible aux événements et aux situations objectives, la chair aux émotions et aux contenus de l'imagination, les os aux essences et au chemin de vie.

Corps, âme et esprit ont leurs représentants symboliques dans l'anatomie humaine avec, respectivement, la peau, les chairs (muscles et viscères) et les os.

En montant des orteils vers les cuisses la conscience pénètre de plus en plus dans la chair. Les pieds, les chevilles, les jambes et les genoux étaient surtout des systèmes osseux. Ils se brisent. La cuisse, entourée d'un riche système musculaire, se blesse. L'os qui se brise évoque des questions vitales comme l'ontologie et la spiritualité de la personne ; la chair blessée bouleverse les passions, les sentiments et la vie amoureuse.

Après la grande bataille des genoux, l'idéalisme métaphysique abstrait cède devant les nécessités vivantes du désir amoureux et de la prière pour espérer dieu (dans la remontée) où l'intimité (dans la descente). À partir de la « cuisse », les personnages mythologiques n'ont plus les os brisés. Ulysse est blessé à la jambe par un sanglier sauvage et Zeus a la cuisse fendue pour héberger le futur Dionysos. Mais avant d'explorer les mythes qui traitent de cette partie du corps revenons un instant sur les données biologiques.

Biologie

Les cuisses réunissent le bassin aux genoux. Avec elles nous quittons pour la première fois l'univers des articulations illustré par les pieds, les chevilles et les genoux pour avancer sur un long chemin, car le fémur est l'os le plus allongé du squelette humain. Autour de lui s'enroule une masse musculaire importante.

La conscience-énergie change de registre. Elle quitte provisoirement le monde des articulations, de la communication, des choix et des prises de risque pour se développer dans l'espace et engager les muscles. Outre sa fonction locomotrice, la cuisse détient en effet deux records anatomiques : le fémur est l'os le plus long du corps et le quadriceps son muscle le plus volumineux. Cette capacité à traverser l'espace particularise cette partie du corps. En plus de l'exploration spatiale liée à la locomotion, la partie haute des membres inférieurs augmente deux espaces symboliques : celui de l'os avec le fémur et celui du muscle avec le quadriceps. Cela signifie que *la croissance spirituelle (l'os) va de pair avec l'expansion des passions (la chair)*. Les genoux mariaient naguère deux élans contraires : la responsabilité vis-à-vis de soi-même lorsqu'ils portaient l'ensemble du corps et la vie intime en réunissant intérieurement le soleil avec la lune, la rotule avec le ménisque. La cuisse associe également deux valeurs ordinairement séparées par les normes sociales : la quête spirituelle et la jouissance des sens. Ces informations anatomiques possèdent leurs équivalents dans l'univers des mythes. Que serait en effet Ulysse, l'homme « blessé à la cuisse », sans son grand voyage et sans Pénélope ? Et

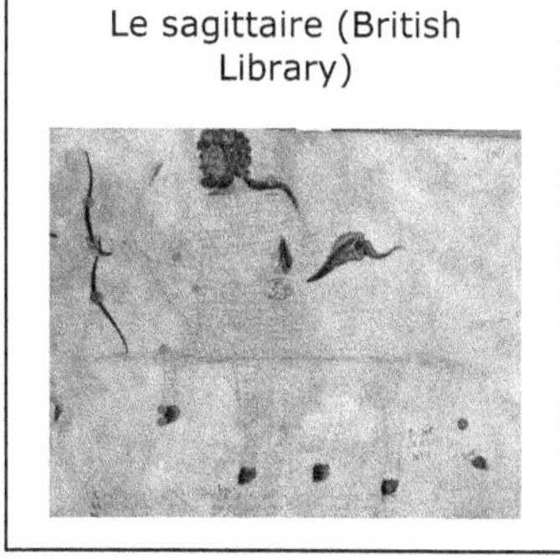

Le sagittaire (British Library)

Dionysos ! ce dieu né de la cuisse qui ne cessa de voyager pour fonder des villes dans les contrées les plus lointaines, que serait-il sans les Ménades, les célèbres « femmes sauvages » de son cortège ? Zeus lui-même perdrait une part de son charme sans ses innombrables aventures amoureuses. Bien sûr, les étendues envisagées ne sont pas seulement géographiques.

Ce désir d'espaces est aussi une composante importante de la psychologie du Sagittaire, le signe du zodiaque que la tradition associe à cette partie du corps. Pour s'épanouir pleinement la personne a besoin de se sentir passionnément engagée dans de vastes entreprises, géographiques, socioprofessionnelles ou spirituelles. Elle réalise alors à quel point l'« autre » rencontré dans les genoux contribue à sa quête, ou l'entrave parfois. Mais elle sait obstinément que sa puissance de conquête (le muscle) s'enroule autour d'un os féminin : le fémur.

La cuisse sert essentiellement à la locomotion du corps. Or, sur le plan métaphysique, « ce qui anime » est la traduction latine du mot « *anima* » qui a donné le français « âme ».

Les mouvements du corps et les élans de l'âme sont indissociés. L'un entraîne et mûrit l'autre. Selon la place de la conscience-énergie, l'une des trois âmes évoquées par Platon pourra dominer dans la psychologie de la cuisse : la sensible, l'affective et l'intelligible. Cette dernière construit, pierre après pierre, un pont avec le monde spirituel. Finalement, la jonction réussie du temporel avec le spirituel sera l'apanage des souverains arrivés au sommet de l'évolution de la cuisse qui, pour cette raison, sont souvent représentés assis sur des chars ou simplement à cheval.

En astrologie, la planète Jupiter (Zeus) régit le Sagittaire et les Poissons, respectivement les cuisses et les pieds. Il s'agit des deux organes du déplacement : par l'équitation et par la marche. Le Sagittaire est tout particulièrement lié à l'image symbolique du cheval puisque l'iconographie le représente sous la forme d'un centaure, un corps d'équidé terminé par un buste humain. La cuisse qui commande au cheval *est* donc un long chemin où se marient, pour le meilleur et pour le pire, l'appel impérieux de l'âme et l'immersion dans les affaires du monde. Voyons cela en détail.

180

Les muscles de la cuisse

Onze muscles s'enroulent autour du fémur. Autant de manières de se mettre en mouvement pour partager des « é-motions » et des idéaux. Trois d'entre eux sont logés *devant* et concernent *l'expression* de ces émotions et de ces valeurs. Cinq autres se placent *au milieu* de la cuisse, ils sont déjà plus intériorisés et désignent les lignes de croissance sur lesquelles s'appuie le sujet ; quant aux trois muscles postérieurs, leur position les réfère à la vie de l'Esprit. D'une manière générale, ce qui est devant parle de l'expression du sujet, ce qui est intérieur est relatif à ses valeurs profondes, et ce qui se place derrière concerne les appels de l'âme.

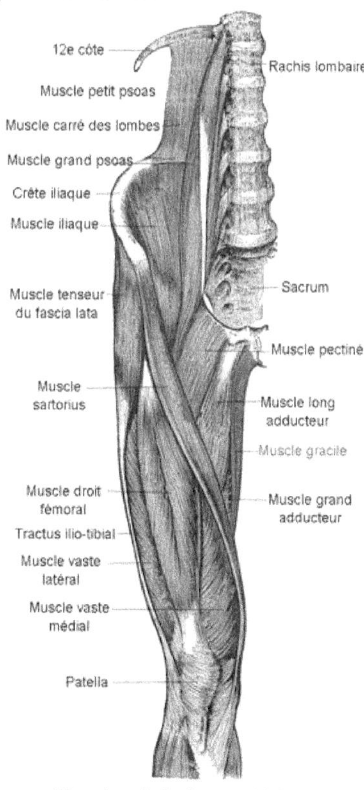

Muscles de la face antérieure
de la cuisse

Les noms des trois muscles du devant, le *couturier* (appelé aujourd'hui *sartorius*) et le *quadriceps* – qui inclue trois muscles *vastes*- évoquent la gestation de Dionysos naguère cousu dans la cuisse de Zeus. Le *couturier* est une allusion directe à l'opération qui consista à sauver l'embryon qui agonisait dans le ventre de Sémélé, carbonisée sous son palais en flammes, pour le coudre dans la cuisse du maître de l'Olympe. Les trois muscle*s vastes* soulignent l'appétence de Dionysos pour les grands voyages. Les « *quadri-ceps* » nomment à leur manière la fonction symbolique du dieu : apporter la civilisation grâce à la culture de la vigne. Le « quatre » est le nombre de la manifestation concrète d'un projet, la culture du cep. Les images véhiculées par les mots de la langue française sont parfois d'une étonnante précision !

Si les muscles antérieurs de la cuisse parlent de la vie publique de Dionysos, les cinq muscles internes, – trois *abducteurs*, le *gracile* et le *pectiné* – évoquent son caractère. La langue des oiseaux entend « AB ducteur », « celui qui conduit (*ducteur*) vers l'abbé (AB) », vers le représentant du Père. Mais l'étymologie est moins flatteuse[79] :

> « **Abducteur,** adj. m. c'est une épithète que les Médecins donnent au quatrième muscle des yeux qui les fait mouvoir en dehors, et regarder de côté pour marque de mépris et de dédain : c'est pourquoi on l'appelle aussi *orgueilleux*. On le dit aussi des muscles du pouce, et d'autres parties du corps qui se peuvent mouvoir en dehors. »

Il est vrai que la fonction de « prêtre » court le risque d'être entachée d'orgueil lorsque le « conducteur » s'imagine en être l'élu. La mégalomanie, le sentiment d'être « sorti de la cuisse de Jupiter », appartient à la psychologie du Sagittaire, le signe que le zodiaque attribue à la cuisse. Peut-être est-ce aller trop loin que d'associer les trois abducteurs aux trois parties de l'homme qui aurait alors un guide géographique pour faire du

---

[79] Centre National de Ressources Textuelles et Lexicales,

tourisme dans le monde physique, un conseiller psychologique pour les questions émotionnelles et un mentor spirituel. Il est vrai que le Sagittaire joue volontiers à l'un ou à l'autre, ou aux trois à la fois ! Mais, pour réussir, il devrait se souvenir de sa fragilité car le muscle *gracile* est si proche des abducteurs ! La grâce ne surgit en effet que dans une personnalité dénuée de toute fausse grandeur. Quant au *pectiné,* qui signifie « en forme de peigne », son sens symbolique reste plus mystérieux. Le peigne représente une fonction d'ordre qui dompte le désordre d'une nature hirsute. Il annonce par ailleurs la première toison corporelle, celle du pubis. La « brosse » et le peigne sont des signes d'énergie, ils sont associés à la fonction de régénération de la grande déesse du Néolithique. Il s'agirait alors de mettre de l'ordre dans ses désirs, d'harmoniser ses projets avec ses aspirations spirituelles.

Les trois muscles postérieurs sont le biceps crural, le semi-tendineux et le semi-membraneux. « Crural » vient de la racine latine *crus* qui signifie « jambe ». Dans ce contexte dionysiaque, il est tentant de rapprocher cette étymologie de deux autres racines parentes : *crudelis* qui a donné « cruel », littéralement « qui aime le sang » et *crux* qui forme les mots « croix » et « crucifixion ». *Crus, crux* et *crudus* (« saignant ») jouent la même partition. Le muscle crural correspondrait alors au démembrement de Dionysos et au doute sur le plan psychologique. Le croyant « crucifié » par une épreuve a pour mission de maintenir sa foi, née au moment de sa génuflexion. Le muscle *sous-crural* articule en effet le genou avec la cuisse. Il possède la particularité de se lier directement à l'os sans la médiation d'un tendon, histoire d'accentuer encore la tension entre l'archétype (os) et la passion (le muscle). Plus généralement, une personne écartelée est tiraillée par ses contradictions. Si elle réussit à tenir cette posture intérieure elle s'ouvre aux élans contraires qui la hantent. Les forces du surconscient et de l'inconscient œuvrent en elle. C'est seulement à ce prix qu'elle sera, comme Dionysos, reconstruite autour de son cœur.

Ces onze muscles s'enroulent donc autour de l'os de la cuisse. Ils servent le féminin puisque *fémur* prend racine dans *feminis* qui a donné le mot « femme »[80] ! La langue des oiseaux ne démentira pas cette interprétation. Elle précise « fée mûre ». Par ailleurs, le latin *femen* désigne la « cuisse ».

L'organisation symbolique de la cuisse associe un muscle mâle avec un os femelle. Elle prolonge l'union des polarités masculines et féminines négociées dans les genoux en la portant vers une ampleur sociale et métaphysique sans précédent.

---

[80] *Dictionnaire étymologique Latin*, p. 88.

Mythologies

De nombreux textes religieux associent la cuisse des mammifères – béliers, moutons, chèvres ou bœufs – au sacrifice rituel. « Sacrifice » ne signifie pas « souffrance » et encore moins « masochisme » mais « faire du sacré » par le latin *sacrificere*. En donnant, il s'agit de créer un vide afin que l'espace puisse se remplir de la Présence. La cuisse douloureuse est le lieu corporel qui interroge la relation entre l'homme et son dieu. Par le sacrifice de l'animal sur l'autel, les croyants cherchaient à s'attirer les faveurs des divinités. Dans la tradition juive, le gigot revient à celui dont la fonction consiste à entretenir une médiation entre Dieu et les hommes[81] :

> « À titre de prélèvement sur vos sacrifices de communion, vous donnerez au prêtre la cuisse droite. »

Et lorsque Jérémie tente de recouvrer les faveurs de l'Éternel il se frappe la cuisse[82] :

---

[81] *Lévitique, 7:32.*

[82] *Jérémie, 31. 18-20.*

« J'entends Éphraïm qui se lamente : Tu m'as châtié, et j'ai été châtié comme un veau qui n'est pas dompté; fais-moi revenir, et je reviendrai, car tu es l'Éternel, mon Dieu.

Après m'être détourné, j'éprouve du repe ntir; et après avoir reconnu mes fautes, je frappe sur ma cuisse ; je suis honteux et confus, car je porte l'opprobre de ma jeunesse.

Éphraïm est-il donc pour moi un fils chéri, un enfant qui fait mes délices ? Car plus je parle de lui, plus encore son souvenir est en moi ; aussi mes entrailles sont émues en sa faveur : j'aurai pitié de lui, dit l'Éternel. »

Lucien de Samosate, dans sa satire des actes sacrificiels, fait dire au prêtre Chrysès[83] :

« "Honnête Apollon, c'est moi qui souvent ai placé des couronnes dans ton temple, jusque là fort mal couronné ; j'ai brûlé en ton honneur sur les autels tant de cuisses de taureaux et de chèvres, et tu me laisses impunément subir un tel affront ; tu ne reconnais rien de ce que j'ai fait pour toi." Ce discours fait si grande honte au dieu, qu'il saisit ses flèches, se place au-dessus de la station des vaisseaux, et perce des traits de la peste les Grecs, les chiens et les mulets. »

La recherche archéozoologique dans le sanctuaire de Poséidon, à Ténos, a montré que ce sont précisément les fémurs, le bassin, le sacrum et les queues des animaux sacrifiés qui sont brûlés sur l'autel et offerts aux dieux. Les prêtres étaient autorisés à récupérer la peau des animaux et à consommer les épaules, la tête et les jarrets[84].

Et chez les Berbères[85]…

« Le partage de la victime (le Bélier) se fait selon un ordre bien établi. L'offrant gardait la peau « 'Rt », les pattes « **P'mm** » et peut-

---

[83] Lucien, XIII, *Sur les Sacrifices.*

[84] Leguilloux Martine. Sacrifices et repas publics dans le sanctuaire de Poséidon à Ténos : les analyses archéozoologiques. In: *Bulletin de correspondance hellénique.* Volume 123, livraison 2, 1999. pp. 423-455.

[85] Lalla Yetto Kushel, *La spiritualité chez les Amazighs,* Tome I.

être les côtes « Slbm » et le reste des chairs « **'Hry hs'r** ». Les prêtres officiants recevaient la poitrine « **Qsrt** » et peut-être la cuisse droite. »

Partout, la cuisse parle d'une *relation de filiation avec dieu*. Mais c'est aussi le serment de l'esclave envers son maître[86] :

> « Abraham était vieux, avancé en âge ; et l'Éternel avait béni Abraham en toute chose. Abraham dit à son serviteur, le plus ancien de sa maison, l'intendant de tous ses biens : mets, je te prie, ta main sous ma cuisse ; et je te ferai jurer par l'Éternel, le Dieu du ciel et le Dieu de la terre, de ne pas prendre pour mon fils une femme parmi les filles des Cananéens au milieu desquels j'habite, mais d'aller dans mon pays et dans ma patrie prendre une femme pour mon fils Isaac. »

La filiation devint vite un acte d'allégeance de l'« inférieur » vers le « supérieur ». Les Grecs, plus libres, se contentaient d'y voir une reconnaissance de paternité. Lorsque Zeus recueillit l'enfant de Sémélé dans sa cuisse pour le mener à terme, il affirma aux yeux de tous qu'il en était aussi le père. Il « présenta » en effet son fils Dionysos à la communauté des olympiens malgré la jalousie d'Héra.

Zeus, dieu volage et fidèle

Le maître de l'Olympe n'enfanta pas que du petit Dionysos. L'une de ses occupations favorites consistait à séduire les déesses, les nymphes et les humaines. Ce qui rendait son épouse terriblement jalouse. Au total, il conçut seize enfants. Le dernier et le plus réussi à ses yeux fut Héraclès. Observée avec un peu de distance, la vie de Zeus ressemble à un théâtre de boulevard avec ses trois personnages emblématiques : l'amant, la maîtresse et le mari trompé ! Ce schéma psychologique est plausible dans la « descente », mais qu'en est-il dans la « remontée » ? Héra et Zeus symbolisent deux forces contraires

---

[86] *Genèse* 24, 1- 4

agissantes dans de nombreuses situations vitales. Héra la « protectrice » a pour fonction de maintenir la stabilité de l'organisation ; Zeus, qui se traduit par « ciel lumineux », s'efforce d'injecter du sang nouveau dans ce système en donnant naissance à des "enfants" hors mariage. Qu'entend-t-on par « système » ? Il s'agit de tout ce qui affiche une forme d'autonomie : cellule biologique, famille, entreprise, nation, groupe d'amis, corps humain ou galaxie. La loi générale veut que trop de nouveauté détruise l'équilibre du système et que pas assez de nouveauté le conduise à se refermer sur lui-même jusqu'à son dépérissement. Héra veille au grain et interdit la venue des corps étrangers, Zeus veille au

grain et impose sans cesse les fruits de ses œuvres. C'est pourquoi, du point de vue symbolique, ces deux divinités sont à jamais inséparables. C'est aussi la raison pour laquelle Zeus et Héra se chamaillent sans cesse et ne divorcent jamais. Zeus a besoin d'Héra pour maintenir l'unité de l'Olympe et Héra a besoin de Zeus pour adapter le monde des dieux aux besoins des temps nouveaux.

Par-delà l'aspect théâtral de la vie du grand Olympien ses enfants représentent ses créations, ses « conquêtes » amoureuses désignent les domaines de l'existence qu'il féconde pour produire des idées nouvelles, des entreprises inventives et des idéaux inédits *dans les limites du socialement acceptable*. Les mythographes précisent que Zeus donna naissance à seize enfants : autant de tentatives d'injecter du sang nouveau dans seize domaines de l'existence. Les détailler ici serait trop long. Nous ne retiendrons que les deux naissances qui marquèrent à tout jamais le corps du dieu : Athéna qui jaillit de son crâne et Dionysos né de sa cuisse. Zeus appartient au symbolisme du crâne et de la cuisse : il est à la fois conscience spirituelle, maître de l'Olympe, et passion amoureuse. Sous son aspect sentimental il est volage car il a besoin d'accomplir la fonction locomotrice de la cuisse ; il est pourtant toujours fidèle car il sait que, sans le pôle de stabilité que représente Héra, il perdrait son axe et sa joie[87]. Cette "volatilité" du sujet qui a Zeus pour *daïmon* est codée dans l'histoire du dieu. Ce fut le seul des six enfants de Cronos qui ne finit pas dans son ventre. Rhéa, sa mère, usa d'une ruse pour éviter son enfouissement dans le vaste estomac d'un père glouton. Elle emmaillota une pierre à la place du petit Zeus et la fit avaler par son mari. Le maître de l'Olympe n'a pas connu l'expérience du ventre, il a échappé à la seconde naissance qui échut à ses frères et sœurs, lorsque Cronos les vomit enfin. Symboliquement le "jupitérien" avide d'espaces et de conquêtes sur tous les plans de son être ne prend pas le temps de digérer ses expériences, de les approfondir en les symbolisant, ce qui est précisément la fonction symbolique de l'estomac. Il est volage car il est volatil. Il court le risque de rester tout en extériorité car il n'a pas connu l'intériorité du père.

La cuisse propose au sujet de tenir ensemble deux propositions paradoxales : l'association du protectionnisme (Héra) et de l'expansionnisme (Zeus). Le défenseur de l'unité familiale et son contraire, le « coucou » qui niche chez les autres au risque de faire exploser la famille, relèvent du symbolisme de la cuisse. Tous deux sont nécessaires. Une certaine psychologie penche radicalement du côté du nationalisme alors qu'une autre

---

[87] Ce point fonctionne indépendamment du genre masculin ou féminin. Une femme « sagittaire », ou marquée astrologiquement par la planète Jupiter, peut très bien se retrouver dans le rôle de Zeus : un inépuisable désir d'aventures géographiques, amoureuses ou intellectuelles toujours freiné par la jalousie de son mari, ou par des circonstances qui la contraignent à rester au foyer. Cette situation est archétypale. Il ne s'agit pas de la dénouer comme avec une pathologie, mais de reconnaître le nécessaire mariage entre stabilité du foyer et besoin d'espaces. Le premier garantit la réussite du second, le second approfondit le premier.

privilégie le mondialisme. Ces deux attitudes contraires relèvent d'un unique archétype. Essayer de dénouer la contradiction en tranchant pour l'un ou pour l'autre conduirait à une radicalisation infructueuse. La fidélité absolue est aussi enfermante que le libertinage sans limites ; le nationalisme, qui est la fidélité sans failles aux valeurs d'une nation, est aussi irréaliste et dangereux qu'un gouvernement mondial qui effacerait toutes les différences au nom d'une commune humanité. Maintenir ensemble les deux pôles de la contradiction : c'est cela qui mûrit le psychisme individuel comme les relations internationales. Ce n'est pas facile. Voici pourtant l'essence de la condition humaine qui relie, par sa position verticale, le Ciel avec la Terre. Chaque partie de son anatomie prend en charge un élément particulier de cette immense tâche qui consiste à accomplir la conjonction des opposés. Le pied oscille entre le paradis matriciel et l'extase mystique ; la cheville entre l'affirmation d'une note particularisante (les Océanides) et son rôle social de cheville ouvrière ; les genoux entre l'autonomie du « moi » et l'accueil de l'intimité ; les cuisses se fraient un chemin entre la fidélité aux siens et l'exploration de nouveaux territoires.

Ces mondes lointains, un homme va les explorer de toute son âme en restant fidèle à sa dame. Il s'agit d'Ulysse, le héros de l'Odyssée.

Ulysse, l'homme « blessé à la cuisse »

Le héros d'Homère n'a ni la féminité de Dionysos, ni le pouvoir de séduction de Zeus. Pourtant son épopée est parsemée de figures féminines. Toutes les femmes qu'il rencontra au cours de ses vingt années d'aventures furent des magiciennes. L'art de Calypso mêlait érotisme et sorcellerie, Circée essaya de le charmer pour le changer en porc, mais l'herbe magique d'Hermès le protégea de ce maléfice et les

Sirènes fascinèrent puis noyèrent les marins par leurs chants envoûtants. Pénélope, l'infatigable tisseuse, représente l'aspect lumière du monde féminin : Contrairement à son mari, elle connaît l'art des symboles et exige des signes avant de le reconnaître lorsqu'il débarque à Ithaque. Ulysse voit les femmes qu'il rencontre comme des sorcières et pas encore comme des « sourcières ». Le monde magique, l'apanage du féminin, est toujours diabolisé à cette étape. Il ne prendra sa pleine dimension que bien plus tard, dans l'espace symbolique du ventre.

La cuisse tient lieu de début et de fin dans le récit d'Homère. La blessure d'Ulysse survint dans sa prime jeunesse et c'est grâce à elle qu'il fut reconnu par sa vieille servante au terme de sa grande aventure. Voici la scène[88] :

> Et la prudente Pènélopéia lui répondit :
>
> – Cher hôte, aucun homme n'est plus sage que toi de tous les étrangers amis qui sont venus dans cette demeure, car tout ce que tu dis est plein de sagesse. J'ai ici une femme âgée et très prudente qui nourrit et qui éleva autrefois le malheureux Odysseus, et qui l'avait reçu dans ses bras quand sa mère l'eut enfanté. Elle lavera tes pieds, bien qu'elle soit faible. Viens, lève-toi, prudente Eurykléia ; lave les pieds de cet Etranger qui a l'âge de ton maître. Peut-être que les pieds et les mains d'Odysseus ressemblent aux siens, car les hommes vieillissent vite dans le malheur.
>
> Elle parla ainsi, et la vieille femme cacha son visage dans ses mains, et elle versa de chaudes larmes et elle dit ces paroles lamentables :
>
> – Hélas ! je suis sans force pour te venir en aide, ô mon enfant ! Assurément Zeus te hait entre tous les hommes, bien que tu aies un esprit pieux. Aucun homme n'a brûlé plus de cuisses grasses à Zeus qui se réjouit de la foudre, ni d'aussi complètes hécatombes. Tu le suppliais de te laisser parvenir à une pleine vieillesse et de te laisser élever ton fils illustre, et voici qu'il t'a enlevé le jour du retour ! Peut-être aussi que d'autres femmes l'outragent, quand il entre dans

---

[88] http://www.mediterranees.net/mythes/ulysse/odyssee/chant19.html

les illustres demeures où parviennent les étrangers, comme ces chiennes-ci t'outragent toi-même. Tu fuis leurs injures et leurs paroles honteuses, et tu ne veux point qu'elles te lavent ; et la fille d'Ikarios, la prudente Pènélopéia, m'ordonne de le faire, et j'y consens. C'est pourquoi je laverai tes pieds, pour l'amour de Pènélopéia et de toi, car mon coeur est ému de tes maux. Mais écoute ce que je vais dire : de tous les malheureux étrangers qui sont venus ici, aucun ne ressemble plus que toi à Odysseus. Tu as son corps, sa voix et ses pieds.

Et le sage Odysseus, lui répondant, parla ainsi :

– O vieille femme, en effet, tous ceux qui nous ont vus tous deux de leurs yeux disent que nous nous ressemblons beaucoup. Tu as parlé avec sagesse.

Il parla ainsi, et la vieille femme prit un bassin splendide dans lequel on lavait les pieds, et elle y versa beaucoup d'eau froide, puis de l'eau chaude. Et Odysseus s'assit devant le foyer, en se tournant vivement du côté de l'ombre, car il craignit aussitôt, dans son esprit, qu'en le touchant elle reconnût sa cicatrice et que tout fût découvert. Eurykléia, s'approchant de son roi, lava ses pieds, et aussitôt elle reconnut la cicatrice de la blessure qu'un sanglier lui avait faite autrefois de ses blanches dents sur le Parnèsos, quand il était allé chez Autolykos et ses fils. Autolykos était l'illustre père de sa mère, et il surpassait tous les hommes pour faire du butin et de faux serments. Un Dieu lui avait fait ce don, Herméias, pour qui il brûlait des chairs d'agneaux et de chevreaux et qui l'accompagnait toujours. Et Autolykos étant venu chez le riche peuple d'Ithakè, il trouva le fils nouveau-né de sa fille. Et Eurykléia, après le repas, posa l'enfant sur les chers genoux d'Autolykos et lui dit :

– Autolykos, donne toi-même un nom au cher fils de ta fille, puisque tu l'as appelé par tant de voeux.

Et Autolykos lui répondit :

– Mon gendre et ma fille, donnez-lui le nom que je vais dire. Je suis venu ici très irrité contre un grand nombre d'hommes et de femmes sur la face de la terre nourricière. Que son nom soit donc Odysseus. Quand il sera parvenu à la puberté, qu'il vienne sur le Parnèsos, dans la grande demeure de son aïeul maternel où sont mes richesses, et je lui en ferai de nombreux présents, et je le renverrai plein de joie. Et, à cause de ces paroles, Odysseus y alla, afin de recevoir de nombreux présents. »

Robert Graves traduit le latin *Ulyxe* par « blessé à la cuisse ». Le grec *Odusseus* signifie « en colère » ou encore « le Faché ». Autolycos[89] précise que cet enfant qui naquit « fâché » et plein de haine envers le monde recevra de nombreux présents et repartira plein de joie. Tel est exactement le destin du sagittaire et de la partie du corps qui lui est associée : transformer, grâce à un « grand voyage », la colère en joie, l'irritation contre les hommes en richesses intérieures nées d'une profonde connaissance de la nature humaine.

On connaît par ailleurs l'ambivalence symbolique du sanglier qui blessa le héros. D'un côté, il s'agit d'une métamorphose d'Apollon et de l'autre il désigne un monstre appartenant à la grande famille des horreurs comme Echidna ou l'Hydre de Lerne. Tout se passe comme si Ulysse, c'est-à-dire la « blessure à la cuisse », annonçait un processus de métamorphose : transformer l'ombre (« le monstre ») en lumière (le soleil, Apollon), changer la colère en joie, convertir la haine en espérance, troquer le sens du récit et du mensonge contre la perception des symboles. Le héros est un excellent orateur en qui coule le sang d'Hermès, le dieu du simulacre. Son retour dans la demeure de Pénélope marquera un changement dans sa façon de penser. Auparavant l'univers était pour lui un simple récit situé entre vérité et mensonge, à présent le monde va *faire signe*[90] :

> « À la fin de l'*Odyssée*, « l'homme multiforme et aux couleurs multiples » révèle qu'il est seulement l'élève de Pénélope, la reine des symboles. »

---

[89] *Autolycos* se traduit par « Loup Solitaire ». L'aïeul d'Ulysse était rusé et voleur à l'occasion. Son père, Hermès, lui avait donné le don de voler sans être découvert.

[90] Sur le personnage d'Ulysse voir l'excellent article de synthèse de Pietro Citati « Ulysse et les figures de la séduction » sur le site de la BNF : http://expositions.bnf.fr/homere/arret/11.htm

Contrairement à sa fidèle servante, Pénélope ne se contente pas de la marque à la cuisse car, pense-t-elle avec sagesse, n'importe quel dieu pourrait la contrefaire pour prendre l'apparence de son mari. Elle exigea de lui une preuve plus solide[91] :

> « Quand Ulysse revient, frotté d'huile et vêtu comme un souverain, Pénélope continue à se taire : elle ne le reconnaît pas (ne veut pas le reconnaître). Ulysse lui dit : "femme incompréhensible" : il ne comprend pas pourquoi, maintenant, Pénélope ne l'embrasse pas. Il ne comprend pas que sa femme désire un signe. Pénélope répond par les mêmes mots : "homme incompréhensible". Dans ce mendiant transformé par la grâce divine, elle reconnaît son mari et, pour la première fois, le tutoie. Mais le témoignage des yeux ne lui suffit pas : les yeux peuvent tromper, l'étranger peut être un dieu. Elle veut un signe : *son signe*. Et comme Ulysse ne lui apporte pas de preuve, elle s'adresse à Euryclée et lui dit de dresser au-dehors le solide lit conjugal.

> Ulysse est bouleversé. Ce lit compact, solidement planté dans le sol, avec ses racines qui plongent dans la terre, immobile, inamovible, soustrait à tout changement, est le centre de sa vie, et du poème. Ce lit renferme tous les aspects de son existence : son rapport religieux avec Athéna ; la constance de son caractère ; son mariage avec Pénélope, la fécondité de sa femme, la maison agrandie autour de lui, son pouvoir royal. En lui se fondent nature et culture : les racines encore vivantes et le talent de ses mains d'artisan. Il est le grand signe secret dont lui seul, Pénélope et une servante ont connaissance. Si Ogygie était "l'ombilic" du monde mythique, le lit d'olivier est l'ombilic de la réalité, qu'Ulysse avait préférée au mythe. Vingt ans durant, il avait désiré son lit d'olivier ; il avait souffert pour lui ; et maintenant, de retour chez lui, les prétendants tués, il lui faut découvrir que le centre n'est plus, que quelqu'un a coupé l'olivier à la base, pour l'emporter ailleurs.

> Il souffre, il proteste, et enfin décrit son lit aux incrustations précieuses. Les genoux et le cœur de Pénélope se dérobent, comme dans l'amour, le sommeil et la mort. Elle pleure, jette ses bras autour du cou d'Ulysse, l'embrasse et lui dit :

---

[91] Pietro Citati, op.cit.

194

"Ulysse, ne sois pas courroucé contre moi…
Ne sois pas, maintenant, courroucé, si je ne t'ai pas dit, en te voyant,
combien je t'aime."

Désormais, tout est consommé. Athéna prolonge la nuit, si bien que
la rencontre finale se produit hors du temps. Hors du temps, tous
deux regardent en arrière dans le temps, et ce qui avait été
souffrance et douleur devient, pour tous deux, la joie du récit
partagé. »

L'ultime signe de reconnaissance n'est pas la cuisse mais le lit
d'olivier aux profondes racines ! Que symbolise-t-il si ce n'est
une sexualité (le lit) sacrée (l'olivier) qui revitalise
profondément (les racines) le couple mythique ? D'une certaine
manière la fidélité d'Ulysse « rachète » l'inconstance de Zeus.
La cuisse est à la fois fidèle et volage. Le récit se termine ici en
ouvrant une porte vers un nouveau champ de réalité impossible
à explorer sans s'égarer hors de la fonction symbolique de la
cuisse : la fécondation du sujet par le monde des archétypes
dans le bassin corporel.

Ulysse, c'est la quête spirituelle sans la volupté puisqu'il se
refusa à toutes les tentatives de séduction par le féminin
magique. Il conserve au fond de son cœur l'espoir et l'image
d'une sexualité sacrée avec Pénélope ; Zeus, c'est la volupté
sans la quête spirituelle puisqu'il est déjà le roi de l'Olympe et,
à ce titre, a déjà atteint le sommet de lui-même. Existe-t-il une
voie médiane entre ces deux extrêmes de la cuisse symbolique,
une voie d'alliance qui réunisse la quête spirituelle avec
Volupté né des amours passionnées d'Éros et de Psyché dans
les genoux ?

Dionysos, le fils de Zeus et de Sémélé, ouvre précisément cette
nouvelle possibilité.

L'ivresse de Dionysos

Dionysos, le bébé né de la cuisse, choisit l'aventure. C'est le plus humain des dieux. Non seulement il naquit partiellement d'une mortelle, mais il se préoccupa encore du sort de l'humanité en lui apportant le rouge breuvage, symbole de la civilisation. La cuisse invite à agir dans le monde et non, comme le proposera plus tard Hercule, à dépasser la simple condition humaine en « repoussant au loin ses limites[92] ». C'est un espace biopsychique de socialisation et non d'ascèse.

Paradoxalement, Dionysos est un dieu mortel. Il vint mourir à Delphes où l'on montrait naguère aux pèlerins une tombe portant l'inscription « *Ci-gît Dionysos, fils de Sémélé*[93] ». Robert Graves traduit « Dionysos » par « dieu boiteux ». Et, en effet, nul autre personnage n'a une conscience plus aiguë du déséquilibre né de sa double nature puisqu'il a vécu dans deux ventres : l'utérus d'une mère humaine et la cuisse d'un père céleste. *Avec la cuisse naît la conscience de notre double nature, spirituelle et humaine.* C'est cela « Dionysos ». L'embryon a passé six mois dans le ventre d'une femme et trois autres dans la cuisse d'un dieu. Nul doute que cette expérience prénatale ne soit marquante. Certes il est, comme le souligne le dicton, « sortit de la cuisse de Jupiter », ne doute de rien et pense que l'univers entier est son dû. Après tout, c'est le digne héritage de son père ! Mais il a aussi sa part de faiblesse humaine au risque de s'engager dans des entreprises trop vastes pour lui. La question du contact du sujet avec sa nature divine, avec son essence archétypale, inspirait les démarches du pied et angoissait la cheville. *À présent elle devient incontournable.* Alors une interrogation s'élève de la cuisse symbolique : « comment réconcilier la nature humaine avec l'expérience

---

[92] Eurysthée, le personnage qui imposa à Hercule ses douze Travaux, se traduit par « celui qui repousse au loin les limites ». Ces Travaux de dépassement appartiennent au symbolisme du thorax.

[93] Maria Daraki, *Dionysos,* éditions Arthaud.

196

spirituelle ? ». Car, pour le divin vigneron, la jouissance c'est autant jouir des sens que du sens.

Les uns verront dans la chair l'objet de leur épanouissement, les autres monteront en chaire pour prodiguer une bonne parole. Pour la majorité ce sera un mélange des deux, une sorte de boiterie assumée comme la démarche de Dionysos. L'idéal étant de transmettre la « bonne parole » autour d'une excellente table ! Le vin de l'ivresse offre une belle image de cela : il signe à la fois le moment sacré de la communion avec Dieu et le déchaînement des sens né de la dissolution du « moi », d'une perte de contrôle de la conscience sociale. Le dieu né de la cuisse est bien le grand prêtre des bacchanales, mélange d'extases sacrées et d'orgies déchaînées !

Les premiers jours du bébé furent très agités. Dès sa naissance, il fut déguisé en fille pour le soustraire à la jalousie d'Héra. Bien sûr, il en fallait beaucoup plus pour tromper la vigilance de la reine de l'Olympe. L'ayant retrouvé, elle ordonna immédiatement aux Titans de s'emparer du nouveau-né, un bébé bien étrange avec ses cornes et une couronne de serpents sifflants sur sa tête. Pour détourner son attention, les Titans offrirent à l'enfant des objets fascinants : une toupie, un rhombe, une poupée, des osselets et un miroir. Alors qu'il s'étonnait de voir son reflet dans la glace, ses assaillants l'égorgèrent puis découpèrent son corps en sept morceaux qui seront bouillis puis rôtis. Du haut de l'Olympe Zeus réalisa soudainement le terrible traitement infligé à son fils ! Alors, d'un geste auguste, il envoya la foudre sur les bourreaux qui furent immédiatement carbonisés. La tradition orphique précise que de leur « fumée de suie » naquit l'espèce humaine. De Dionysos, il ne resta qu'un cœur intact. Secouru et reconstitué autour de cet organe par sa grand-mère Rhéa, le jeune dieu revint bientôt à la vie.

La naissance hors de la cuisse fut immédiatement suivie d'un démembrement. Sur le plan psychologique, le petit n'a pas la possibilité de se construire une image narcissique positive de lui-même. Lorsqu'il se regarde dans le miroir, il est découpé en sept morceaux alors même que « le stade du miroir » a pour fonction de rassembler les différentes parties du psychisme pour générer un « moi » confiant en ses capacités. En revanche, nous avons cette très belle image : de la déstructuration de l'identité, il ne resta que le cœur. Le nouveau Dionysos renaît à partir de cet organe-là. Lorsque l'énergie-conscience atteint la cuisse le destin pourra empêcher la personne d'élaborer une image positive et satisfaisante d'elle-même, mais c'est pour mieux lui offrir, comme sur un plateau, l'opportunité de sa troisième naissance[94]. Tout ce qui est de l'ordre des passions « personnelles » est démembré jusqu'à ce que l'essentiel devienne visible : le rythme d'un cœur vivant et vibrant autour duquel le nouveau dieu sera reconstitué.

Plus tard, lorsqu'il deviendra majeur, Héra le reconnaîtra en dépit de son air efféminé dû à son éducation. Elle le rendra fou. Alors Dionysos parcourra les chemins du monde accompagné de son précepteur ainsi que d'une armée de satyres et de ménades déchaînées. Le choix de l'aventure, des voyages, de l'exacerbation des sens joint à l'ivresse divine se met en place après la troisième naissance, lorsque l'amour du cœur est devenu le centre du nouveau « moi ». La « folie » a bien sûr un double sens. Dans le mouvement de descente de l'énergie-conscience, elle signe la déstructuration d'un moi fragile sous les coups de boutoir des forces de l'inconscient qui envahissent le conscient. Psychoses, névroses et angoisse de mort en sont les positions extrêmes. Par contre, dans la remontée, le « moi » est suffisamment fort pour s'ouvrir (le démembrement) à ces puissances sans se perdre, c'est-à-dire sans s'y identifier. La

---

[94] L'aventure humaine inclue quatre naissances. La première est biologique, la seconde se place autour du nombril avec l'élaboration du « moi », la troisième dans l'espace du cœur et la dernière après le passage du cou.

personne semble certes « fêlée », mais c'est grâce à cet état de fragilité consentie qu'elle ouvre une faille par où progresse sans cesse la lumière du grand Inconnu. Les psychanalystes parleraient ici d'une intégration progressive de l'ombre afin que le moi acquière plus de densité. Ils oublient parfois l'incorporation de la Lumière et l'effroi que son irruption dans la normalité suscite chez le méditant.

Dionysos chevauchant une panthère, mosaïque du 4ᵉ siècle av. J.C. Musée archéologique de Pella

La vie de Dionysos consista à marier les deux sources de sa naissance, l'humain et le divin, pour s'engager socialement et apporter sa pierre à la civilisation. Euripide le qualifiait à juste titre de « très doux et très terrible ».

Le fils de Zeus se rendit en Égypte où il s'allia avec les Amazones pour vaincre les Titans qui l'avaient naguère rôti. Puis il se mit en route vers l'Inde, conquit le pays et enseigna l'art de la viticulture à ses habitants. Plus tard, lorsque toute la Béotie eut reconnu sa divinité, Dionysos se déplaça aux îles Égéennes, y répandant la joie et la terreur. Son épopée est constellée d'événements merveilleux dignes des voyages aphrodisiaques les plus fantastiques. À Icaria, il s'aperçut que son navire était en mauvais état et ne pouvait plus tenir la mer. Alors il acheta un billet à des marins tyrrhéniens en partance pour Naxos. C'est seulement arrivé en pleine mer que le dieu réalisa qu'il voyageait avec des pirates. Ne sachant pas qu'ils transportaient un être divin ceux-ci mirent le cap vers l'Asie avec l'intention de le vendre sur le marché aux esclaves. Pour leur échapper le fils de Zeus fit pousser sur le pont un cep de vigne qui s'accrocha aussitôt au mât tandis que du lierre s'enroulait autour du gréement. Puis il changea les rames en serpents et lui-même se métamorphosa en lion ! Il remplit ensuite le navire d'animaux fantômes et fit chanter des flûtes invisibles. Les pirates, pris de panique, sautèrent par-dessus bord et devinrent des dauphins.

Avec Dionysos, le monde du mystère cesse d'être diabolisé. L'homme-dieu semble en effet très à l'aise dans la fréquentation des forces du monde imaginal. Les Grecs en firent la divinité de la poésie, de la musique et de la médecine. Comme Apollon, le dieu de la lumière. Il existe donc deux voies contraires pour aller vers la guérison. Apollon propose le chemin de la pleine conscience pour approfondir sans cesse le contact du sujet avec le Soi[95]. Dionysos suit une voie opposée, il suscite la fragilité du « moi » jusqu'à ce que celui-ci se fêle et s'ouvre en une grande ivresse à la fréquentation sensible des mystères du monde magique. La transe dionysiaque se situe du côté des chamans, le guérisseur apollinien choisit l'hyperconscience. Apollon souffre d'une blessure d'exil et de la brûlure de sa lucidité, alors que l'expérience dionysiaque n'a rien de solitaire. Dans *les Bacchantes* d'Euripide, le chœur entonne un hymne à Dionysos pour évoquer le plus grand don que le dieu fit aux hommes : « le bonheur suprême de la bacchanale » qui les entraîne « à mettre leurs âmes en commun ». La bacchanale est l'expression « exaspérée » du sentiment d'appartenance sociale. L'expérience psychologique du dionysisme est collective, elle est contagieuse ! D'autres approches religieuses pourraient être reproduites en solitaire, mais cette fête exige une psychologie collective qui renverse les normes sociales. Nous en avons conservé le souvenir dans la fête de Dionysos : le carnaval.

---

[95] Voir l'exploration du symbolisme du thorax (à paraître).

« Quand Dionysos guidera, la terre dansera ! » écrivit Euripide. La bacchanale ébranle le monde jusque dans ses assises. Elle procède à l'ouverture du paradis sauvage où « il est doux de pourchasser le bouc pour le saigner, pour dévorer avec délice sa chair crue tandis que sur la terre ruissellent le lait, le vin, le miel, tandis que monte comme une vapeur l'encens de Syrie[96] ». Héraclite alla jusqu'à affirmer que « Dionysos et Hadès sont un seul et même dieu ». Dionysos est la lumière des ténèbres, la fleur noire portant en elle l'épanouissement de l'ombre qui, seule, est capable de régénérer la raison qui s'étiole car, du feu de sa passion, la rationalité n'a su conserver que la lumière.

La cuisse est bien le lieu de la naissance de Dionysos, l'expérience de l'ivresse dans tous les sens du terme ! Par l'alcoolisme et la névrose à défaut d'avoir la force nécessaire pour recevoir un enseignement chamanique. Par les *raves party*, voire même par l'hooliganisme, dans une société qui ne reconnaît plus les besoins d'extase et de communion des âmes. Cette faculté de « mettre les âmes en commun » est pourtant la contrepartie subjective de la démocratie. Elle maintient un fond d'unité collective qui rend facile l'acceptation des différences matérialisées par le vote individuel.

La cuisse n'est pas seulement le lieu de la reconnaissance sociale (Ulysse), ni le symbole de l'engagement du maître envers son l'élève ou du père reconnaissant son fils (Zeus), c'est aussi le moment où, pour la première fois, la personne explore en conscience le monde du mystère. Elle n'a parfois pas le choix : la blessure incurable et la colère nées dans les genoux taraudent tellement que cela devient une question de vie ou de mort.

---

[96] Maria Daraki, *Dionysos,* éditions Arthaud.

La tradition chrétienne n'est pas aussi engagée que Dionysos dans l'exploration du monde magique. Elle l'a d'abord diabolisé puis considéré ensuite comme un simple tissu de superstitions. C'est pourquoi le symbole de l'alliance du temporel avec le spirituel s'est frayé un autre chemin à travers une structure mythologique plus normée : la Chevalerie.

Le Chevalier et la Dame

Le cheval occupait une grande place au Moyen Age, dans la vie ordinaire comme dans les récits. Le cavalier dirigeait sa monture à l'aide de ses cuisses pour parcourir de longues distances, le Chevalier partait en Croisade vers les lointaines terres d'Orient pour s'emparer des lieux Saints. D'une manière générale, le cheval emmène celui qui le monte loin de chez lui pour l'accomplissement des désirs de sa « Dame », entendons ici « ce qui vient de son âme » par « D'Ame ». L'ordre chevaleresque développé par Charles Martel va de pair avec le roman courtois, la carte du tendre et la magie des philtres d'amour qui trouveront leur apogée à la fin du premier millénaire. L'esprit de conquête s'appuie à nouveau sur une place particulière accordée au féminin. C'est l'invention de l'étrier, en Chine au IVe siècle, qui facilita le passage de la civilisation romaine vers le code de conduite de la chevalerie, avec les bouleversements qui s'ensuivirent[97]. Le champ de bataille (genoux) fut naturellement remplacé par la quête chevaleresque (cuisses).

Quelle est la nature de cette quête propre à l'aristocratie guerrière du Moyen Age ? Quand s'éloigner ? Comment partir ? Qu'aller chercher ? Ces questions hantent le propriétaire de la cuisse qui a entendu résonner le clairon de son âme.

---

[97] Odilon Cabat, *la chevalerie, in* Histoire des idéologies (Hachette).

202

Les rêves proposent des éléments de réponse. L'équidé onirique représente toujours un guide qui accompagne le rêveur de la pesanteur vers la liberté de mouvement. Le bruit de ses sabots clame l'impétueuse tâche de l'âme qui doit se délivrer des obstacles du comprendre pour s'accomplir dans la voie du sentir, jusqu'au pays des étoiles, symbole du destin accompli[98]. Lorsque le cheval apparaît dans les rêves, il dit que le moment est venu de se libérer des carcans personnels, familiaux et sociaux pour retrouver l'aisance du mouvoir et l'ivresse de l'aventure. Le cavalier sent frémir sous sa cuisse la sensualité de la bête, sa puissance et la promesse des galops sans fin au milieu des grands espaces. Autant de qualités que l'animal réveille dans le cœur et le corps de celui qui le monte. Le cheval est un guide qui conduit de la pesanteur vers l'apesanteur grâce à sa clairvoyance instinctuelle. En se libérant de la pression sociale et de ses questionnements intellectuels l'homme-cheval redécouvre la vérité de ses élans physiques, affectifs et une nouvelle curiosité qui seront bientôt ses seuls guides pour parcourir sa vaste existence. Et lorsqu'il se libère des harnais sociaux, il secoue aussi les protections qui le séparent d'un contact spontané et naturel avec les autres. Le cheval est bien le meilleur allié de l'homme : il le *transporte*. Ah ! que de transports géographiques, amoureux et mystiques à la pointe de ses étriers !

Par le biais de l'équitation et de la tradition chevaleresque, la cuisse symbolique appelle la personne à écouter la voix de son âme *et* de ses sens, de sa dame *et* de la guerre. Pour mieux entendre cet élan d'amour *et* l'appel de sa croisade, le sujet devrait se libérer des conventions sociales qui l'inhibent pour suivre avec enthousiasme ses élans vitaux. Tous les liens qui le maintenaient dans l'écurie des convenances le protégeaient de l'ivresse du combat tant que la conscience de son étoile n'était pas encore devenue une évidence. Mais, lorsqu'elle surgit au

---

[98] Georges Romey, *Dictionnaire de la symbolique*, éditions Albin Michel.

détour d'un chemin, ce serait trahir l'esprit que de rester au château sans oser l'une où l'autre des grandes aventures proposées par Zeus, Dionysos ou Ulysse. Sans oublier les Chevaliers de la Table Ronde que nous visiterons bientôt à la jonction des hanches.

Un autre dieu porte la signature de la cuisse : Arès (Mars) dont le nom se traduit par « guerrier mâle ». Une fois, il fut blessé à cet endroit par Hercule et s'enfuit sans demander son reste. Une autre fois, il se métamorphosa en sanglier et blessa mortellement à la cuisse l'amant d'Aphrodite dont il était excessivement jaloux. L'association de cette masse musculaire avec le dieu de la guerre semble logique : les combats sont des affaires de mouvements de troupes, de cavalerie et d'infanterie, de conquêtes de territoires, parfois de viols et de beuveries. Nous avons déjà souligné la ressemblance entre le muscle strié et les formes creuses emblématiques de la fonction guerrière.

Zeus et Héra haïssent leur fils Arès en raison de sa brutalité et de sa barbarie. Seule Aphrodite, par son amour, a percé sa lumineuse dimension[99] :

> « Cœur hardi, porteur de bouclier sauveur des cités, coiffé d'airain, aux mains robustes, infatigable, fort par la lance, rempart de l'Olympe, Père de la Victoire, heureuse conclusion des guerres, auxiliaire de Thémis ; Maître absolu de l'adversaire, guide des hommes les plus justes. »

La relation au féminin est donc omniprésente dans les signifiants de la cuisse. Zeus est attiré par le beau sexe à la cuisse légère, le jeune Dionysos vit longtemps déguisé avec des vêtements de petite fille, le retour d'Ulysse à Ithaque est sans cesse retardé par des magiciennes. Et enfin Arès, ce dieu un peu lâche, ne devint utile que sous le regard énamouré de la déesse. Faut-il s'étonner du nom donné à l'os où s'enroulent les

---

[99] *Hymne homérique à Arès*, vers 2 à 5, traduction de Renée Jacquin.

muscles de la cuisse, cet axe central autour duquel gravitent les forces vives du guerrier, le *fémur* qui a donné « femme » et « féminin »[100] ? Il faut sans doute s'en étonner. S'étonner de voir à quel point le symbolisme du corps humain et la mythologie forment un livre ouvert sur la psychologie et l'ontologie de l'homme.

Mais alors, les prêtresses ne seraient-elles pas les ultimes médiatrices entre les hommes et les dieux, des « gardiennes de l'Autre Monde » comme dans les anciennes tribus germaniques ? La société patriarcale a évincé le féminin par crainte de son mystère et par ignorance de son don le plus précieux : sa capacité à se donner totalement. Qui mieux que le féminin sait ce que veut dire l'engagement d'amour pour l'accompagnement des passages ?

Le monde magique commence dans le ventre car c'est un univers d'eau. L'Eau est féminine comme la magie, la sorcellerie, le charme et les charmes ; comme les symboles aussi, ce langage silencieux parlé par la nature et par les dieux. L'homme qui a abandonné la toute-puissance de sa raison dans les genoux s'enivre des grands espaces physiques, affectifs, philosophiques, magiques et spirituels dans les cuisses. Il a épuisé la résignation et la colère qui l'étouffaient, il se confie à son ressenti et à ses instincts, il reconnaît ses aspirations irrationnelles et accueille la foi. Mais cet homme-là, s'il veut aller plus loin encore, doit se faire « femme » pour se rapprocher vraiment et de la nature et des dieux. Car seule la femme sait se laisser féconder en s'offrant sans réserve à l'être aimé, à Dieu, à la Vie.

Pour conclure cette incursion dans les mythes relatifs à la cuisse, nous ne pouvons résister au plaisir de citer cette anecdote qui relie entre eux les différents signifiés que nous

---

[100] *Dictionnaire étymologique Latin*, p. 88.

avons évoqués[101] :

> « Les historiens chinois se sont plu à opposer le caractère des deux principaux capitaines qui se disputaient ainsi le pouvoir, Lieou Pang et Hiang Yu : Hiang Yu, géant brutal aux allures de soudard ; Lieou Pang, type de Chinois politique, rusé et adroitement généreux, encore que, lui aussi, aventurier sans passé. De Lieou Pang surtout ils nous ont laissé un portrait haut en couleur. « C'était un homme au nez proéminent, au front de dragon, avec une belle barbe. Sur la cuisse gauche il portait soixante-douze points noirs » — signe, évidemment, de sa grandeur future. « Bien que fort pauvre, il aimait le vin et les femmes. » On nous apprend qu'il allait boire chez une vieille marchande, la dame Wang ; soit générosité, soit vantardise, il offrait toujours de payer le vin au-dessus du prix fixé ; en réalité il n'achetait qu'à crédit. Il est vrai qu'un jour que, parfaitement ivre, il s'était endormi dans la boutique, la vieille crut voir au-dessus de lui planer un dragon, nouveau présage d'une haute destinée : plus que jamais elle donna son vin à crédit. ».

Combat, ivresse, séduction, spontanéité des élans, réussite sociale et protection des dieux : tels sont les destins de la cuisse !

---

[101] René Grousset, *Histoire de la Chine* document produit en version numérique par Pierre Palpant, collection "Les classiques des sciences sociales" dirigée et fondée par Jean-Marie Tremblay en collaboration avec la Bibliothèque Paul-Émile-Boulet de l'Université du Québec à Chicoutimi.

Mythopathologies

Chez les femmes âgées, l'accident le plus fréquent est la fracture du col du fémur en raison de la fragilisation des tissus osseux due à l'ostéoporose. Or le « col » est un passage étroit, comme les deux autres défilés du corps : le col de l'utérus et le cou. L'énergie-conscience s'apprête à explorer un nouveau monde en s'engageant dans une fin défilé. Le terme « ostéoporose » accentue le message géométrique lorsque nous entendons « ose ! t'es au port ! ose ! ». Le moment est venu d'oser le grand départ en direction de l'immensité océanique, puisque c'est la fonction du port que de préparer les bateaux en partance. La mort est ce passage qui ouvre une porte vers l'Infini. Le port vers le divin, en vérité, puisque nous entendons « Ose Théos Port Ose ! » : Ose la porte qui te conduit vers Dieu (*théos*). On pourra donc lire le col du fémur comme un passage qui prépare à la mort, puis à la renaissance à l'orée d'un Autre Monde. Dans une société où le décès est idéologiquement repoussé, le fémur et son col rappellent que cette traversée est essentielle pour l'accomplissement de l'être humain. Lorsque le col se brise, le passage est rompu, il demande à être réparé psychiquement par la reconnaissance et l'acceptation du fait d'être mortel. Psychologiquement la peur de la mort et le refus de quitter l'existence terrestre pourraient entraîner une rupture du col. Plus précisément encore, la tête fémorale articule le bassin avec l'os iliaque, un mot qui se traduit par « relatif aux îles ». Le « bassin » et les « îles » évoquent l'image de l'« île des bienheureux » fréquente dans de nombreuses mythologies. En ce lieu mythique séjournent après leur mort les personnes ayant accompli pleinement leur existence terrestre.

Les contractures, les élongations et les déchirures des muscles de la cuisse, surtout les « quadri-ceps », suggèrent un excès de passions « guerrières », voire une colère refoulée. Positivement, elles lancent un appel pour que le sujet suive la liberté de ses élans au lieu de plier le joug sous ses harnais sociaux. Mais il devrait aussi se poser cette question : « suis-je un chevalier ou un soudard ? ». La vigueur combattante du chevalier est mise au service de sa « d'Âme », au service d'une œuvre. L'homme à cheval comprend en profondeur le symbolisme de la cuisse – une masse musculaire enroulée autour du fémur – alors que le soudard s'enivre prématurément, comme le firent les Centaures : ils veulent seulement du vin et des femmes, de l'ivresse alcoolique et des fêtes, de la solde et des sensations fortes. Le soudard est l'homme qui a perdu tout contact avec son féminin. Alors ses forces vives s'épanchent à la diable. *In fine*, ce qui différencie ces deux catégories de combattants, c'est leur degré d'humilité : le Chevalier a gagné la bataille des genoux, il a appris à fléchir devant sa dame, devant ce qui surgit de son âme, ou devant son roi (sa conscience) ; le soudard pille, vol et viol. Ses passions guerrières, ou sportives, sont l'unique moteur de son accomplissement. Il ne reconnaît que l'autorité des menaces et la promesse de la solde. Les pathologies musculaires de la cuisse, fréquentes chez les sportifs, suggèrent la nécessité d'un réajustement entre cette mâle virilité et le monde féminin : « Est-ce que je tente de lui imposer mes volontés ou est-ce que je la reconnais et l'accueille dans tout son mystère ? »

Le récit de la cuisse

Le terme « jovial » se traduit par « influencé par la planète Jupiter ». La plus volumineuse des planètes du système solaire est reliée à la cuisse par sa maîtrise sur le signe du Sagittaire. Les expressions françaises attribuent également à cette partie de l'anatomie la joie (« se taper sur les cuisses »), les plaisirs amoureux (« avoir la cuisse accueillante »), la confiance en soi, voir une certaine mégalomanie (« être sorti de la cuisse de Jupiter ») et enfin la réussite sociale par « relations » (« arriver par les cuisses »).

Ce légendaire optimisme voile deux blessures : une construction narcissique inachevée (le miroir de Dionysos) et une colère inextinguible liée aux conditions de naissance (Ulysse, le Fâché) perçues comme une injuste fatalité. Ces plaies secrètes imposent une mutation psychologique catalysée par d'intenses tensions intérieures : besoin de liberté et respect des engagements sociaux, vagabondage affectif et aspiration à une relation stable, chevalier et soudard, jouissance du sens et jouissance des sens. Le sentiment d'inachèvement du moi et la colère guérissent parfois grâce à un grand voyage, géographique et intérieur tout à la fois (Ulysse). La joie devient une force d'élévation qui conduira la personnalité vers sa seconde naissance, dans les eaux du bassin. Cette naissance a deux visages : le plaisir de mettre au monde des enfants de chair en se livrant aux joies de la paternité, et la jubilation qui fortifie le lien entre l'homme et son Dieu jusqu'à ce qu'il soit fécondé par Lui. Cela suppose d'avoir posé sa conscience jusqu'au centre de la cuisse avec son soutien essentiel : le fémur qui est femme. Cet os est entièrement dédié au féminin et à son développement dans la conscience du sujet : écoute de son âme, capacité à donner et à se donner, développement de la pensée symbolique, confiance dans son intuition et dans ses instincts. Cet accomplissement est grandement facilité lorsque la difficile bataille des genoux est gagnée. La volonté d'ego s'efface comme une ombre à l'orée d'un monde si vaste et si mystérieux que la seule raison raisonnante ne peut plus s'y agripper sans glisser. Dans le cas contraire, les élans d'amour, la force de la joie et de la colère mêlés serviront un moi affamé d'ambition et de puissance au risque de la folie des grandeurs.

Les cuisses se réfèrent à l'enthousiasme. Mais des questions surgissent lorsque la cuisse est blessée. « Ma joie est-elle exprimée ou réprimée à cause de ma soumission volontaire à des fidélités contraires à mes aspirations profondes ? Accompagne-t-elle la (pro)création (Zeus) ? Ma vie est-elle suffisamment extraordinaire pour me donner un sentiment de richesse intérieure et/ou pécuniaire ? Ou est-elle « fermée » en raison de mes besoins de protection et de sécurité (Héra) ? Est-ce que je chevauche librement mes élans ? Suis-je dans la joie ? Comment est-ce que j'équilibre besoin de sécurité et désir d'aventure dans ma vie ? Est-ce que je me sens en lien avec le Divin ? Comment affermir ce lien sans combattre ? Suis-je semblable une « fée mûre » sensible au monde magique et aux symboles ? Suis-je capable de chevaucher mes passions, ou est-ce que je me laisse entraîner par elles comme une jeune pouliche (ou un étalon) ? Comment réunir passions et compassion ? Quelle est ma relation au féminin : de fascination tout en m'en défendant (Ulysse), de séduction (Zeus), d'incarnation dans ma vie intérieure (Dionysos) ? Et enfin, ultime proposition de la cuisse : suis-je prêt *à sceller librement une alliance* avec un autre et/ou avec dieu par le lien *sacré* de l'engagement ? ».

Chapitre 5

Les portes du nouveau monde : les hanches

Biologie

L'articulation qui relie la cuisse au bassin met en jeu deux os : l'iliaque et le fémur.

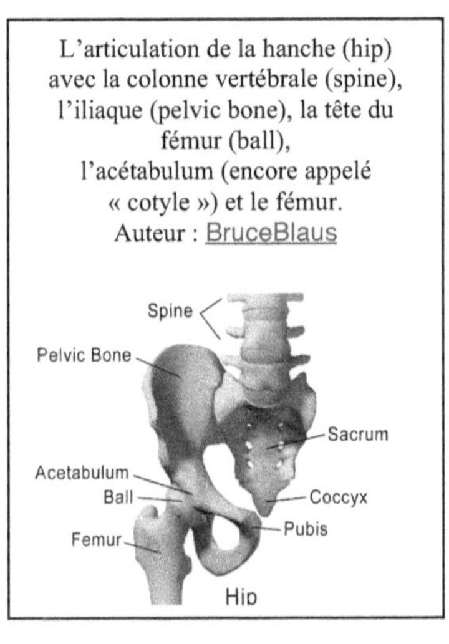

L'articulation de la hanche (hip) avec la colonne vertébrale (spine), l'iliaque (pelvic bone), la tête du fémur (ball), l'acétabulum (encore appelé « cotyle ») et le fémur.
Auteur : BruceBlaus

Comme le montre le schéma, la hanche relie une tête pleine avec une sphère creuse. Le sommet du fémur vient en effet se loger dans la demi-lune formée par l'extrémité de l'os iliaque, un endroit nommé *acétabulum*, « vase à vinaigre », ou encore « cavité cotyloïde ». Cinq ligaments maintiennent l'ensemble et accompagnent les mouvements de la hanche, ils sont dits « rond », « annulaire », « ilio-fémoral », « pubo-fémoral » et « ishio-fémoral ».

Le cotyle dessine un « vase à vinaigre » (*acétabulum*) en position renversée. Au creux de ce mortier, les fruits des expériences vécues dans les membres inférieurs sont broyés par les mouvements du pilon, l'autre nom de la cuisse. Du « vin aigre » se forme déjà.

Nous connaissons la longue genèse du « vin aigre ». La cheville maintenait le souvenir de la première expérience vivante et terrifiante du sacré sous la forme d'une jeune « vrille de la vigne ». Puis, dans les « quadri-ceps », naquit le divin vigneron, le petit Dionysos démembré par les forces titanesques, puis reconstitué par la grande déesse. Vient à présent l'*acetabulum*, le réceptacle du vin aigre. Le liquide encore jeune n'est pas le vin de la communion, lorsque celui-ci deviendra du sang dans l'espace du cœur, mais il porte déjà les fruits du long voyage entrepris depuis les premiers jours du redressement individuel. Après avoir planté quelques graines essentielles et s'être libérée des liens transgénérationnels qui absorbaient ses énergies dans ses pieds, la personne ressent pour la première fois la présence du sacré. C'est que l'énergie-conscience passe dans ses chevilles. Cette « vrille de la vigne » qui croît comme une liane imposera beaucoup plus tard au « moi » sa totale soumission. D'ores et déjà s'engage la difficile bataille des genoux. Après la victoire du renoncement l'intime gagne sur le métaphysique, la profondeur l'emporte sur l'objectif et le descriptif. Lorsque le Soleil (rotule) et la Lune (ménisque) se rencontrent surgissent les passions amoureuses et l'impulsion à explorer d'une manière libre et vivante les vastes espaces naguère entr'aperçus. Alors le fils de Zeus – le petit Dionysos – naîtra dans la cuisse. Mélange sauvage et délicat de plaisir des sens et d'ivresse du sens, le « dieu boiteux » tisse sans cesse les fils d'humanité légués par sa mère « Lune » avec les brillantes visions de son père céleste pour tisser la trame de son destin individuel. Toutes ces noisettes de sens, grappillées ici et là au fur et à mesure de ses aventures, seront déposées dans le vase à vinaigre puis broyées au pilon : l'énergie-conscience atteint la tête du fémur. Le mythe illustre cette phase du développement psycho-spirituel par le démembrement de Dionysos (le muscle crural) suivi de sa renaissance.

L'articulation de la hanche associe donc l'iliaque au fémur. L'imagination poétique qui se laisse aller à amplifier la destination finale d'Ulysse, l'homme « blessé à la cuisse », entend la proximité phonique entre « Iliaque » et « Ithaque ». Tous deux sont des îles, à leur manière, puisque Iliaque se traduit par « relatif aux îles » et Ithaque appartient au groupe des sept ioniennes. Iliaque/Ithaque marque l'aboutissement des expériences de la cuisse et le terme du voyage du héros de l'Odyssée. Ithaque, le royaume d'Ulysse, jouxte l'île de Céphalonie qui serait alors la « tête » (*kêphalé*) du fémur à quelques encablures du continent. *L'os iliaque est, dans le symbolisme du corps, le port du nouveau monde* : celui du *bassin*. Pour l'atteindre il suffit de franchir la fine passe en forme de demi-lune qui le sépare de la tête du fémur. Au creux de l'*acetabulum* les voyages et les aventures s'achèvent. Le moment est venu d'intégrer la richesse des expériences passées pour les décanter et faire du bon vin. Il s'agit de poser ses valises en se liant profondément à un lieu, à des êtres aimés ou au divin. C'est aussi le sens symbolique du *ligament annulaire* qui maintient en place l'articulation de la hanche : « le ligue amant », le lien amoureux, adopte la forme de l'anneau porté par le doigt de l'engagement.

Les hanches préparent l'entrée dans le bassin. Entrer dans le bassin, c'est pénétrer dans les eaux du mystère, là où se concocte la seconde naissance. Les eaux imaginales du bassin se reflètent dans les émotions avec leurs merveilles, leurs pièges et leurs illusions. Beaucoup de « dieux » grecs y obtinrent leur seconde naissance puisque les principales divinités sont nées une seconde fois *du ventre* de Cronos qui, un jour, les vomit. Même Aphrodite est née des eaux. La déesse naquit de la verge d'Ouranos tombée dans les flots. Nous reviendrons ultérieurement sur les fonctions de tous ces dieux en explorant le symbolisme des viscères. Pour l'heure, nous sommes encore derrière la porte du monde où jouent ces divinités représentées par Vénus-Aphrodite (les reins), Mercure-Hermès (l'intestin), Mars-Arès (la vésicule biliaire), Jupiter-Zeus (le foie), Apollon-Soleil (le duodénum), Saturne-Cronos (la rate), Pan (le pancréas) et la Lune (l'estomac).

L'articulation de la cuisse, même reliée au bassin, conserve une grande liberté de mouvement. Symboliquement, elle explore les voies d'alliances qui concilient la liberté individuelle avec l'engagement dans une relation intime, un projet socioprofessionnel ou un dieu. La *capsule articulaire* et les *cinq ligaments* de l'articulation coxo-fémorale assurent physiquement cette relation. Grâce à cette organisation, la jambe reste extrêmement mobile tout en restant fidèle au bassin. « Capsule » vient du latin *capsula* qui se traduit par « coffret ». Dans le monde végétal, il s'agit de l'enveloppe qui protège la semence. Dans la communauté humaine, le foyer joue ce rôle et la pièce de méditation dans le processus de remontée de l'énergie-conscience. Il s'agit d'un lieu où l'ordinaire côtoie le sacré ; un espace où la personne se sent en sécurité, prête pour une plus grande ouverture intérieure car hors des risques de blessure par le monde. Le moment est venu pour le croyant de se lier à un égrégore, à la qualité d'énergie d'une voie de recherche spirituelle spécifique qui protège et soutient le disciple en quête de transcendance. Le « coffret », la capsula, est un espace où sont déposées et protégées les semences les plus essentielles des précédentes expériences de l'être.

Cinq liens d'amour entourent la capsula : les cinq « ligue amants ». Ceux des genoux associaient le soleil avec la lune. De cette relation aussi intime qu'intense naquit le désir d'une aventure à deux, fascinés par l'appel de l'inconnu et les espoirs d'horizons lointains. À présent les ligaments de la hanche arriment l'être, comme autant de cordages, à un port d'attache.

Le ligament rond est spécifique à l'espèce humaine, c'est dire son importance symbolique pour comprendre ce qui la différencie du règne animal ! Il a peu d'action mécanique. Par contre, il est centré sur une artériole qui irrigue la tête du fémur. Le lien d'amour spécifiquement humain ne fonctionne pas sur la force tendue mais *sur la capacité de l'homme à servir de porte-vaisseaux*, à transmettre l'énergie de vie… car le sang représente exactement la dimension « force de vie » des archétypes puisqu'il est fabriqué à l'intérieur des os plats. Le ligament rond possède trois fonctions : il sert de support aux artères qui vascularisent la tête du fémur ; il amortit l'espace acétabulaire qui sépare les deux os et enfin, en bougeant, il répartit le liquide synovial dans la cavité articulaire. La fonction de l'être humain comme médiateur entre les dieux du bassin et son action concrète sur la Terre (les membres inférieurs) passe symboliquement par trois postures intérieures : transmettre la « volonté de vie » spécifique à l'univers des archétypes, amortir les forces en provenance du monde astral pour les transformer en actions concrètes et, enfin, équilibrer sa sensibilité en développant une juste alliance avec le monde magique. Cette fonction d'alliance est réaffirmée par **le ligament annulaire.** Son nom et sa forme évoquent en effet l'anneau des fiançailles. Il ne s'agit pas encore de la rencontre de deux destins comme ce sera le cas plus tard avec le symbolisme de la main, mais de l'équilibre entre l'homme d'action et l'homme inspiré qui construit sa vie en écoutant ses « tripes », l'anagramme du mot « esprit ». Bien sûr, les tripes ne sont pas encore de l'esprit, mais seulement son inversion : mêmes énergies – même lettres – mais pas organisées dans l'ordre adéquat pour dire exactement la nature du Ciel. Pas plus que l'*acetabulum* n'est un graal recevant le Sang du Christ. La hanche ouvre une porte sur le monde magique, mais l'erreur serait de se croire déjà arrivé, de confondre les tripes avec l'esprit – l'inspiration personnelle avec le Souffle – et le vinaigre avec le vin : un surcroît de force vitale avec la volonté de Dieu. Un tel homme ou une telle femme entrerait alors dans la pathologie de la hanche mise en scène par un personnage littéraire, Carmen, et une histoire biblique : la lutte de Jacob avec l'Ange.

Avant d'explorer cette question revenons un instant sur les autres ligaments qui entourent la hanche. En plus du rond et de l'annulaire, trois autres tendons extra synoviaux soutiennent l'articulation. Le plus puissant d'entre eux est **l'ilio-fémoral** en forme de Y, situé sur la face ventrale de la capsule articulaire. Il maintient fermement l'os iliaque avec le fémur. Sa forme évoque la jonction des sexes féminin et masculin par la réunion du V pubien avec le I phallique[102]. Elle suggère une relation par le désir sexuel en vue de la reproduction et annonce à sa manière la proximité de la naissance dans le ventre. Quant au **ligament pubo-fémoral**, il associe la tête du fémur avec le pubis, du latin *pubes* qui se traduit par « signe de la virilité, poil follet ». Ici la tête du féminin (le fémur) s'allie à la force virile (les poils) du pubis, ce que l'on peut traduire comme une complémentarité psychologique entre homme et femme. La femme-fémur est signalée par la tête, c'est-à-dire sa capacité à prendre la direction des opérations, alors que la virilité « masculine » s'enracine sur le pubis. Chaque genre commence à se lier aux qualités psychologiques de son complémentaire.

Le ligament **ishio-fémoral** relie le col du fémur avec l'ischion. Il a la particularité de se situer sur la face dorsale de l'articulation et, symboliquement, de tenir la place de l'Esprit. Les cinq ligaments de la hanche évoquent donc autant de manières de se lier par l'amour : le désir sexuel (l'ilio-fémoral), la complémentarité psychologique homme/femme (le pubo-fémoral), le contact avec un égrégore spirituel (l'ishio-fémoral) et deux postures *intérieures* : la conscience qu'une vie autre que biologique irrigue les décisions et les actions de la personne (le ligament rond) et un désir d'alliance avec l'Esprit, le pressentiment qu'un objectif plus large et plus vaste que la

---

[102] Sur le symbolisme des lettres de l'alphabet latin : Luc Bigé, *Petit dictionnaire en langue des oiseaux* éditions de Janus.

réalisation personnelle pointe à l'horizon de la conscience humaine (le ligament annulaire).

Cinq ligaments maintiennent la hanche à la cuisse et cinq os forment la hanche proprement dite : le sacrum, le coccyx, l'ilium, l'ischion, et le pubis. Leurs sens symboliques seront explorés lorsque nous entrerons dans le bassin.

Mythologies

Carmen : désir, effronterie et liberté

Revenons un instant vers la tête du fémur et ses valeurs symboliques. La langue des oiseaux entend « tête du fée mûre ». Cette fée mature est remarquablement illustrée par le personnage de Carmen, une jeune Gitane passionnée qui ne s'en laisse pas conter.

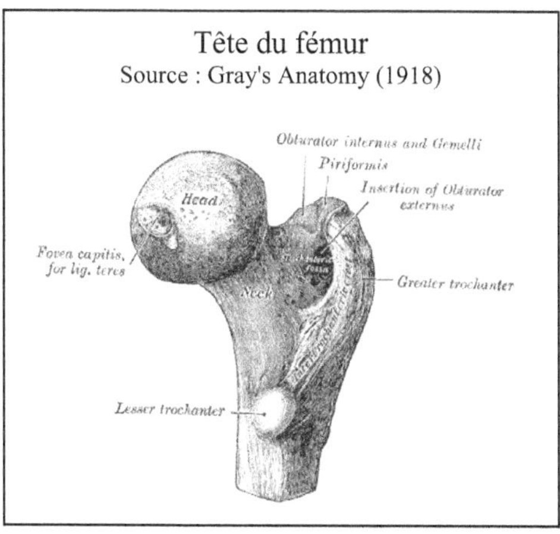

Les légers flirts d'Ulysse avec de mystérieuses figures féminines au cours de son grand voyage, l'alliance avec le sacré scellée grâce au rituel du sacrifice de la cuisse et, enfin, l'ivresse participative enseignée par Dionysos ont mûri la personnalité sur la voie de l'évolution. Le sens du mystère, la foi et la participation mystique à la vie communautaire ont préparé l'homme à la délicate pénétration dans le monde des dieux du bassin. Délicate, car cette seconde naissance lui impose d'abandonner sa liberté, si précieuse pour une personnalité ayant appris à se suffire à elle-même. Mais, ce sens du mystère, cette foi et la reconnaissance de la primauté du tout sur la partie n'en sont-ils pas déjà les prémisses ? Carmen, les mains sur les hanches, symbolise le refus obstiné de ce passage. Il s'agit d'une formidable histoire d'amour où les amants franchissent le seuil de la mort à défaut d'oser s'embarquer à destination du Nouveau Monde.

Le mot latin *carmen* se traduit par « poème » ou « chant ». Néanmoins le nom de l'héroïne de Prosper Mérimée dérive de celui de la Vierge du Carmel, l'un des noms de Marie. Carmen, la Bohémienne, appartient au peuple du voyage. Comme Ulysse, comme Dionysos, comme le peuple Juif, sa vie est tissée dans une étoffe d'errance, d'intelligence et de magie. La popularité du personnage qui a inspiré tant de films, d'opéras et de nouvelles ne s'explique que parce qu'il résonne avec une structure archétypale, constitutive de la personne humaine. La jeune Gitane est un mélange de magie, de séduction, de liberté, d'effronterie et de désir de vivre qui, par sa posture physique si souvent représentée, signe le sens symbolique des

Poster d'une première américaine de l'opéra de Bizet *Carmen*.

Une main sur la hanche, l'autre tenant un chapeau : quoi de plus explicite pour signifier « la tête du fée mûre » ?

Source Library of Congress

hanches.

Prosper Mérimée décrit ainsi la première rencontre entre Carmen et celui qui deviendra fou d'amour pour elle :

> « Elle avait un jupon rouge fort court qui laissait voir des bas de soie blancs avec plus d'un trou, et des souliers mignons de maroquin rouge attachés avec des rubans couleur de feu. Elle écartait sa mantille afin de montrer ses épaules et un gros bouquet de cassie qui sortait de sa chemise. Elle avait encore une fleur de cassie dans le coin de la bouche, et elle s'avançait en se balançant sur ses hanches comme une pouliche du haras de Cordoue. Dans mon pays, une femme en ce costume aurait obligé le monde à se signer. À Séville, chacun lui adressait quelque compliment gaillard sur sa tournure ; elle répondait à chacun, faisant les yeux en coulisse, le poing sur la hanche, effrontée comme une vraie bohémienne qu'elle était. D'abord elle ne me plut pas, et je repris mon ouvrage ; mais elle, suivant l'usage des femmes et des chats qui ne viennent pas quand on les appelle et qui viennent quand on ne les appelle pas, s'arrêta devant moi et m'adressa la parole : « Compère, me dit-elle à la façon andalouse, veux-tu me donner ta chaîne pour tenir les clefs de mon coffre-fort ? » ».

À cette étape, le monde magique, celui de la divination dans le marc de café, des tireuses de cartes et autres mantiques est encore pressenti sous son aspect diabolique et dangereux. Mais, en même temps, il fascine :

> « On sent qu'il eût été ridicule de se faire tirer la bonne aventure dans un café. Aussi je priai la jolie sorcière de me permettre de l'accompagner à son domicile ; elle y consentit sans difficulté, mais elle voulut connaître encore la marche du temps, et me pria de nouveau de faire sonner ma montre.
>
> (…) Dès que nous fûmes seuls, la bohémienne tira de son coffre des cartes qui paraissaient avoir beaucoup servi, un aimant, un caméléon desséché, et quelques autres objets nécessaires à son art. Puis elle me dit de faire la croix dans ma main gauche avec une pièce de monnaie, et les cérémonies magiques commencèrent. Il est inutile de vous rapporter ses prédictions, et, quant à sa manière d'opérer, il était évident qu'elle n'était pas sorcière à demi.

(…) Puis, s'approchant comme pour me parler à l'oreille, elle m'embrassa, presque malgré moi, deux ou trois fois. « Tu es le diable, lui dis-je. – Oui », me répondit-elle. »

La jeune Gitane incarne les mystères du féminin et de la Nature, ces mystères que l'univers masculin a tendance à diaboliser tellement cela l'effraie, car ceux-ci lui paraissent hors de tout contrôle possible.

La dernière entrevue qui réunit finalement les amants dans la mort met à nouveau en scène la hanche de l'héroïne :

> « Carmen, lui dis-je, voulez-vous venir avec moi ? »
> Elle se leva, jeta sa sébile, et mit sa mantille sur sa tête comme prête à partir. On m'amena mon cheval, elle monta en croupe et nous nous éloignâmes. « Ainsi, lui dis-je, ma Carmen, après un bout de chemin, tu veux bien me suivre n'est-ce pas ?
> — Je te suis à la mort, oui, mais je ne vivrai plus avec toi. »
> Nous étions dans une gorge solitaire ; j'arrêtai mon cheval. « Est-ce ici ? » dit-elle, et d'un bond elle fut à terre. Elle ôta sa mantille, la jeta à ses pieds, et se tint immobile un poing sur la hanche, me regardant fixement. « Tu veux me tuer, je le vois bien, dit-elle ; c'est écrit, mais tu ne me feras pas céder.
> — Je t'en prie, lui dis-je, sois raisonnable. Écoute-moi ! Tout le passé est oublié. Pourtant, tu le sais, c'est toi qui m'as perdu ; c'est pour toi que je suis devenu un voleur et un meurtrier. Carmen ! Ma Carmen ! Laisse-moi te sauver et me sauver avec toi.
> — José, répondit-elle, tu me demandes l'impossible. Je ne t'aime plus ; toi, tu m'aimes encore, et c'est pour cela que tu veux me tuer. Je pourrais bien encore te faire quelque mensonge ; mais je ne veux pas m'en donner la peine. Tout est fini entre nous. Comme mon *rom*, tu as le droit de tuer ta *romi* ; mais Carmen sera toujours libre. *Calli* elle est née, *calli* elle mourra.
> — Tu aimes donc Lucas ? Lui demandai-je.
> — Oui, je l'ai aimé, comme toi, un instant, moins que toi peut-être. À présent, je n'aime plus rien, et je me hais pour t'avoir aimé. »
> Je me jetai à ses pieds, je lui pris les mains, je les arrosai de mes larmes. Je lui rappelai tous les moments de bonheur que nous avions passés ensemble. Je lui offris de rester brigand pour lui plaire. Tout, monsieur, tout ! Je lui offris tout, pourvu qu'elle voulût m'aimer encore !
> Elle me dit : « T'aimer encore, c'est impossible. Vivre avec toi, je

ne le veux pas. » La fureur me possédait. Je tirai mon couteau. J'aurais voulu qu'elle eût peur et me demandât grâce, mais, cette femme était un démon.

« Pour la dernière fois, m'écriai-je, veux-tu rester avec moi ?

— Non ! Non ! Non ! » dit-elle en frappant du pied, et elle tira de son doigt une bague que je lui avais donnée, et la jeta dans les broussailles.

Je la frappais deux fois. C'était le couteau du Borgne que j'avais pris, ayant cassé le mien. Elle tomba au second coup sans crier. Je crois encore voir son grand œil noir me regarder fixement ; puis il devint trouble et se ferma. Je restai anéanti une bonne heure devant ce cadavre. »

Carmen est donc une femme passionnée qui n'en fait qu'à sa tête, une étonnante illustration de la « tête du fée mûre » tiraillée par ses cinq ligaments ! En refusant de partir pour le Nouveau Monde avec son homme, l'ensorceleuse scelle sa mort qu'elle connaît car elle l'a prévue en regardant dans son chaudron magique après y avoir jeté du plomb fondu. Désir de liberté et fierté – ou arrogance ? – priment sur les signes du Destin. Celui ou celle qui a beaucoup voyagé sait qu'il n'a plus besoin de tuteurs, ces deux quilles parentales que la tête du fémur surplombe avec tant d'aplomb. C'est pourquoi, pour son malheur, il croit aussi pouvoir ignorer les avertissements de l'univers. Ici la hanche désigne l'accomplissement du féminin dans sa puissance de séduction, de liberté et de jouissance tout en aspirant à un lien d'amour indéfectible capable de traverser la mort. Avec la hanche et le personnage de Carmen, jamais l'art de l'amour ne fut si proche de l'art de la guerre.

Les hommes ne sont pas en reste puisqu'ils portent l'épée sur la hanche[103] :

« Voici la litière de Salomon, Et autour d'elle soixante vaillants hommes, Des plus vaillants d'Israël.

Tous sont armés de l'épée, Sont exercés au combat ; Chacun porte l'épée sur sa hanche, En vue des alarmes nocturnes. »

---

[103] *Cantique. 3. 8-9.*

Dans l'involution la hanche sert essentiellement à porter. Sa forme en crosse est un point d'appui pour les armes des guerriers et les enfants de leurs femmes. Sur le chemin du retour la personnalité se porte avec force et confiance vers un monde qu'elle cherche à conquérir par la séduction, le combat, la provocation et la ruse. Ces valeurs d'amour et de combat devraient idéalement déboucher sur une alliance pour son installation dans un « Nouveau Monde », une Terre Promise destinée à recevoir une humanité renouvelée. L'histoire biblique de Jacob, blessé à la hanche suite à son combat contre Dieu, réitère sur le plan métaphysique ce que Carmen exprima si intensément dans sa vie profane. Frère jumeau d'Esaü, Jacob incarne d'abord les valeurs féminines du fémur. C'est en effet le préféré de sa mère Rebecca, il adore concocter de bons petits plats et évite autant que possible la fureur des combats. La seule bataille qu'il mena à terme fut celle qui lui démit l'aine.

Jacob et le combat contre l'ange

Poser les poings sur les hanches est une attitude corporelle qui signe un défi souligné par une grande intransigeance. Ce geste dénonce un refus de céder à qui que ce soit alors que la bataille fait rage. Cette structure mythologique est profondément ancrée dans le caractère du peuple Hébreu. Et c'est précisément cet épisode qui donna son nom à « Israël »[104] :

« Et Jacob resta seul. Et quelqu'un lutta avec lui jusqu'au lever de l'aurore. Voyant qu'il ne le maîtrisait pas, il le frappa à l'emboîture de la hanche et la hanche de Jacob se démit pendant qu'il luttait avec lui. Il dit : "Lâche-moi car l'aurore est levé". Mais Jacob répondit : "Je ne te lâcherai pas que tu ne m'aies béni". Il lui demanda : "Quel est ton nom ?" – "Jacob" répondit-il. Il reprit : "On ne t'appellera plus Jacob, mais Israël, car tu as été fort contre Dieu et contre les hommes et tu l'as emporté". Jacob fit cette demande : "Révèle-moi ton nom, je te prie". Mais il

---

[104] *Genèse*, 32 ; 24-32.

répondit : "Et pourquoi me demandes tu mon nom ? " et, là même, il le bénit."Jacob donna à cet endroit le nom de Peniel "car, dit-il, j'ai vu Dieu face à face et mon âme a été sauvée". Le soleil se levait, lorsqu'il passa Peniel. Jacob boitait de la hanche. C'est pourquoi jusqu'à ce jour, les enfants d'Israël ne mangent point le tendon qui est à l'emboîture de la hanche ; car Dieu frappa Jacob à l'emboîture de la hanche, au tendon. »

Le combat de Jacob contre l'Ange
(Londres, 1634)
Collection: The British Library

Les ligaments de la hanche sont des lieux corporels où l'homme est touché par Dieu. Mais c'est aussi le refus de céder à Sa volonté. La hanche signe un intense combat entre le doute et la foi, entre l'affirmation de la liberté humaine et le sens de son Destin.

Certes, le texte ne le précise pas, mais il est tentant d'imaginer que dieu frappa le ligament rond de la hanche de Jacob, celui qui sert précisément de porte-vaisseaux. Suite à ce contact physique, il voit Dieu et « son âme est sauvée ». Dès lors Jacob se considèrera comme un Élu missionné par un Dieu qu'il « a vu en face à face ». Nous verrons que cette attitude qui consiste à identifier sa conscience à celle d'un archétype est l'une des pathologies du bassin. Quoi qu'il en soit, la blessure à la hanche met un terme à l'errance et finalise la longue quête de la cuisse biologique : le contact direct et personnel avec le divin est enfin présent.

L'époque de la cuisse est révolue[105]. Une lutte s'engage toute la nuit « contre les hommes et contre Dieu ». C'est dire l'orgueil

---

[105] On peut, de ce point de vue, s'interroger sur le sens de la Shoah, cet immense « sacrifice » qui entraîna une grande partie du peuple juif dans les fours crématoires, une sorte d'inversion négative de l'autel sacrificiel. Le refus de renoncer à son identité

combattant de la hanche qui s'imagine plus forte que toutes les forces ! Et pourtant, qui n'aurait pas cette illusion alors même *qu'il est touché* par une puissance nouvelle ? Ce premier *contact direct* avec le monde des archétypes, matérialisé par le corps à corps entre Jacob et l'Ange, inonde celui qui lui survit d'un surcroît de puissance. À la fin du combat un lien profond et indéfectible entre l'homme et son dieu entraîne une communication entre « ce que je crois être » et « l'être auquel je crois ». Le second infuse sa force au premier et lui impose sa suprématie. Deux risques contraires hantent cette époque de l'évolution intérieure : le fanatisme et la soumission ou, en termes psychologiques, le complexe du bourreau et du bouc émissaire. Le fanatisme consiste à projeter ce combat dans le monde extérieur car le psychisme de la personne est incapable de métaboliser la puissance numineuse qu'elle reçoit. D'une certaine manière elle n'a pas assez voyagé, ne s'est pas suffisamment individualisée. Plutôt que de se soumettre intérieurement à la volonté de l'archétype, le sujet la détourne vers son extérieur et tente de contraindre les siens à ses croyances. Le fanatique réunit alors autour de lui une « ligue des amants » qui impose à son environnement sa vision encore immature de l'énergie spirituelle qui le touche. Quant à la victime, elle renonce à regarder en face l'intensité vitale qui surgit dans sa conscience et se considère indigne de recevoir le Seigneur. Elle tente de disparaître devant l'immensité de Son éclat. Entre ces deux positions contraires, le *ligament annulaire* propose une posture médiane : l'acceptation d'une nouvelle alliance avec le monde du sens[106].

Jacob devint Israël en luttant contre Dieu. Dans la bataille, ce dernier le frappa et sa hanche se démit. Quoi de plus explicite pour dire que ce lieu corporel désigne le contact direct avec la

---

en se mélangeant aux autres peuples de la Terre aurait alors eu pour conséquence historique ce sacrifice extrêmement brutal, analysé comme une punition divine par ceux d'entre eux qui ont toujours refusé l'assimilation.

[106] Luc Bigé *Les sept jours de la création d'Israël*, éditions de Janus.

puissance combattante d'un archétype et le sentiment d'élection qui en découle ? Pourtant la scène se déroule la nuit : l'univers des forces signifiantes est pressenti mais pas encore stabilisé dans la lumière de la conscience. Idéalement ce combat ne devrait conduire ni à un athéisme militant ni à un fanatisme religieux puisque « l'Ange » n'est ni rejeté ni dominateur. Au contraire : un dialogue s'installe. La blessure de Jacob à la hanche donne la clef de sa fonction symbolique : lutter humainement "contre" le monde du sens *en le questionnant comme le fit si admirablement Jacob*. Ce monde peuplé d'archétypes qui écrasent parfois nations et individus de manière aveugle a grand besoin de la liberté humaine. Il en a besoin pour l'orienter, l'alléger et faciliter l'ultime mariage entre l'Esprit et la Matière qui sera réalisé dans passage du cou. La fonction des hanches consiste à établir ce dialogue entre un sujet très conscient de sa liberté et les forces signifiantes, souvent violentes, qui créent la grande Histoire du monde.

L'anarchisme libertaire de Carmen, cette femme sans dieu ni maître, affirmait la liberté humaine et niait vigoureusement toute dépendance à l'égard des secrets du monde du Mystère, là où elle était pourtant experte. La blessure à la hanche suggère que le moment est venu de franchir un pas supplémentaire en devenant un intermédiaire conscient entre deux mondes, celui de l'homme d'action accompli représenté par les membres inférieurs et celui des forces créatrices symbolisé par le bassin avec ses viscères.

Seule « la tête du fémur » se lie aux dieux qui se vivent dans les eaux du bassin. Jacob et Carmen illustrent à leur manière l'accomplissement de ce féminin, indépendamment de leur sexe biologique. Esaü, le frère de Jacob, un guerrier mâle couvert de poils roux, représente la diabolisation du masculin et le retournement de ces valeurs. Le droit d'aînesse, c'est-à-dire la transmission des valeurs, change de camp. Dorénavant l'*aîné*[107] ne sera plus représenté par les mâles valeurs guerrières d'Esaü mais par Jacob, le préféré de la mère, qui troqua le droit d'aînesse à son frère tenaillé par la faim contre un simple plat de lentilles. Esaü est un personnage de l'involution, son ventre crie famine et cherche à accomplir une fonction biologique ; Jacob appartient au processus d'évolution, c'est un sujet capable d'intégrer les valeurs symboliques du bassin autrement que par le simple geste de se nourrir. Leur gémellité n'est donc que de surface. Ils se croisent en quelque sorte sur le même espace géographique du corps humain.

En plus de la curieuse aventure de Jacob, la hanche apparaît dans la Bible pour rehausser la beauté féminine, rappelant ainsi le personnage de Carmen[108] :

> « Que tes pieds sont beaux dans ta chaussure, fille de prince ! Les contours de ta hanche sont comme des colliers, ouvrage des mains d'un artiste. »

La valeur érotique des pieds et des hanches n'est plus à démontrer. Leur association dans un même verset souligne l'autre parenté qui relie ces deux parties du corps : franchir une porte pour aller vers une nouvelle manière d'être. Les pieds munis de chaussures proposaient *de se délier* des attaches sociales extérieures qui étouffaient la croissance du sujet essentiel ; la hanche fait une proposition exactement inverse : elle invite à *se lier* par amour à un homme ou à une femme, à un groupe familial ou social et, finalement, à un égrégore spirituel. La blessure au pied invitait au mouvement en se libérant des conditionnements familiaux et sociaux. La lésion à la hanche marque l'aboutissement du travail du pied : impossible d'aller plus loin dans la liberté et de se porter mieux.

---

[107] La langue française, une fois encore, joue curieusement sur les sonorités. L'*aine*, le pli entre la cuisse et le bas du ventre, est le lieu du renversement des valeurs, là où Esaü perdit sont droit d'*aînesse*.

[108] *Cantique* 7 ; 1.

Le moment est venu de se recueillir et d'explorer un univers plus intérieur, plus secret et plus sacré. Du point de vue physiologique la hanche douloureuse impose nécessairement la fin de l'errance, car la marche s'avère plus difficile, voire impossible. L'errance étant au plan personnel ce qu'est l'exil sur le plan social et l'exode dans le domaine religieux. La hanche blessée ordonne à la personne de s'arrêter de se déplacer, d'expérimenter, d'apprendre, de chercher, de jouir… afin de se recueillir en dieu ou, si l'on préfère, d'établir *un contact permanent* avec son *daïmon*, la source intime de son inspiration.

Cette étape et ses difficultés sont mises en valeur dans une autre histoire : la légende du Roi Arthur accompagné de ses Chevaliers de la Table Ronde.

Le Roi Pêcheur

La Table Ronde avec ses douze chevaliers représente le zodiaque dans le ciel et la zone cardiaque dans la géographie symbolique du corps humain. Mais avant d'espérer boire à la coupe du breuvage mystique (le cœur) le Chevalier (la cuisse) a pour tâche de découvrir le château du Roi Pêcheur situé à l'entrée de l'Autre Monde (l'iliaque). Chrétien de Troyes précise que le monarque à qui appartient ce royaume est blessé à l'aine[109] :

> « C'est bien un roi, je peux vous l'affirmer, mais il a été blessé au cours d'un combat et il est resté infirme au point de ne plus pouvoir se déplacer sans aide. C'est qu'il a été atteint par un javelot à travers les hanches et il lui en est resté une telle souffrance qu'il ne peut plus monter à cheval »

La Lance de la Destinée lui a en effet traversé les hanches de

---

[109] Chrétien de Troyes, *Œuvres complètes*, édition et traduction sous la direction de Daniel Poiron, (Gallimard, Bibliothèque de la Pléiade, 1994).

part en part. Le cheval est désormais interdit, les cuisses restent sans monture. L'homme mutilé est transporté sur une litière. Aujourd'hui nos ingénieurs lui auraient bricolé une chaise roulante motorisée. Une intense douleur ne cesse de tourmenter le Roi Blessé. Et comme si cela ne suffisait pas le domaine dont il est le maître dépérit. Plus rien ne pousse. Les sols sont stériles, les arbres ne portent plus de fruits et les femmes n'enfantent pas. Pour le monarque, la seule manière de se nourrir consiste à absorber les maigres poissons de sa pêche. Le royaume est à l'image de son propriétaire car, comme toujours, le monde extérieur est un fidèle reflet de l'univers intérieur : le vieux souverain a perdu ses capacités créatrices, plus rien ne nourrit son âme à l'exception de quelque menu fretin. Partout le grain se meurt et la joie s'étiole. Ici l'aine est reliée à la fécondité. Blessée, elle n'accomplit plus sa fonction et la désolation s'installe dans les mondes intérieurs comme extérieurs. Après l'enthousiasme passionné d'une Carmen arrivée dans la tête du fémur, après le combat de Jacob pour élaborer une nouvelle alliance au moment même où le sens de son destin éclipse la satisfaction de ses réussites personnelles, surgit une période de sécheresse. Les plus belles conquêtes initiées avec les élans de découvertes des pieds et l'autonomie passionnée de la tête du fémur sont annulées d'un seul coup sur la chaise du paralytique. C'est peu dire que la vie oblige à se poser, à quitter la sphère de l'action symbolisée par les membres inférieurs pour entrer dans les eaux du bassin, dans le monde sensible de l' « amour », quelques soient les interprétations que ce mot veuille bien accueillir.

Et puis il y a l'interrogation ! Celui qui se pose… se pose aussi des questions. Arrivé au terme du combat, Jacob demanda son nom à l'Adversaire qui lui répondit d'une manière parfaitement sibylline… en lui posant une autre question ! Dans la descente de la conscience-énergie, du haut vers le bas du corps, la hanche et le bassin correspondent au désir fécond et à la séduction. Par contre, dans la remontée, le questionnement devient essentiel : « Qu'est-ce qui me procure vraiment de l'enthousiasme[110] ? », Qu'est-ce qui m'anime ? », « Qui es-tu, toi, l'archétype du monde magique qui me touche si profondément ? ». Le rôle essentiel du questionnement est mis en scène dans l'histoire du Roi Pêcheur, pourtant radicalement étrangère à la tradition juive puisqu'elle s'enracina dans les vieilles légendes celtiques et se développera plus tard dans le contexte du christianisme. Les Chevaliers accourent de tous les horizons pour soigner le monarque souffrant. Mais seul l'Élu, *celui qui posera les bonnes questions*, pourra guérir le grand infirme et redonner au domaine ainsi qu'à son maître leurs fécondités perdues.

Le Saint Graal et les Chevaliers de la Table Ronde.
Enluminure du XVe siècle .
Source : wkimedia commons

Le château du Graal et son royal résident ne sont pas des acteurs du monde visible. Ils se situent près d'Avalon, là où la tradition Celte plaçait les portes qui ouvrent un passage vers le monde des morts. Les différents récits de la Table Ronde évoquent un édifice enchanté qui s'élève comme un mystère dans la brume. L'île d'Avalon, où est transporté le Roi Arthur après son décès pour y vivre auprès de la fée Morgane, est l'équivalent symbolique d'Ithaque dans l'histoire d'Ulysse et de l'iliaque corporel.

L'Autre Monde apparaît et disparaît sans prévenir. Il est tissé dans des substances subtiles et n'appartient pas au domaine du tangible. Aussi insaisissable que l'eau courante, il renvoie aux

---

[110] Au sens étymologique de « *en-théos* », « en dieu ».

mystères de l'après-vie. N'est-ce pas aussi cela « liquider » quelqu'un, le renvoyer dans un monde d'eau, l' « eau-delà » ? Et, inversement, le ventre n'est-il pas une matrice où les âmes en recherche de corporéité s'enrobent de matière biologique ? Traverser les eaux, c'est naître ou mourir, c'est franchir la passe qui conduit au bassin. Le Roi Pêcheur, immobilisé sur sa barque au milieu de la rivière, reste entre la vie et la mort.

La hanche, la terre promise des utopistes, lance un appel fugace et inoubliable à l'attention de ceux qui s'interrogent un peu profondément. Cette première vision ou, devrions-nous écrire, cette première révélation, suit l'expérience pénible de la sécheresse des valeurs. Cette fois la vie demande de se poser des questions pour revenir vers des fondamentaux, d'asseoir son existence sur la force d'un nouvel élan. C'est aussi, dans le corps, le rôle du « fondement » et de l'anus dont une éventuelle pathologie pourra questionner la capacité du sujet à se mettre « à nus », à rester assis dans le silence et l'immobilité pour accueillir sans fard ses besoins essentiels. Orienter sa conscience vers ce qui est invisible pour les yeux et poser à haute voix les « bonnes » questions : telles sont les deux épreuves de la hanche symbolique.

Lorsque l'énergie-conscience descend de la tête vers les pieds, les hanches soulignent le désir de séduire et, si elles sont blessées, les souffrances psychologiques liées à l'enfantement.

> « Si l'image du pêcheur est fréquemment présente dans les rêves examinés, c'est moins en fonction de l'évidente complémentarité d'images que par le fait que le pêcheur est celui qui commet l'acte de sortir le poisson de l'eau.
>
> (…) De l'univers unitaire dans lequel il s'est développé, le nouveau-né se trouve exposé à de multiples sensations inconnues. En quelques minutes le nouveau-né passe de l'humide au sec, d'un monde de silence relatif à celui des bruits, de l'obscurité au jour, de l'apesanteur aux contraintes de la gravitation, de la flexibilité à la résistance matérielle. L'organisme du bébé est prêt à enregistrer ces

impressions nouvelles, mais sa disposition à les vivre à cet instant précis n'est pas avérée. La réticence psychologique se développera dès lors en nostalgie des eaux de la mère et s'exprimera, soit par le désir de retour à la source, qui produira les rêves du rivage, soit par le besoin de refaire l'expérience de la sortie des eaux, qui déclenchera les rêves de l'immersion et de l'émergence[111] ».

Le Roi Pêcheur est une sage-femme qui s'ignore. En tirant le poisson hors de l'eau il reproduit exactement le geste de la naissance. Mais de quelle naissance s'agit-il ? D'une nostalgie du ventre maternel et des origines de sa propre histoire ? De l'enfantement biologique pour devenir père ou mère ? Ou de la possibilité de s'engendrer soi-même afin de devenir tout autre ? Tout dépend ici du niveau de lecture et des besoins de la personne. La rivière contraste avec la sécheresse du domaine du royal. Or l'homme a besoin de se ressourcer puisqu'il pêche. Mais il ne peut le faire vraiment qu'en changeant de posture philosophique. Le soleil apollinien de la conscience lucide et de la raison a stérilisé son imaginaire et sa capacité de création ; c'est précisément pour cela qu'il souffre de la hanche. « Devenir comme un poisson dans l'eau » est une invitation à lâcher sa précieuse lucidité pour faire l'expérience de sensations et d'émotions plus profondes. Procréation, création et renaissance baptismale appartiennent au monde des eaux, à l'univers des expériences sensibles. Elles s'insèrent dans le symbolisme de la rivière dessinant dans le sable comme un fil conducteur qui propose au pêcheur deux directions contraires pour un choix de vie : retourner vers la Source au risque d'aller à contre-courant des us et coutumes de l'époque, ou descendre vers l'Océan. La source du moi est la présence du Soi ; la source de la création est la confiance irrationnelle et absolue dans son intuition ; la source du nouveau-né est le ventre. Peu importe ici le niveau de la lecture. La seule chose vraiment essentielle aux yeux du vieux roi est de combattre la stérilité de sa vie intérieure métaphorisée par l'état pitoyable de son

---

[111] Georges Romey, *Dictionnaire de la symbolique*, éditions Qintessence.

domaine. L'océan, dans le symbolisme du corps humain, est représenté par les pieds et la déesse Téthys. Remonter la rivière et aller vers la source signifie se diriger vers le bassin et le lieu de l'enfantement pour une seconde naissance ; descendre le fleuve et naviguer vers la « grande mer » est une voie qui mène vers les pieds et la fusion avec les autres, au risque de la confusion. Dans le processus de la remontée les eaux salées mettent en garde contre l'infertilité d'un retour vers les rives du passé.

Les petits poissons de la rivière sont autant de spermatozoïdes promesses d'une nouvelle fertilité. Le pêcheur pêche car il veut échapper à la sécheresse de l'existence quotidienne pour renouer avec le paradis perdu de l'enfance ou, à un autre niveau, pour vivre une existence féconde et créatrice. Assis dans sa barque au milieu de la rivière, le vieux roi désigne exactement ce qui lui manque car son royaume est infécond. Il ne retrouvera sa vitalité et ne guérira sa hanche qu'à deux conditions : se poser les bonnes questions et s'ouvrir à son ressenti. Car le sens ne doit plus seulement être pensé, il demande à être immensément vécu.

Revenons vers ces questions si importantes, toutes restées sans réponse. Carmen oppose un refus catégorique à son amant lorsque celui-ci lui demande de partir vers le Nouveau Monde, Jacob ne reçoit qu'une question en réponse à sa question, et Lancelot manque l'opportunité en repoussant à plus tard ses demandes. Qu'est-ce qui est au cœur de ces trois histoires ? Une seule et même thématique : celle du service. En acceptant l'offre de son compagnon Carmen craint de perdre sa liberté. Alors elle refuse. En interrogeant « Dieu » Jacob reçoit son nom et la mission de servir l'Ineffable en devenant l'un des Patriarches d'Israël. Quant aux trois questions qu'aurait dû poser le Chevalier du Graal au roi Arthur, elles sont on ne peut plus claires[112] :

> « Le jeune Perceval apprend d'une jeune fille qu'il rencontre à la sortie du château qu'il a manqué une grande aventure ; il aurait dû poser les questions qui l'intriguaient : qui on sert de ce graal, de quoi on en sert celui qui est servi, enfin pourquoi la lance saigne. Alors il aurait guéri le roi Blessé et rendu la fertilité au « Gaste » pays. Son silence, au contraire, aggrave la situation et les malheurs de la contrée et par extension de tous les pays voisins. Plus tard, un ermite fournira l'explication partielle de ce mystère au jeune Perceval : le Graal contient une « *oiste* », une hostie, qui suffit à entretenir la vie du vieux Roi qui est le père du Roi Pêcheur et qui en est servi. »

« Qui sert le Graal ? », « Que contient-il ? », « Pourquoi la pointe de la Blanche Lance entr'aperçue dans le château de l'Autre Monde saigne-t-elle ? » Telles sont les trois demandes qui auraient pu réenchanter le monde en établissant un contact direct entre le domaine des dieux et celui de la vie humaine ordinaire.

Dans ce Parchemin Magnifique qu'est notre corps, la nature du service à rendre à la vie est mise en scène par chacun des huit viscères situés dans l'abdomen – les « vie sert » comme leur nom l'indique, situés dans « le domaine de l'abbé » (l'AB domen). Le service accroît la vitalité et rend fécond. Ce n'est pourtant que la réponse à la première question. Elle est incomplète si on ne s'interroge pas sur la nature de l'archétype que l'on choisit de servir : « que contient le Graal ? ». Quant à la troisième demande relative à la lance, elle reste assez énigmatique.

---

[112] Jean Marx, *La légende arthurienne et le Graal*, éditions Presses universitaires de France.

Mythopathologies

Les hanches pleines et rondes évoquent dans un premier temps la fécondité et la facilité à enfanter. Inversement, une blessure à la hanche signe une difficulté par rapport à l'enfantement. La raison pourra être liée à des mémoires d'enfants morts ou encore à des traumatismes transgénérationnels de femmes décédées en couche par exemple. Par-delà ces possibles toujours hypothétiques qu'il convient de vérifier en travail thérapeutique, la blessure à la hanche invite, dans la remontée, à passer de la procréation à la création. D'une manière générale la hanche douloureuse évoque des difficultés avec les enfants (porter) et la violence (l'épée) dans le processus de la descente. Dans la remontée, il s'agit d'un appel impérieux à exprimer sa créativité en se liant d'amour à son âme, en osant devenir quelqu'un de totalement nouveau au service d'une œuvre, son œuvre.

La *luxation de la hanche* renvoie plus spécifiquement au personnage de Carmen puisque luxation et luxe dérivent du latin *luxer* qui désigne des valeurs d'« excès, de débauche, de splendeur et de faste ». Sur le plan collectif, le « luxe » n'est possible que lorsqu'une petite partie du corps social s'approprie les fruits du travail de tous, en conséquence de quoi l'harmonie d'ensemble du système est perturbée. Nous avons déjà rencontré le symbole de la luxation en explorant le sens symbolique des chevilles et des genoux. Les premières mettaient en garde contre une difficulté de communication et le désir immodéré d'être vu ; les seconds contre une volonté de contrôle motivée par une peur de s'ouvrir à ses sentiments de crainte de vivre la blessure. Quant à la luxation de la hanche, elle rappelle que l'humanité n'est pas sortie de la cuisse de Jupiter (ou de la pensée de Dieu), que l'univers et ses quinze milliards d'années d'évolution n'a pas pour seule finalité de cajoler un homme (ou une femme) imbu de ses propres réalisations. Avec la hanche, l'impulsion du service frappe à la porte de la conscience et demande au sujet de développer une nouvelle alliance avec les autres règnes de la nature ainsi qu'avec la transcendance.

La *sclérose en plaque* immobilise souvent sur une chaise roulante, elle impose au patient la position physique du Roi Pêcheur. Son handicap le contraint à changer de posture intérieure, à lâcher la beauté de ses réalisations personnelles pour naître à l'amour sensible et à sa fragilité. Quant à la langue des oiseaux, elle déclare sans ambages « S clair ? Ose !!! ». Dans le mouvement descendant de l'énergie-conscience celui que se laisse prendre en charge sur une « poussette » se place peut-être dans une situation irrésolue de sa petite enfance où prédomine la nostalgie du secours de la mère et de son attention affectueuse. Il aspire à couler vers l'océan maternel. Et Pourtant ! la vie lui répète à chaque instant : « est-ce clair ? Ose ! ». Dans la remontée, la prise en charge oblige à se poser pour recevoir, pour « re-*ce*-voir » le grand flux d'amour émanant du cœur de notre cœur (le Graal). « Lorsque je ne peux plus me débrouiller par moi-même et tout faire tout seul, il ne me reste plus qu'à cultiver la confiance et vivre dans l'amour, ce sentiment qui me relie aux autres et m'enseigne l'interdépendance. »

La situation pénible et douloureuse du Roi Pêcheur sera aussi l'occasion d'explorer une piste plus psychanalytique. La lance phallique traverse les hanches du roi et l'immobilise. Elle suggère, chez la femme, une peur de la sexualité masculine qui pourrait la conduire vers des préférences homosexuelles. Chez l'homme l'immobilisation est liée à la crainte d'exprimer et de vivre ses désirs, voire à un sentiment d'impuissance physique ou psychologique.

La *coxa plana* est une malformation de la tête du fémur qui a pris une forme aplatie et élargie lors de la croissance, entraînant une déformation de la hanche. La tête du fémur, au lieu de présenter sa forme sphérique habituelle, adopte celle d'un chapeau de champignon. On peut peut-être y voir une tentative prématurée d'atteindre le ciel et de fusionner avec le Grand Tout. La « tête du fée mûre », la personnalité sûre d'elle-même, imite la voûte étoilée. Le « qui je suis » cherche à prendre la forme de la voûte céleste aux dépends de la reconnaissance des besoins personnels. C'est, d'une certaine manière, la pathologie inverse de la luxation qui mettait en garde contre un excès d'image de soi. Il faudrait s'interroger : « suis-je suffisamment attentif à moi-même ? » « Est-ce que je ne rejette pas excessivement la personnalisation au nom d'un idéal mystique ? », « Lorsque je relis la fameuse phrase « aimez-vous les uns les autres comme vous-même » n'ai-je pas tendance à en oublier la seconde partie ? ».

Quant aux blessures de la capsula, elles signent une nécessité d'ouverture. Lorsque l'enveloppe qui entoure la graine est trop rigide la semence meurt ; lorsque la famille devient l'unique point de référence la pathologie s'installe, et lorsqu'une voie spirituelle particulière devient tout pour la personne le fanatisme guette puis dévore. Seuls les liens d'amour rendent libres.

Le récit de la hanche

Les trois premières articulations du corps humain dessinaient autant d'étapes dans la relation du sujet au monde et de combats afin qu'il s'articule harmonieusement avec cette nouvelle réalité. Les chevilles donnaient une direction à ses pas, il y était question des choix décisifs ; les genoux l'invitaient à l'abandon dans l'instant en un suprême renoncement à tout contrôle individuel, il y était question d'humilité, la racine du mot « homme » ; les hanches invitent à un retournement des valeurs, il y est question de la primauté des sentiments sur la connaissance. En ce lieu symbolique le « vase à vinaigre » en forme de demi-lune renversée et le ligament rond porte vaisseaux évoquent un premier contact avec le sang qui véhicule, dans la descente, le psychisme et les mémoires généalogiques de la personne et, dans la remontée, les premières effluves de l'amour compassionnel déversé par le cœur. Le danger serait d'imaginer que le « vin aigre » contenu dans l'*acetabulum* est déjà du vin christique, que les tripes sont déjà de l'Esprit Saint. S'imaginer arrivé au faîte de la réalisation spirituelle, alors que l'on vient seulement de contacter un niveau de conscience élargi, sera la source de toutes les désillusions. La mythomanie, la folie des grandeurs, est une pathologie des cuisses et des hanches. *Carmen* est probablement l'un des personnages littéraires qui illustre le mieux cette posture psychologique lorsque la séduction remplace le lien d'amour, lorsque le sens du destin s'éclipse devant l'éclat des revendications personnelles.

Les hanches montent les deux chapiteaux qui gardent l'entrée du monde magique situé juste derrière eux, la demeure des dieux d'eau du bassin qui « organisent » la vie psychique et idéologique de l'humanité, le plus souvent à son insu. Les mythes mésopotamiens de la création, d'où dérive la Genèse, le rappellent : les divinités ont besoin du travail et des prières des hommes pour se reposer[113]. Heureusement, le monde des archétypes ne cherche pas seulement des marionnettes et des dévots soumis aveuglément à ses caprices ou à leur propre imagination. Il a besoin d'hommes et de femmes individualisés qui ont déjà apprivoisé les expériences de la première zone du corps, à savoir la capacité de se mettre en route seul et sans béquilles, de deviner leur destin puis de le laisser pousser, de vivre pleinement dans la joie et l'épanouissement intérieur. Alors seulement le passage des hanches s'ouvrira à grands battants. L'affirmation pleine et entière de la personne précède le contact sensible avec le monde des esprits et le réenchantement du monde sur une Terre Promise.

Si les genoux n'avaient de sens que pour fléchir et se soumettre, les hanches sont là pour porter le poids du corps et l'intensité créatrice de l' « âme » qui cherche à s'infuser dans la personnalité. La conscience se tient prête à l'orée d'un nouveau monde, celui du ventre et des organes mous, les viscères qui, comme leur nom l'indique, « servent la vie ». « Suis-je prêt à

---

[113] Le texte mésopotamien sur « *La création de l'homme* » précise pourquoi cela s'est passé ainsi : « Éa, ayant ouvert la bouche, s'adressa aux dieux, ses frères : « Pourquoi les incriminerions-nous ? Lourde était leur besogne, infini leur labeur ! Chaque jour (...) leur cri d'appel était chose grave. Mais il y a un remède à cela. Puisque la Matrice est ici qu'elle fabrique un prototype d'homme. C'est lui qui portera le joug des dieux, qui portera le joug des Igigu, c'est l'homme qui sera chargé de leur labeur ! » in *Lorsque les dieux faisaient l'homme* par Jean Bottéro et Samuel Noah Kramer (Gallimard). Les dieux des origines avaient une mentalité passablement esclavagiste !

servir la Vie, moi qui sais à présent parfaitement comment m'en servir ? » interroge l'articulation de la hanche. « *Qui* est celui qui est servi par le Graal ? » aurait dû demander Lancelot au Roi Pêcheur afin que celui-ci retrouve sa fécondité perdue.

Tous les mythes évoqués ici échouent aux portes d'une Terre Promise confinée au statut de rêve inaccessible. Le château du Graal est situé à Avalon, un mot qui veut dire l' « Autre Monde » chez les Celtes ; la Terre promise par le dieu d'Israël à Jacob est au moins autant un concept spirituel qu'une destination géographique toujours rêvée ; quant aux colons du Nouveau Monde, ils espéraient y refaire leur vie en fuyant la pauvreté et l'Inquisition catholique. Mais Carmen préféra mourir plutôt que d'y suivre son amant. Toutes ces destinées dépendent étrangement de la réponse à une seule question. « Me suivras-tu au bout du monde ? » demande l'homme à la femme ; « Qui fait le service du Graal ? » aurait dû s'enquérir Lancelot face au Roi Pêcheur ; et enfin Jacob-Israël interroge son Dieu : « Révèle-moi ton nom, je te prie ? ». Ces requêtes qui concernent les plans de l'action (Carmen), de la quête spirituelle (le Roi Blessé) et du monde métaphysique (Jacob) restent sans échos. Est-ce parce que le Nouveau Monde tant espéré ne peut pas être pensé par les moyens ordinaires ? Arrivé à ce point du parcours, l'énergie-conscience va entrer *à l'intérieur* des choses puisque le bassin est important *par ce qu'il contient* bien plus que par la surface lisse du ventre. Pieds, chevilles, mollets, genoux, cuisses et hanches désignaient autant une surface qu'une structure interne. Ils sont faits pour le mouvement sur le plan physiologique et métaphorisent le développement psychique. Les hanches, à l'orée du bassin, gardent la porte derrière laquelle débute *l'exploration de la vie intérieure*, tant sur les plans physiologiques que psychologiques et spirituels. Qu'y rencontre-t-on ? Les viscères, ces organes qui « servent la vie ». Alors la question de Lancelot prend un nouveau relief puisqu'il aurait précisément dû demander « Qui sert la Vie ? », à qui le liquide d'immortalité contenu dans la

Coupe de l'Autre Monde est-il destiné ?

Le renversement des valeurs qu'impose l'entrée dans le bassin suppose une mort de la toute-puissance de la personnalité qui désire avoir toujours raison (Carmen), un dessèchement des anciennes certitudes au risque d'entrer dans une phase de stérilité des valeurs (le Roi Pêcheur) et la prise de conscience que toute question entraîne nécessairement une nouvelle question, et ceci *ad infinitum,* sans espoir de trouver jamais un jour l'ombre d'une réponse satisfaisante (Jacob). D'une manière générale, le ventre « sert la vie ». Qu'il s'agisse du fruit de la reproduction sexuée, de la créativité personnelle ou de la Vie Divine métaphorisée par le sang du Saint Graal, le mouvement est toujours le même : celui de l'abnégation. C'est à cette condition que la personne arrivée au faîte de ses moyens à la tête du fémur change d'attitude car elle comprend le sens profond du service. La « réponse » à ses incessantes questions se trouve dans ses viscères, dans son « service à la vie ». Mais le service n'est pas une réponse, c'est *un état de réponse.*

La hanche questionne donc le rapport aux enfants symboliques, c'est-à-dire à la créativité. L'heure n'est plus à la simple reproduction biologique mais à l'incarnation d'une qualité spirituelle dans une forme concrète. Le temps est venu d'ouvrir la porte de la conscience aux dons artistiques, intellectuels ou manuels qui poussent au fond des tripes pour les manifester dans une œuvre visible. Le refus de sa propre créativité, parfois au profit de l'admiration de celle des autres, pourra conduire à des douleurs coxo-fémorales, c'est-à-dire à un rappel permanent de la nécessité de cet engagement-là. Longtemps la personne se cache derrière ses soi-disant incompétences, sa timidité, son sentiment d'utilité dans sa vie sociale et familiale, ses devoirs et toute autre excuse pour éviter d'écouter l'appel de son *daïmon.* Pourtant le déhanchement lui demande de *franchir franche*ment la porte derrière laquelle le monde du sens n'est plus seulement une philosophie mais devient une expérience vécue chaque jour. Le questionnement est utile lorsque les réponses se tarissent. Alors il s'assèche. Et la conscience s'élargit. Une nouvelle fois les valeurs s'inversent. Avant c'était la pensée qui promettait de nouvelles prises de consciences, à présent c'est l'ouverture de la conscience qui enrichit la pensée.

Percevoir la présence des mondes subtils pour explorer cette « nouvelle terre » requiert de l'attention et de la confiance. Selon son canal, il pourra s'agir du ressenti kinesthésique, de la clairaudience ou de la clairvoyance, parfois d'une perception olfactive subtile ou encore d'images et de rêves enseignants. Nous sommes ici au seuil de la médiumnité puisque le « médium » est précisément un intermédiaire entre deux mondes, le visible et l'invisible. C'est pourquoi la réponse au questionnement est un « état de réponse » plutôt qu'une solution intellectuelle. La connaissance abandonne sa parure analytique pour se faire mystique, elle émane d'une expérience directe de la conscience et non d'un raisonnement rationnel et objectif qui se ferait sur le monde extérieur. Les hanches au sommet des jambes sont comme des chapiteaux surmontant deux piliers qui conduisent à la porte du monde intérieur, le ventre, le lieu de la création biologique et symbolique.

Il convient de se souvenir que la création des tripes n'est pas encore celle de l'esprit. Il s'agit d'une manière particularisée d'exprimer l'universel à travers le chant, la musique, la peinture, l'artisanat ou la création d'une entreprise. Les énergies spirituelles sont là, mais elles peuvent encore être totalement détournées de leurs fonctions jusqu'à exprimer l'ombre plutôt que la lumière, la haine plutôt que l'amour, la guerre plutôt que la paix et la magie noire plutôt que la magie blanche. Les « tripes » inversent pratiquement les six lettres de l'« esprit ». Le rapport entre le bien et le mal, l'ombre et la lumière, n'est en réalité pas si simple. Nous l'explorerons ultérieurement lorsque nous les rencontrerons dans l'espace du ventre sous leur forme biologique avec l'or lumineux de l'urée et les sombres matières fécales.

Afin de traverser l'étape « hanche » dans le sens de la remontée les hommes devraient cesser de porter des armes et les femmes renoncer à porter des enfants. La violence des mâles conduits par leur taux de testostérone pour conquérir la première place au soleil leur interdit de recevoir les fruits du monde magique. Ils se croient pleins d'hormones de virilité alors qu'ils sont stériles comme l'est le Roi Pêcheur. Comme lui, ils devraient apprendre à se nourrir de poissons, d'*Ichtus*, d'amour christique compassionnel[114]. Le désir de plaire des femmes les empêche d'écouter leur vérité intérieure et de s'ouvrir à une créativité autre que biologique. En renonçant symboliquement à porter les autres – c'est-à-dire tous ceux qui sont restés comme des enfants, y compris leur mari – elles acceptent de se laisser *trans*-porter par la puissance créatrice de leurs « tripes » et de donner naissance non à un travail (d'enfantement) mais à une œuvre. Le passage de la conscience vers la vie intérieure du ventre suppose une nouvelle inversion : l'homme épris de virilité accepte les remous de ses eaux sensibles et y découvre de merveilleux poissons, la femme soucieuse de sa beauté renoue avec la force de son ventre et produit des œuvres radiantes. Alors deux devient un. Les jambes s'unissent à la hauteur du bassin, les valeurs masculines et féminines s'équilibrent dans l'espace intérieur.

---

[114] Le poisson est le symbole du Christ et des premiers Chrétiens, présenté dans les évangiles comme un « pêcheur d'hommes ». Les premières lettres grecques des mots de la prière « *Iesous CHristos Theou HUios Soter* » (Jésus-Christ Fils de Dieu Sauveur) forment le mot grec *Ichtus*, qui se traduit par « Poisson ». D'une certaine manière le christianisme annonce les secondes et troisièmes naissances de l'homme.

L'homme debout

Toutes les possibilités de l'homme sommeillent dans ses pieds. La mystique indienne s'en souvient lorsque les disciples touchent de leur main les « pieds de lotus » du maître spirituel pour le saluer et reconnaître son état de sainteté. Le Christ à inversé ce symbole en lavant les pieds de ses disciples. Il annonçait par ce geste la possibilité pour chacun d'acquérir l'état de perfection, loin de toute forme d'élitisme issue du judaïsme ou du brahmanisme. Quand à la physiologie elle maintient le souvenir que la plante est aussi la voûte, que la terre est déjà la demeure du ciel. N'est-ce pas cela la Réalisation suprême, lorsque le ciel descend sur la terre ? Le reste du corps symbolique se dresse sur les pieds comme le ferait un grand arbre à partir de sa semence plantaire. Toute l'information du chêne est déjà dans le gland, les processus naturels ont pour seule fonction de la rendre visible. Les pieds maintiennent le souvenir de la communion avec la totalité mystique, avec Téthys, la Grande Déesse des eaux marines. Cette divinité est bien plus qu'un lieu de régression psychique et psychanalytique. Avec son mari « Océan », elle est la source de la féconde créativité de l'homme. En elle le monde imaginal se déploie. Les artistes y puisent leurs inspirations, les génies leurs formules et les saints leurs miracles. Pourtant, ce monde des eaux illimitées se refuse à l'homme ordinaire plongé dans la boue du réel objectif. Pélée le « Boueux » en fit la difficile expérience lorsqu'il voulut se rapprocher de Téthys. Néanmoins, à force de persévérance, il réussit à s'accrocher à Elle et à avoir un fils. Le calcanéum et le tendon d'Achille marquent le premier effort de la personne sur le chemin du retour pour se verticaliser et sortir de la confusion. Les premiers pas supposent une prise de risque (l'astragale) et le désir sincère (Icare) de se libérer des obstacles qui entravent les mouvements en avant (les chaussures, les pathologies du pied). La solitude et le sentiment d'exil sont inévitables car Marcher c'est avant tout quitter les siens. Mais pour aller où, diront certains ? Alors vient la cheville dont l'une des fonctions est de donner une direction à nos pas. Les choix peuvent être ou non en accord avec le destin (l'astragale). Quoiqu'il en soit les pathologies de cette articulation se chargeront de le préciser. Les chefs d'entreprises, les directeurs, et toutes personnes dont les décisions orientent l'avenir d'un corps organisé seront particulièrement concernés par cette première jointure. Celle-ci les met en garde contre un autre danger, celui de perdre le sens de leur condition ouvrière en tombant dans l'inflation et le luxe. Car la cheville privilégie la fonction sur la personne. Elle est nommée par un objet qui, fut-il au centre d'un système, maintient simplement du lien. Il n'est pas si facile de rester simple lorsque les vents contraires soufflent la tempête, lorsque les mémoires karmiques s'engouffrent dans l'existence (les malléoles) et que les critiques fusent (les mollets). Ces deux épreuves signalées par les noms du corps sont aussi franchies par Jason et ses Argonautes en quête de la Toison d'Or. La personnalité mûrie aux difficultés de l'existence se prépare pour la grande bataille des genoux. Une bataille bien étrange puisqu'il va falloir la perdre. Toutes les expressions françaises qui mettent en scène la seconde articulation parlent d'échec, de lassitude, de mort et d'humiliation. C'est que les rotules qui flanchent sont les clefs des genoux car, alors, elles se posent sur la terre et la « petite roue » tourne. Les grandes entreprises pour réaliser la gloire et la beauté en suivant les voies du guerrier (le péroné) et de la sagesse (le tibia) s'effondrent. L'idéalisme du moi et son orgueil posent un genou au sol pour se soumettre à la volonté du Soi. Ce sont là des mots pour celui qui n'a pas réussi à pardonner une souffrance estimée inacceptable et totalement injuste ; pour celui qui n'ose pas encore entrer dans l'intimité amoureuse avec un/une autre, ou avec sa Psyché, son « âme » et ses valeurs ; pour celui qui, enfin, croit encore à la toute puissance de sa raison et de la logique des faits : il ne sent ni ne voit la présence des mondes subtils. Et de ses gros sabots il foule aux pieds d'immenses richesses.

L'état de lâcher prise dans les genoux conditionne à son tour les élans d'aventures osés par les cuisses. Car la mégalomanie et la toute puissance guettent celui qui a omis de s'agenouiller. S'agenouiller pour frapper à la porte du cœur et voir Dieu en face, accomplissant ainsi la promesse des pieds. Mais les détails du chemin ne peuvent être éludé. Avec le fémur, l'homme rationnel et actif apprend progressivement à sentir les effluves du monde magique ; comme Ulysse, il écoute Pénélope la maîtresse des symboles. Mais découvrir puis vivre la joie est un combat. Il s'agit d'abord de transformer la colère liée à un sentiment d'injustice sociale et de dépasser une image de soi brisée par des circonstances douloureuses (Dionysos). La mission de la cuisse consiste à entrer dans une foi vivante et profonde née d'un pressentiment des mondes invisibles. Partout, elle teste la confiance de l'homme : en lui, en l'autre et en Dieu. Ses blessures signent des manques ou des excès dans les domaines suivants : la créativité et la liberté intérieure (Zeus), la capacité à suivre ses élans sans se laisser freiner par l'image de soi offerte aux autres et même par ses propres analyses (le cheval), la sensibilité et l'ouverture de la conscience au monde du mystère (Ulysse). Les hanches gardent la porte de ce royaume et, comme le Roi-Pêcheur assis dans sa barque, elles imposent un temps de stabilité et d'immobilisme, parfois de sécheresse des sentiments, avant de revenir vers ses fondamentaux et poser les questions essentielles. Car l'heure du renversement des valeurs qui précède le passage dans le monde des dieux d'eaux du bassin est arrivée. La préparation à la mort est évidemment l'expression la plus radicale de cette transition, lorsque le col du fémur vient à se briser. Mais il peut aussi s'agir d'un événement symbolique qui annonce la seconde naissance, celle du contact direct avec un archétype. Alors la personne est transformée car elle prend conscience de sa fonction essentielle dans le monde. Elle se verticalise enfin en touchant sa colonne vertébrale dans l'espace du sacrum qui le « sacre homme ».

Mais elle aurait tort de croire que le sacrum est un aboutissement. C'est en vérité le commencement de l'élaboration de l'homme intérieur puisque, maintenant, l'énergie-conscience s'installe dans le petit bassin. Entre le haut et le bas, le bien et le mal, la bête et l'ange… le sujet naissant est soumis à de terribles tensions. Il doit maintenir ensemble, dans sa conscience, les valeurs contraires d'un même archétype. Il quitte définitivement l'univers de la sagesse abstraite pour acquérir plus de maturité personnelle et offrir plus de densité à son caractère.

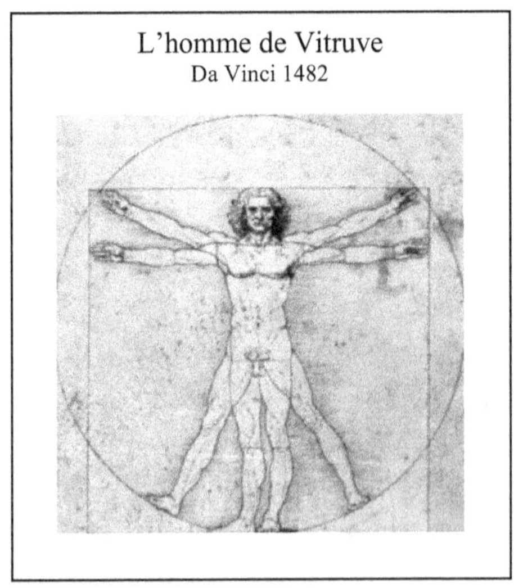

Chapitre 6

Synthèses

Le symbolisme des pieds

Le pied : se mettre en route en se libérant du passé afin de suivre ses élans de découvertes (Argos, Icare). Pourtant, le chemin vers ses antipodes est une illusion nécessaire car « tu es déjà celui que tu cherches ». Le succès planétaire que connaît le *football* depuis une vingtaine d'années ne signent-il pas le désir inconscient des peuples de la Terre de se lever, de se remettre en marche en se déliant des entraves d'une pensée technocratique qui enferment les hommes dans des rôles prédéfinis et l'avoir des produits de consommation ? Le ballon est rond comme la tête, le pied le dirige et joue avec lui comme un magicien... extraordinaire inversion des rôles dans un monde où les intellectuel prétendent décider du chemin de nos pas.

Les phalanges : le dieu endormi, se souvenir de ses élans de jeunesse (Damysos).

Les métatarsiens : ? (pas de référence mythologique).

Le tarse : deux mythes s'y articulent : Achille et Jason.

Achille, le héros de la guerre de Troie, échappe à la

surprotection de sa mère Thétys (le tarse postérieur).

Le calcanéum : la conscience d'avoir une âme et le désir (l'éros) de l'exprimer au moyen d'une œuvre significative (Thétys et Pélée).
L'astragale : deviner son destin par le jeu, l'astrologie ou encore l'intuition… et en accepter les risques (les osselets).
Le tendon d'Achille : se verticaliser en privilégiant l'être sur l'avoir.

Jason et ses argonautes s'embarquent à la conquête de la Toison d'Or : guérir grâce à la découverte d'une vitalité nouvelle née d'un contact avec le Soi (le tarse antérieur).

Le cuboïde : vérifier sa stabilité psychologique avant de partir !
Le scaphoïde : rencontrer des frères d'âme ayant le même « dieu », la même quête et les mêmes valeurs (les argonautes).
Les cunéiformes : larguer les amarres.

Dans l'involution : une blessure de rejet et d'abandon… ou son inverse : le poids des mémoires transgénérationnelles, issues notamment de la mère et de sa lignée, étouffe la libre expression du sujet.

Dans l'évolution : le moment est venu de marcher seul, sans béquilles parentales, familiales ou sociales, en chemin vers l'être.

Dans la transvolution : les pieds fraternels proposent l'expérience océanique de l'unité du « moi » avec tous les existants. C'est la charité réelle.

Signes astrologiques : traditionnellement les Poissons, mais le Bélier apparaît également avec l'aventure de Jason. Le début et la fin du zodiaque sont représentés, répétant ainsi le grand paradoxe de la *voûte plantaire*.

Le symbolisme des chevilles

La cheville crée du lien et pose cette question : « Est-ce que je choisis la bonne direction en prenant cette décision ? ». Par ailleurs, la souffrance due à l'absence d'un premier regard maternel est parfois compensée par une monopolisation de la parole, l'observation omnidirectionnelle et le secret besoin d'être admiré en accumulant de la beauté autour de soi. (le paon). Elle questionne encore la relation du sujet au pouvoir : est-ce une source d'enivrement (les chevilles qui enflent) ou est-ce qu'il le remet sans cesse au vrai Pouvoir ? Et enfin, puisque la cheville est le lieu corporel où le sujet pose un acte de profonde liberté, sa souffrance pourra signer un appel au secours. Lorsque tout s'écroule autour de lui l'usage de la liberté l'effraie, la cheville n'est pas prête pour prendre le risque de son destin.

L'astragale : les choix décisifs (Achille/Damisos).

Les malléoles : le désir de construire, les arts et métiers (le « petit marteau » et la « cheville ouvrière »).

Le mollet : la première expérience de l'extase dans le « ventre de la jambe » (Sémélé enceinte de Dionysos). Une crampe pourra indiquer que le moment est venu de s'arrêter pour intégrer une expérience intérieure importante.

Le tibia : la voie de la conscience-de-vérité, ouvrir sa conscience pour laisser œuvrer le souffle de l'inspiration créatrice (Athéna et la flûte).

Le péroné : la voie du guerrier, la création de liens harmonieux en restant attaché dans le détachement et détaché dans l'attachement (Héphaïstos).

Involution : préciser *qui l'on est* en s'affirmant comme une personne unique, tout en construisant du lien social. Dans l'involution la blessure à la cheville pourra être un appel au secours né d'un sentiment de solitude devenu insupportable puisque tout s'écroule autour de soi (Sémélé).

Évolution : se laisser inspirer par l'Esprit jusqu'à ce que ses œuvres coulent de source : les Océanides.

Transvolution : « voir Dieu en face » et changer radicalement de points de vue, voire de personnalité (l'enlèvement de Ganymède, la mort de Sémélé).

Signe zodiacal : le Verseau, mais il est aussi question du Taureau avec la mésaventure de la belle Io.

Le symbolisme des genoux

Sens général *:* vivre intensément une relation intime où s'équilibrent responsabilité individuelle et confiance en l'autre.

Que l'on soit homme ou femme, deux chemins se dessinent :

Celui qui prolonge le tibia : les épreuves nées de la passion métamorphosent la psyché (Éros et Psyché). Celui qui prolonge le péroné : vaincre sa force pour devenir non-violent (la Biche), vaincre sa révolte pour pardonner l'impardonnable (Chiron).

La rotule marque ce moment précis où la roue de la destinée individuelle bascule. La « petite roue » tourne enfin lorsque la volonté du « moi » cède. Elle cède à l'instant fragile où la conscience rayonnante du Soi est reconnue. Qu'est-ce d'autre en effet que la génuflexion ? (la rotule, os sésamoïde).

Les ligaments croisés : la passion romantique qui attire l'un vers l'autre. Beaucoup plus tard ils sentiront que l'un *est* l'autre.

Le ménisque : cette « petite lune » dit l'hypersensibilité que cache soigneusement toute personne porteuse d'une responsabilité ou d'un devoir qu'elle s'impose au nom de son statut social ou de sa descendance. Souffrant, le ménisque est un appel à vivre plus librement sa féminité dans la relation intime.

Le liquide synovial est un lieu de rencontre sensible entre le masculin (la rotule-Soleil) et le féminin (le ménisque-Lune), entre l'animus et l'anima.

Involution : la rencontre passionnée d'une femme avec un homme afin que croisse une expérience nouvelle : l'intimité. L'os sésamoïde sera alors la semence d'où perlera l'huile d'amour qui ouvrira bien des portes et ébranlera bien des résistances égotiques !

Évolution : les deux élans contraires qui guerroient au sein de tout être humain et le transforment en un véritable champ de bataille : l'orgueil et la soumission, la maîtrise de soi au nom de son autonomie et le lâcher prise au nom de la conscience de sa finitude. Alors l'os sésamoïde deviendra le représentant de la conscience naissante du Soi. Il sera suivi de l'émergence de la foi avec le muscle sous-crural.

Transvolution : la conscience du sacré et le terrible effroi venu de nulle part qui en surgit spontanément. L'os sésamoïde illustre le contact avec l'ultime réalité qui annoncera, dans les pieds, l'expérience de l'unité avec tous les existants.

Signes astrologiques : le Capricorne. Il s'agit du moment précis de l'année où le Christ se fit homme, l'instant précieux où l'Immense accepta de s'abaisser pour élever la condition humaine. Et les Gémeaux dont la mission spirituelle consiste à observer les pôles contraires de l'existence sans jamais les opposer[115]. Ils apparaissent avec la capture de la Biche de

---

[115] Luc bigé, *Le code secret des jours de la semaine : mercredi, le Fripon Divin*, ebook, CreateSpace éditions

Kérénya, Travail qui est associé à ce signe. Quant au sanglier d'Érymanthe, il appartient au Capricorne[116].

---

[116] Luc Bigé, *La voie du héros, les douze travaux d'Hercule*, éditions de Janus.

Le symbolisme des cuisses

La cuisse représente le lieu de l'intégration et de la reconnaissance sociale (Ulysse), de la paternité (Zeus), l'engagement envers Dieu (le sacrifice), l'exploration du monde du mystère par l'acceptation puis l'intégration de ses ombres (Dionysos). D'une manière générale, la cuisse traite de l'expansion du « moi » dans les espaces physiques, affectifs, sociaux et spirituels. Ces aventures demandent une coordination entre le masculin et le féminin, exactement comme le suggère le système musculaire de la cuisse qui s'enroule autour du fémur.

Le fémur : cet os est féminin, il en annonce les valeurs : la magicienne, la sorcière, l'initiatrice, celle qui accompagne les grands passages. Le dernier étant proposé par le col du fémur et, en cas de refus, signalé par l'ostéoporose (ose théos port ose).

Les muscles : la force du guerrier, l'éros mis au service des combats sportifs, sociaux, religieux ou encore spirituels (Arès).

Le couturier : la gestation et la protection de l'Idéal (Dionysos).

Les quadriceps : le sentiment de communion et la joie et qui naissent de l'élargissement de sa vie intérieure et de sa participation au monde.

Le crural et le sous-crural : le doute et la foi, le lieu biologique des contradictions psychiques.

Les abducteurs : l'enseignement, le maître spirituel, la paternité, mais aussi l'orgueil.

Le gracile : la conscience de sa fragilité.

Le pectiné : l'harmonisation de la quête du lointain avec la vie intime, besoin de mettre de l'ordre dans sa vie.

Involution : suivre ses élans de découverte en ayant confiance dans son ressenti et ses instincts.

Évolution : reconnaître la légitimité de ses élans contraires : être et paraître, rester et partir, jouir du monde et s'en retirer.

Transvolution : servir la volonté du Soi.

Signes astrologiques : le Sagittaire, peut-être également le Cancer si l'on suit la logique de la roue inversée qui commence en Bélier et se termine avec le Taureau.

Le symbolisme des hanches

Sens général : l'abandon de la liberté et de l'individualisme pour entrer en conscience dans l'Autre Monde et se laisser féconder par lui.

La tête du fémur : l'autonomie psychologique et le désir de liberté.

L'acétabulum : prendre le temps d'intégrer les expériences passées

Les **cinq ligaments** représentent les cinq liens d'amour qui mettent fin à l'errance de la cuisse :

Le ligament rond : transmettre la vie biologique et/ou spirituelle.

Le ligament annulaire : l'équilibre psychique entre l'action et l'intuition, l'alliance avec le monde du sens.

Le ligament ilio-fémoral : l'union par le désir sexuel
Le ligament pubo-fémoral : la complémentarité psychologique entre le féminin et le masculin.

Le ligament ishio-fémoral : la relation à l'Esprit.

Involution : au creux de l'acétabulum les voyages et les aventures s'achèvent. Le moment est venu d'intégrer la richesses des expériences passées pour les décanter et produire du bon vin. Il s'agit de poser ses valises en se liant profondément à un lieu, à des êtres aimés ou au divin.

Évolution : l'engagement du sujet au nom d'une Cause ou d'une Œuvre. Pour la première fois l'intérêt du groupe prime sur les visées personnelles. Cet engagement est libre à chaque instant de se délier, car la personne pose – et se pose – sans cesse des questions sur le bien-fondé de sa participation aux affaires du monde.

Transvolution : la réalisation sur Terre de la Jérusalem Céleste. Ou, pour le formuler autrement, l'organisation d'une société qui se développe en harmonie avec les besoins de l'homme *et* du ciel.

Signes astrologiques : Dans la descente du schéma corporel, la tête du fémur se place exactement à la fin du Scorpion et au début du Sagittaire puisqu'elle lie le bassin avec la cuisse. Elle signe la sortie de l'exploration personnelle du monde du mystère (le Scorpion, Carmen) pour établir progressivement une relation de fidélité avec un « dieu » ou un lieu. Dans la remontée la hanche se trouve au même endroit du zodiaque. Cependant la cuisse se lie au bassin : les grands voyages s'achèvent, la conscience humaine entre de plain-pied dans *l'expérience* du Mystère. Ce processus demande du temps, et souvent un long voyage comme celui d'Ulysse ou comme l'exode du peuple Hébreu en quête de sa Terre Promise.

Pourquoi « réenchanter le monde » ?

À vrai dire nul ne réenchante le monde. Il s'agit seulement d'une question de regard. L'œil utilitariste rend la nature utile, la vision poétique la rend belle et lumineuse.

Aujourd'hui, il ne suffit plus d'améliorer notre savoir technique, il nous faut aussi découvrir un ordre sensé du monde et notre place dans celui-ci. Tel était déjà le programme de Descartes. Un projet dont seul le premier pas est en voie d'accomplissement, et avec quel brio ! Il faudrait aujourd'hui compléter cet immense succès, qui nous conduit vers des déséquilibres psychologiques et planétaires dangereux, par un « Traité de la Mythode », une jolie expression que nous avons empruntée à Gilbert Durand. Une *Mythode* pour explorer le monde imaginal, cette réalité invisible qui est comme la racine céleste des choses visibles. En ces espaces inconnus fleurissent les mythes ; les légendes ; les sources d'inspirations des créateurs, des inventeurs et des mystiques ; les esprits des plantes ; les ondines et l'âme du Monde. Cet univers que toutes les cultures, à l'exception notable de la nôtre, ont exploré a le pouvoir, pour celui qui le contacte, de susciter de la joie et de le transformer profondément.

Que serait un monde réenchanté ? Peut-être et surtout une organisation sociale qui favoriserait l'ouverture des personnes à la perception de l'infini. Deux grandes disciplines contribuèrent à la transformation de l'humanité : la religion et les sciences fondées sur les mathématiques. Or toutes deux traitent, à leur manière, de ce qui dépasse la condition humaine : la transcendance d'un côté et, de l'autre, ce grand mystère de la rationalité des choses. S'ouvrir à l'infini et regarder les étoiles décentre le « moi » de ses préoccupations quotidiennes et de ses systèmes de croyance qui rendent sa vie souvent si compliquée et malheureuse. Progressivement, cette ivresse des hauteurs descend dans notre finitude, l'enrichit et la transforme. Cette posture d'accueil inconditionnel a pourtant un préalable qu'il faudra trancher en son cœur : l'univers est-il accueillant ou est-ce une impitoyable lutte pour la vie ? Dans le premier cas la compétitivité et les peurs viscérales qui habitent tout être humain n'ont plus de justification et peuvent être abandonnées. Dans le second cas elles conditionnent sa survie et explique ses comportements. Parions ici que pour les personnes qui posent leur conscience dans leur cœur l'univers offre sa bonté spontanée.

Sur le plan historique cette porte vers l'infini s'est ouverte au XIXe siècle, en synchronicité avec la découverte de Neptune (1846). Deux ans plus tard, Marx publia son *Manifeste* qui lança le mouvement socialiste, une sorte de messianisme laïc cherchant à dépasser les frontières des nations au nom de la fraternité. En ce même siècle, la théosophie, le spiritisme et le mouvement Baha'ï rencontrèrent l'enthousiasme de millions d'individus curieux de l'Autre Monde. De leurs côtés des mathématiciens comme Cantor réussirent à mettre l'infini en équation. Malgré la misère sociale provoquée par l'industrie naissante le XIXe siècle fut une formidable respiration pour dépasser les limites humaines en insufflant le sens de l'Immense dans la conscience des masses (Marx), dans la physique (Cantor) et dans la métaphysique (H.P. Blavatsky).

Pourtant le XXe siècle opta pour le matérialisme et le capitalisme. Il étouffa ces espoirs de renouveau et changea la donne avec deux Grandes Guerres. La découverte de Pluton en 1930 fut le signal symbolique de cette nouvelle époque. Réenchanter le monde revient à accomplir au XXIe siècle les grands rêves d'unité portés par le XIXe siècle *avec* la conscience de l'ombre et de sa puissance de destruction explorées au siècle dernier.

Cette ouverture sur l'infini n'est envisageable que pour celui qui accepte et apprend à déconditionner son imaginaire. Cela signifie arrêter de croire tout ce que racontent nos pensées. Cela signifie voir que les problèmes sociétaux, écologiques, militaires, de chômage et de pauvreté ont leurs racines non dans l'économie ou dans quelque autre facteur objectif mais dans nos représentations. Une pensée complexe crée un monde complexe, une pensée apeurée crée un univers militarisé, une pensée bienveillante produit une réalité bienveillante. Concrètement, réenchanter le monde suppose de questionner notre interprétation du monde, de privilégier par exemple ce qui apporte de la joie, ce qui vient du cœur, ainsi que les élans héroïques surgissant de notre âme.

Ceci n'est pas une posture utopique mais une simple conséquence du fonctionnement du cerveau. Lorsque nous regardons des objets, les rayons lumineux qu'ils envoient passent par le cristallin de l'œil qui, comme toute lentille, inverse l'image. Donc, normalement nous devrions voir les choses « tête en bas ». Cette image inversée est ensuite transformée en un courant électrique qui atteint le centre de la vision situé à l'arrière du cerveau. Alors, seulement, nous avons la « conscience de voir des objets ». En réalité le cerveau reconstruit en permanence ce que nous appelons « la réalité » à partir d'impulsions électriques. Comprendre que la pensée ne véhicule *que* des interprétations est la clé pour déconditionner l'imaginaire. Ainsi ce morceau de papier que vous avez dans votre portefeuille et que vous appelez « argent » ne fonctionne que parce que tout le monde *croit* qu'il a de la valeur. Quelle personne sensée donnerait sa plus belle montre contre un rectangle de papier imprimé ?

S'ouvrir à l'infini en déconditionnant notre imaginaire ne suffit pas. Il faut aussi des conditions historiques favorables qui permettent à cette liberté de se déployer. Elles sont aujourd'hui réunies puisque nous nous dirigeons vers la sixième grande extinction du vivant sur la Terre. La dernière catastrophe écologique eut lieu il y a 62 millions d'années lorsqu'un gros astéroïde s'écrasa au large du Mexique. Les dinosaures disparurent et avec eux un grand nombre d'espèces vivantes. Ce fut une chance inespérée pour un petit mammifère de la taille d'un chat qui a pu, au fil des millénaires, se diversifier car le champ était libre de prédateurs. Au fil de l'évolution il donna naissance au cheval, au rhinocéros, à l'éléphant, au chat, à la souris et... à l'être humain. Les changements profonds qui annoncent des âges nouveaux ont besoin de *no man's land*, ils ont besoin d'espaces où il n'y a plus de « dinosaure ». Il y a alors suffisamment de ressources et de liberté pour élaborer de nouveaux systèmes de pensée, de nouvelles visions du monde, loin de la pression normalisatrice des mastodontes dominants, ce que nous appelons aujourd'hui « le système ». Une crise financière, écologique ou politique libère un espace psychique où chacun à l'opportunité de s'ouvrir à l'infini en déconditionnant son imaginaire. En attendant il sera toujours possible de découvrir quelque *no man's land* caché et discret pour préparer le nouveau monde.

La vie sur Terre, qui a déjà traversé bien des crises, à réussit grâce à plusieurs clefs comme la coopération, l'ouverture à l'intelligence collective et l'invention. Le lichen poussa très loin la coopération et réussit à conquérir tous les continents. Ce petit organisme est en effet le fruit d'une alliance entre une algue photosynthétique pourvoyeuse d'énergie solaire et d'un champignon dont le mycélium absorbe les sels minéraux de la terre. L'un sans l'autre, ils seraient restés localisés dans de discrets et fragiles biotopes. La coopération fut plus puissante que la compétition. Et si d'anciennes bactéries que nous appelons aujourd'hui des « bâtonnets » n'avaient pas décidé de vivre dans notre œil et de coopérer avec lui notre vue serait infiniment moins performante.

Une autre clef de transformation qu'utilise le vivant pour évoluer est la « confiance » dans une forme d'intelligence collective présente dans l'inconscient de la Nature (dont nous faisons partie). Il existe, par exemple, une petite cellule d'à peine un millionième de gramme, sans système nerveux et encore moins de cerveau, qui vit dans la mer. Ce foraminifère « sait » fabriquer des chausse-trappes à partir du mica recueilli au fond de l'océan pour attraper les petites proies dont il se nourrit. Comment est-ce possible sans cerveau ? Cette « intelligence émergente » dont l'instinct animal n'est pas étranger, pas plus que l'intuition humaine, contribue immensément au processus d'évolution et de transformation des êtres vivants. Saurons-nous lui faire confiance sans la brouiller par tous nos « jugements rationnels » qui l'étouffent ?

Mais qu'est-ce que l'évolution ? Le modèle biologique répond à sa manière, très pratique, en intériorisant les fonctions. En d'autres termes ce qui était d'abord à l'extérieur devint un intérieur au fil du temps. C'est ainsi que la carapace, chez la tortue, est devenue os chez les mammifères. Les fécondations entre ovules et spermatozoïdes chez les conifères primitifs se faisaient au hasard des flaques d'eau disponibles, puis vinrent les plantes à fleurs qui intégrèrent le processus de fécondation dans leurs corps. Que signifie pour un être humain « intégrer les fonctions » ? Nous avons un terme pour le dire : « symboliser ». Symboliser, c'est transformer une expérience extérieure en un enrichissement de conscience intérieure, c'est intérioriser son sens afin de grandir en maturité et en liberté. En symbolisant nous intériorisons le monde et contribuons au prochain pas évolutif du vivant.

Les êtres vivants utilisent cette recette qui a fait ses preuves depuis quatre milliards d'années. Ils coopèrent, « symbolisent » à leur manière très physique et font confiance dans les « intelligences émergentes ».

Saurons-nous encore une fois accompagner individuellement et collectivement les forces de la Vie si puissante et si merveilleuse en nous ouvrant à l'infini ?

9 791094 018002